coleção fábula

César Vallejo

Poemas humanos

Tradução de Fabrício Corsaletti e Gustavo Pacheco
Apresentação e notas de Gustavo Pacheco

Edição bilíngue

editora 34

Sumário

Apresentação

Poemas humanos

1. Altura e cabelos 25
2. Chapéu, casaco, luvas 27
3. Saudação angélica 29
4. Epístola aos transeuntes 31
5. "E não me digam nada" 33
6. Gleba 35
7. Primavera tuberosa 37
8. Pedra negra sobre uma pedra branca 39
9. "Doçura por doçura coraçona!" 41
10. "Até a minha volta, desta pedra" 43
11. "Foi domingo nas claras orelhas do meu burro" 45
12. "A vida, esta vida" 47
13. "Hoje eu gosto da vida muito menos" 49
14. "Hoje eu queria tanto ser feliz" 51
15. "De distúrbio em distúrbio" 53
16. "Considerando a frio, imparcialmente" 55
17. "E se depois de tantas palavras" 57
18. "Finalmente, sem esse bom aroma ininterrupto" 59
19. "Parado numa pedra" 61
20. "Quando os mineiros saíram da mina" 65
21. "Mas antes que se acabe" 67
22. Telúrica e magnética 69
23. Pensam os velhos asnos 73
24. A roda do faminto 75
25. Os desvalidos 77
26. Paris, outubro 1936 81
27. "Calor, vou fatigado com meu ouro" 83
28. "Um pilar sustentando consolos" 85
29. "Ao meditar sobre a vida, ao meditar" 87
30. Poema para ser lido e cantado 89
31. "O sotaque está preso em meu sapato" 91
32. "A ponta do homem" 93
33. "Ó garrafa sem vinho! Ó vinho [...]" 95
34. "Vai correndo, andando, fugindo" 97
35. "Por fim, uma montanha" 99
36. "Quer e não quer a sua cor meu peito" 101
37. "Isto" 103
38. "Fiquei esquentando a tinta em que me afogo" 105

39. "A paz, a vespa, as solas, as vertentes" 107
40. "Transido, salomônico, decente" 109
41. "E então? O metaloide pálido te cura?" 111
42. "De tanto calor tenho frio" 113
43. "Confiança na luneta, não no olho" 115
44. Terremoto 117
45. "Escarnecido, aclimatado ao bem, mórbido, ardente" 119
46. "Alfonso: você está me olhando, eu sei" 121
47. Tropeçando entre duas estrelas 125
48. Despedida recordando um adeus 129
49. "Quem sabe, sou um outro [...]" 131
50. O livro da natureza 133
51. Marcha nupcial 135
52. "Tenho um medo terrível de ser um animal" 137
53. "A cólera que quebra o pai em filhos" 139
54. Intensidade e altura 141
55. Violão 143
56. "Ouça sua massa, seu cometa, escute-os; não sofra" 145
57. "O que há comigo, que me açoito com a linha" 147
58. Aniversário 149
59. Panteão 151
60. "Um homem está olhando uma mulher" 153
61. Duas crianças que anseiam 155
62. Os nove monstros 157
63. "Um homem passa com um pão no ombro" 161
64. "Eu sinto, às vezes, uma ânsia ubérrima, política" 163
65. "Hoje entrou-lhe uma farpa" 165
66. Violão e palmas 167
67. A alma que sofreu de ser seu corpo 169
68. Duplas 171
69. "Acaba de passar o que virá" 173
70. "Que ande nu, em pelo, o milionário!" 175
71. "Viesse o mau, com um trono no ombro" 179
72. "Ao contrário das aves da montanha" 181
73. "O fato é que o lugar onde coloco" 185
74. "Em suma, nada tenho para expressar minha vida,
     a não ser minha morte" 189
75. "Um pouco mais de calma, camarada" 191
76. Sermão sobre a morte 195

Notas aos poemas 196
Apêndice 297
Bibliografia 305

Apresentação

Gustavo Pacheco

César Vallejo será lido nos túneis no ano 2045.
Roberto Bolaño, *Amuleto*

Vallejo escreve como homem, não como artista.
Ele está além da nossa compreensão.
Charles Bukowski, *Vallejo*

Quando César Vallejo morreu num hospital em Paris, em 15 de abril de 1938, estava doente, desgostoso e sem um tostão. Tinha publicado apenas dois livros de poemas, ambos mais de quinze anos antes de sua morte. Era um poeta com algum renome no meio literário do Peru, seu país natal, e também entre os intelectuais de esquerda na França e na Espanha. Fora desses círculos, Vallejo era apenas um imigrante pobre e desvalido, acossado pela polícia e pela fome.

Mais de oitenta anos depois, Vallejo é um dos mais célebres e consagrados poetas latino-americanos de todos os tempos. No Peru, seu retrato aparece em cédulas e selos postais, suas obras integram o currículo escolar obrigatório e seu nome foi emprestado a uma universidade e a um time de futebol da primeira divisão do campeonato peruano. Quando Francisco Sagasti tomou posse como presidente do Peru, em novembro de 2020, terminou seu discurso lendo um poema deste livro ("Considerando a frio, imparcialmente").

Se o prestígio de Vallejo cresceu de forma constante e ininterrupta após sua morte, isso se deve, sem dúvida, à qualidade singular de sua poesia, que o coloca num patamar próprio e distinto. Seu uso absolutamente original e inovador da linguagem, marco fundador da poesia de vanguarda em espanhol (com *Trilce*, publicado em 1922), está conjugado a uma pungência e uma urgência sem paralelo entre os poetas vanguardistas do seu e de qualquer tempo, gerando uma combinação única de experimentação e expressividade. Como disse o poeta Carlos Henderson, "qualquer leitor é capaz de se comunicar com Vallejo. Explicá-lo, já é outra tarefa". As geniais idiossincrasias do poeta peruano, que desafiam interpretações e lhe deram a fama de "hermético" ou "obscuro", também o fizeram alcançar reputação e popularidade só comparáveis às de Pablo Neruda, que foi seu amigo e a ele dedicou a *"Oda a César Vallejo"*.

Poemas humanos, o principal livro póstumo de Vallejo, reúne a maior parte dos poemas escritos em seus últimos anos de vida e é universalmente considerado, ao lado de *Trilce*, como sua obra mais importante.

César Vallejo, vida e obra

César Abraham Vallejo Mendoza nasce em março de 1892 em Santiago de Chuco, pequena cidade da província de La Libertad, no norte dos Andes peruanos, a cerca de quinhentos quilômetros de Lima. Embora não se tenha certeza absoluta sobre sua data de nascimento, o mais provável é que ele tenha nascido em 16 de março, dia de São Abraão. Seus avôs materno e paterno eram padres espanhóis e suas avós eram indígenas; essa ascendência mestiça é um dos elementos centrais da identidade de Vallejo, que foi apelidado por seus amigos de *el cholo*, termo ambíguo usado em vários países latino-americanos, muitas vezes de forma depreciativa, para designar pessoas de origem mestiça e traços indígenas. No poema "Alfonso: você está me olhando, eu sei", dedicado a seu falecido amigo Alfonso de Silva, Vallejo chama a si mesmo de "seu cholo inesquecível". O mais novo de doze irmãos, cresce num ambiente familiar austero, conservador e rigidamente religioso. Sua educação católica deixará marcas profundas em sua poesia, mesmo depois de sua adesão ao comunismo.

Em 1910, Vallejo matricula-se na Faculdade de Letras da Universidade de La Libertad, em Trujillo, capital da província. Poucos meses depois, é obrigado a abandonar a universidade por falta de dinheiro e volta para Santiago de Chuco. Trabalha por curto tempo como assistente do juiz de paz do distrito de Quiruvilca, onde conhece o duro cotidiano dos mineiros peruanos que mais tarde retratará em seu romance *El tungsteno* e no poema "Quando os mineiros saíram da mina".

No ano seguinte, matricula-se na Faculdade de Ciências da Universidade de San Marcos, em Lima, com a intenção de estudar medicina, mas novamente é obrigado a abandonar os estudos. Para se sustentar, trabalha como preceptor dos filhos de um rico latifundiário e mais tarde como auxiliar de contador numa fazenda perto de Trujillo. O contato diário com a exploração dos trabalhadores rurais o marcará profundamente e será um dos elementos que mais tarde o levarão à militância política.

Em 1913, retorna à Faculdade de Letras em Trujillo e consegue emprego como professor de escola primária. Nessa cidade permanecerá por quatro anos, período decisivo para sua formação literária. Entra em contato com escritores e intelectuais como o jornalista e crítico literário Antenor Orrego, que se tornará seu grande amigo, e Víctor Haya de la Torre, dramaturgo, fundador do partido APRA e futuro presidente do Peru; torna-se integrante do grupo literário *El Norte* e lê intensamente, desde os poetas espanhóis do Século de Ouro até os modernistas Rubén Darío e Julio Herrera y Reissig, passando por Walt Whitman, Mallarmé e Baudelaire. É nessa época que começa a publicar seus primeiros poemas em jornais e revistas locais; alguns desses poemas serão retrabalhados e incluídos em seu primeiro livro, *Los heraldos negros*, publicado em 1919, pouco depois de Vallejo se mudar para Lima.

Composto de 69 poemas divididos em cinco partes, *Los heraldos negros* traz nítidas influências do simbolismo francês e, sobretudo, do modernismo hispano-americano (e em particular de Rubén Darío): a atmosfera impressionista, as cenas campestres, as alusões cristãs, o uso de estruturas poéticas clássicas como o soneto e o verso alexandrino, a abundância de adjetivos exuberantes, arcaísmos e palavras "raras"; contudo, o primeiro livro de Vallejo também já anuncia uma voz própria, que se manifesta em alguns poemas na maior liberdade formal em relação às estrofes e às rimas, na presença da linguagem coloquial e na temática indígena. Bem recebido pela crítica peruana, *Los heraldos negros* coloca Vallejo no mapa literário de seu país. O jornalista e intelectual marxista José Carlos Mariátegui, fundador do Partido Socialista Peruano, dirá num artigo, depois incluído em seu clássico *Siete ensayos de interpretación de la realidad peruana* (1928): "Vallejo é o poeta de uma estirpe, de uma raça. Em Vallejo se encontra, pela primeira vez em nossa literatura, sentimento indígena virginalmente expresso".[1]

Em julho de 1920, Vallejo retorna a Santiago de Chuco para participar da festa do padroeiro da cidade e acaba se envolvendo num sangrento conflito político local, que termina no incêndio de uma loja e na morte de três pessoas. Indiciado como um dos instigadores, é procurado pela justiça e fica três meses foragido, escondendo-se na casa de seu amigo Antenor Orrego. É durante esse período que começa a escrever os poemas que mais tarde formarão *Trilce*. Preso em 6 de novembro, Vallejo fica quase quatro meses na cadeia de Trujillo até ser libertado após uma campanha pública de artistas e intelectuais. A experiência da prisão reforçará sua visão trágica do mundo e será fator crucial para que, dois anos depois, decida ir embora do Peru para nunca mais voltar.

Em 1922 — mesmo ano da Semana de Arte Moderna no Brasil, da publicação de *Ulysses*, de James Joyce, e de *The Waste Land*, de T. S. Eliot — Vallejo publica *Trilce*, que marca uma ruptura total com a poesia feita até então no Peru e no resto do mundo hispano-americano. Composto por 77 poemas numerados com algarismos romanos, *Trilce* é uma explosão verbal repleta de versos livres, neologismos, sintaxe e ortografia heterodoxas; como disse o escritor argentino César Aira, "parece escrito numa língua estrangeira". Sua radicalidade é incompreendida e ignorada pelo mesmo meio literário que havia acolhido *Los heraldos negros*. Até mesmo os que reconheceram o valor de *Trilce*, como o crítico Luis Alberto Sánchez, consideraram-no "incompreensível e estrambótico". Em carta a seu amigo Antenor Orrego, que havia escrito o prólogo do livro, diz Vallejo:

---

1   José Carlos Mariátegui, "El proceso de la literatura". In *Siete ensayos de interpretación de la realidad peruana* (Caracas: Biblioteca Ayacucho, 2007), p. 259.

O livro nasceu no maior vazio. Sou responsável por ele. Assumo toda a responsabilidade por sua estética. Hoje, e mais do que nunca, talvez, sinto gravitar sobre mim uma até agora desconhecida obrigação sacratíssima, de homem e de artista: a de ser livre! Se não for livre hoje, não serei jamais. [...] Deus sabe até onde é certa e verdadeira minha liberdade! Deus sabe o quanto eu sofri para que o ritmo não ultrapassasse essa liberdade e caísse em libertinagem![2]

Em 1923, Vallejo publica seu livro de contos *Escalas* e sua novela *Fabla salvaje*, e sobrevive precariamente dando aulas e escrevendo para jornais. Em junho do mesmo ano, é reaberto o processo judicial que levara à sua prisão em 1920; é a gota d'água para que decida se mudar para a França.

Em julho, chega a Paris, cidade em que moraria pelo resto da vida, com exceção de uma estadia de um ano em Madri. Os primeiros anos do poeta na Europa são duríssimos. Com um conhecimento rudimentar do francês e sem emprego fixo, vive na penúria, sobrevivendo de bicos e da ajuda de amigos, e sempre às voltas com problemas de saúde, como uma hemorragia intestinal que o deixa internado durante várias semanas. Apenas em 1925 consegue alguma estabilidade ao ganhar uma bolsa de estudos do governo espanhol, que receberá por dois anos mesmo sem frequentar a universidade. No mesmo ano, começa a colaborar regularmente em jornais e revistas do Peru, como *Mundial*, *El Comercio* e *Variedades*.

Na Europa, Vallejo escreve muito mais prosa do que poesia. Além dos artigos jornalísticos, que foram seu principal ganha-pão entre 1925 e 1931, o poeta escreve contos, peças de teatro e relatos de viagem, mas nada disso é suficiente para garantir sua sobrevivência. Em 30 de maio de 1928, escreve a seu amigo Pablo Abril de Vivero:

Escrevo num estado de ânimo horrível. Faz um mês que estou doente com uma doença das mais complicadas: estômago, coração e pulmões. Sofro também do cérebro. Faz um mês que não durmo. Uma fraqueza horrível [...]. Estou na miséria absoluta e sucumbindo de fraqueza. Se acontecesse algo comigo, não seria inesperado. Só me dá pena que eu termine assim tão rápido.[3]

No final de década de 1920, Vallejo aproxima-se do marxismo e tem início seu envolvimento com a militância comunista, que terá influência decisiva sobre sua obra literária a partir de 1928, quando faz a primeira de suas três viagens à URSS. No mesmo ano, começa a viver com Georgette Philippart, que será sua companheira até sua morte.

---

2   César Vallejo, *Epistolario general* (Valência: Editorial Pre-Textos, 1982), p. 44.
3   *Ibidem*, p. 177.

Cada vez mais engajado, Vallejo participa de manifestações públicas e de reuniões clandestinas e é detido pela polícia parisiense repetidas vezes, até que, em dezembro de 1930, um decreto do Ministério do Interior o expulsa da França, obrigando-o a se mudar para Madri.

Nessa cidade, Vallejo publica seu único romance, *El tungsteno*, faz amizade com escritores como Federico García Lorca e se filia ao Partido Comunista espanhol. *Rusia en 1931*, livro-reportagem escrito a partir de suas viagens à URSS, esgota três edições em quatro meses. Mesmo com algum reconhecimento, enfrenta dificuldades para sobreviver numa Europa duramente golpeada pela depressão de 1929.

Em 1932, recebe autorização para retornar a Paris desde que não se envolva em política, determinação que ele violará constantemente. Os anos entre 1933 e 1936 são os menos documentados e possivelmente os mais difíceis da vida do poeta, que não tem renda fixa e continua às voltas com problemas de saúde. Quando a Guerra Civil estoura na Espanha, em julho de 1936, Vallejo se envolve de corpo e alma, participando de numerosas iniciativas em defesa da República espanhola. Em julho de 1937, faz sua última viagem à Espanha, para participar, como delegado peruano, no Segundo Congresso Internacional de Escritores para a Defesa da Cultura.

Pouco depois de retornar da Espanha, em setembro de 1937, Vallejo dá início a seu último e notável estirão criativo. Ao longo dos três meses seguintes, o poeta produzirá pelo menos 65 poemas, incluindo a série sobre a Guerra Civil espanhola que formará o livro *España, aparta de mí este cáliz* e várias dezenas de poemas que mais tarde serão incluídos em *Poemas humanos*.

Em 24 de março de 1938, depois de vários dias com febre, é internado por conta de uma doença que os médicos não conseguem diagnosticar com precisão e que até hoje é motivo de debate entre seus biógrafos. Nas semanas seguintes, sua condição se agravará pouco a pouco até seu falecimento na manhã de 15 de abril de 1938, Sexta-Feira Santa, pouco depois de completar 46 anos. O atestado de óbito emitido pela clínica atribui a morte a uma infecção intestinal, mas isso não impede as especulações sobre o que teria causado o falecimento do poeta. Segundo Georgette, Vallejo teria morrido devido às sequelas de uma antiga malária;[4] contudo, alguns autores levantam outras possibilidades, como tuberculose ou sífilis.

César Vallejo foi enterrado em 19 de abril de 1938 no cemitério de Montrouge. Desde 1970, seus restos mortais repousam no cemitério de Montparnasse.

---

4   Georgette Vallejo, "Apuntes biográficos sobre César Vallejo". In César Vallejo, *Obra poética completa* (Lima: Mosca Azul, 1974), p. 425.

Os *Poemas humanos*

Quando César Vallejo faleceu, estava há muitos anos sem publicar poesia. Seu último livro de poemas, *Trilce*, tinha sido publicado dezesseis anos antes. Entre os documentos encontrados por Georgette Vallejo após a morte do poeta, havia um livro pronto e revisado, *España, aparta de mí este cáliz*, composto por 15 poemas sobre a Guerra Civil espanhola. O livro foi encaminhado ao poeta espanhol Juan Larrea, amigo de Vallejo, que o publicou na Espanha em janeiro de 1939. Além desse livro, havia uma série de poemas inéditos, incluindo 50 poemas datados entre setembro e dezembro de 1937, e aparentemente escritos ao mesmo tempo que *España, aparta de mí este cáliz*.

Para editar esse material, Georgette pediu ajuda a Raúl Porras Barrenechea, historiador, intelectual e diplomata peruano, que naquela época trabalhava na embaixada do Peru em Paris. Os dois reuniram toda a poesia póstuma de Vallejo num livro que intitularam *Poemas humanos* e que foi publicado em julho de 1939, numa pequena edição de 275 exemplares que continha muitas imprecisões e erros tipográficos. A respeito do título, diz Georgette Vallejo:

> Ao publicar os versos póstumos de Vallejo, o Dr. Raúl Porras e eu ficamos muito perplexos. Em 1931, Vallejo mencionou *Arsenal del trabajo*, título evidentemente suscitado por sua terceira viagem à União Soviética. Alguns anos mais tarde, menciona *Poemas humanos*, e não me atrevi a dizer que eu não gostava. O Dr. Porras e eu nos vimos na obrigação de manter o título *Poemas humanos*, que desagradava a nós dois. Sem dúvida, Vallejo acabaria descartando ambos os títulos.[5]

Para reforçar seu argumento, Georgette transcreve anotações de Vallejo datadas de setembro de 1929, onde consta, no que parece ser uma lista de obras por publicar, uma referência a um "*libro de poemas humanos*".

A primeira edição de *Poemas humanos* continha 104 poemas póstumos, 13 deles em prosa, publicados, segundo Georgette, na sequência em que foram encontrados quando o poeta morreu. Essa sequência foi mantida até 1968, quando a viúva reorganizou os poemas em ordem cronológica e dividiu o livro em três partes claramente separadas: os "Poemas em prosa", escritos entre 1923 e 1929; o livro *España, aparta de mí este cáliz*; e os *Poemas humanos* propriamente ditos, reunindo 76 poemas escritos entre 1931 e 1937. Essa divisão foi consagrada numa edição acompanhada de fac-símiles dos originais datilografados e revistos à mão pelo poeta, conhecida como "edição Moncloa".[6] Desses 76 poemas, 50 são datados e foram escritos entre setembro e dezembro de 1937, e são

---

5   *Ibidem*, p. 391.
6   César Vallejo, *Obra poética completa — edición con fac-símiles*. Edição de Georgette Vallejo e prólogo de Américo Ferrari (Lima: Francisco Moncloa, 1968).

aqui apresentados em ordem cronológica; os demais têm data incerta e são provavelmente versões revistas e ampliadas de manuscritos produzidos em anos anteriores (possíveis datas para alguns desses poemas são apresentadas nas notas ao final deste volume).

Com exceção de *España, aparta de mí este cáliz*, Vallejo não deixou indicações claras de como gostaria que seus poemas fossem publicados em livro, nem com que título; por essa razão, vários autores propuseram classificações e títulos diferentes para a poesia póstuma de Vallejo. Entre esses autores, estava o já mencionado Juan Larrea, que se envolveu numa disputa neurótica com a viúva do poeta que duraria até a morte de ambos. Como parte de sua interminável briga com Georgette, Larrea criticou duramente o uso do título *Poemas humanos* e propôs sua própria e polêmica terminologia, que dividia toda a poesia póstuma de Vallejo (com exceção de *España, aparta de mí este cáliz*) em dois títulos: *Nómina de huesos* para os poemas escritos desde o final da década de 1920 até o ano de 1936 e *Sermón de la barbarie* para os demais poemas escritos até a morte do poeta.[7] Contudo, nem a divisão temporal nem os títulos adotados por Larrea parecem embasados em critérios sólidos, e sua proposta não teve ressonância. Outros autores, como Américo Ferrari, preferiram evitar o título *Poemas humanos* e denominaram o conjunto da obra póstuma de Vallejo de "Poemas de Paris", terminologia adotada na edição crítica coordenada por Ferrari;[8] outros ainda, como Antonio Merino, adotaram o título "Poemas póstumos".[9]

Essa variedade de perspectivas, contudo, não se limita à organização e aos diferentes títulos propostos para a poesia póstuma de Vallejo; ela se manifesta também nos critérios usados para o estabelecimento do texto. Os originais de Vallejo estão repletos de idiossincrasias na ortografia e na pontuação que, segundo a interpretação de cada um, podem ser considuradas lapsos ou erros, ou então escolhas conscientes do poeta; isso sem falar em algumas emendas e rasuras que deixam margem a dúvidas. Às vezes, uma palavra é grafada de formas diferentes num mesmo poema. Cada uma das várias edições críticas adota critérios diferentes, e até hoje não se chegou a um padrão universalmente aceito. Para o estabelecimento do texto em espanhol desta edição, partimos do princípio de que "cada poeta forja sua gramática pessoal e intransferível, sua sintaxe, sua ortografia, sua analogia, sua prosódia, sua semântica", como diz o próprio Vallejo no texto "Regra gramatical", incluído no apêndice deste livro. Assim, optamos por preservar todas as idiossincrasias contidas nos originais. Usamos como referência os fac-símiles contidos na já men-

---

7   César Vallejo, *Poesía completa*. Edição e comentários de Juan Larrea (Barcelona: Barral, 1978).

8   César Vallejo, *Obra poética*. Edição crítica, coordenação Américo Ferrari. 2ª ed. (Madri/Paris/México/Buenos Aires/São Paulo/Rio de Janeiro/Lima: ALLCA XX, 1996).

9   César Vallejo, *Poesía completa*. Introdução, edição e notas de Antonio Merino (Madri: Ediciones Akal, 2005).

cionada edição Moncloa, cotejados com os manuscritos autógrafos de 24 poemas, publicados em 2003.[10]

Ao preparar esta tradução, optamos por manter o título consagrado de *Poemas humanos* para o conjunto de 76 poemas póstumos que apresentamos a seguir, no entendimento de que, ainda que esses poemas não tenham sido claramente organizados por Vallejo num livro com título e identidade próprios, possuem características que, por um lado, os aproximam uns dos outros, e, por outro, os separam tanto dos "Poemas em prosa" quanto do livro *España, aparta de mí este cáliz.* Se é verdade que o título *Poemas humanos* não foi escolhido por Vallejo, também é verdade que os demais títulos alternativos tampouco o foram; e se os *Poemas humanos* possivelmente não foram concebidos por Vallejo como livro autônomo, na prática acabaram ganhando esse status ao longo de várias décadas e sucessivas edições.

* * *

O César Vallejo dos *Poemas humanos* é um poeta muito diferente daquele que escreveu *Los heraldos negros* e *Trilce.* Nos últimos quinze anos de sua vida, esteve longe de seu país, em situação quase sempre precária, conheceu de perto as vanguardas europeias e dedicou boa parte de seu tempo e de seus esforços à militância política, enquanto a Europa mergulhava nas crises que desaguariam na Segunda Guerra Mundial. Essas circunstâncias ajudam a entender alguns aspectos da última fase da produção poética de Vallejo, ainda que, em última análise, os *Poemas humanos,* como toda grande obra de arte, se mostrem refratários a qualquer avaliação ou interpretação que não os considere em seus próprios (e singulares) termos.

Se nos dois livros anteriores de Vallejo o amor estava em primeiro plano, nos *Poemas humanos* o foco está nas questões existenciais, inclusive nos poemas em que mais claramente se percebem as posições políticas do poeta; como afirma James Higgins, "o social e o existencial estão juntos: a vítima da sociedade é também uma vítima da vida, e quando Vallejo postula a possibilidade de uma redenção está pensando não só numa revolução social mas também no triunfo futuro do homem sobre o destino".[11] Ao mesmo tempo, os *Poemas humanos* também retomam temas que atravessam toda a obra de Vallejo, como o conflito entre o material e o espiritual, entre o corpo e a alma, ou entre o instinto e a razão. Aqui se manifestam tanto o espírito de desencanto da Europa do entreguerras quanto o sentimento trágico que

10   César Vallejo, *Autógrafos olvidados.* Edição fac-similar de 52 manuscritos. Estudo preliminar de Juan Fló e notas de Stephen M. Hart (Londres/Lima: Tamesis/Pontifícia Universidad Católica del Perú, 2003).

11   James Higgins, *Visión del hombre y de la vida en las últimas obras poéticas de César Vallejo* (México, DF: Siglo XXI, 1970), p. 13.

marcou a vida inteira de Vallejo. Nos *Poemas humanos*, esse sentimento trágico está associado a uma aguda consciência da exploração do homem pelo homem, mas também a uma percepção física e metafísica do absurdo da existência.

Esses temas, por si só, não singularizam Vallejo entre os poetas de sua época, mas a linguagem com que são expressos é absolutamente única. Se em *Trilce* Vallejo chega aos mais radicais patamares de inventividade alcançados até então em seu idioma, nos *Poemas humanos* essa inventividade assume contornos menos vanguardistas e mais atemporais ao fundir-se com referências e expressões bíblicas e com elementos da poesia espanhola do Século de Ouro, como aponta Roberto Paoli:

> A linguagem de *Poemas humanos* é, desta forma, um árduo encontro, certamente não deliberado — quase um produto do instinto verbal, mas do qual o poeta devia estar consciente —, entre uma profunda raiz conceptista, de tradição hispânica, com sua bagagem de rígidas geometrias verbais, e um habitat artístico nutrido das mais avançadas experiências literárias, plásticas e musicais, aberto aos jogos de azar, à espontaneidade, a uma radical liberdade inventiva. E, apesar disso, ao contrário de um típico poema surrealista, um poema vallejiano parece uma sequência de figuras lógicas, mais do que de imagens analógicas. Repito: figuras lógicas, mesmo que seu conteúdo seja ilógico.[12]

O que vêm a ser essas "figuras lógicas" com "conteúdo ilógico" de que fala Paoli? Com algumas exceções, a linguagem de Vallejo neste livro não é especialmente torta ou incomum; as frases e construções verbais obedecem, na maioria das vezes, aos padrões mais comuns e coloquiais na língua espanhola. O que chama a atenção é a presença de palavras e expressões mais próximas do discurso técnico e racional que do discurso poético, tais como "posto que", "considerando que", "no entanto", "não obstante", "portanto", "enfim", "em suma" etc. É essa sintaxe "antipoética" que dá aos *Poemas humanos* um sabor de exposição lógica, que com frequência parece buscar a demonstração de um enunciado ou a persuasão do leitor. A estranheza tantas vezes provocada por Vallejo não vem dessa sintaxe, e sim do conteúdo por ela veiculado, marcado por imagens e associações insólitas ("um óxido profundo de tristeza", "seu calor doutrinal", "meu infinito bruto, a cântaros"), combinadas com o uso de neologismos ("pilaroso", "brincarisco", "dondoneio") e de termos médicos, técnicos e científicos ("metaloide", "circulação venosa", "diérese").

A descoberta de alguns manuscritos autógrafos de Vallejo, anteriores aos originais datilografados difundidos pela edição Moncloa, trouxe novas luzes sobre o método de criação de Vallejo e também

---

12   Roberto Paoli, "El lenguaje conceptista de César Vallejo", *Cuadernos Hispanoamericanos. Homenaje a César Vallejo*, vol. 2, nº 456-457, 1988, p. 947.

sobre a natureza de sua "obscuridade".[13] O que os manuscritos mostram, em suma, é que, pelo menos em alguns dos poemas deste livro, ele partia de uma frase ou imagem inicial, concreta e corriqueira, e ia progressivamente substituindo palavras, às vezes usando uma lista predefinida de palavras selecionadas de forma aparentemente aleatória, até chegar a algo totalmente diferente, mais abstrato e mais universal, mas ainda preservando ecos daquela frase ou imagem inicial, como mostra Stephen M. Hart:

> Em geral, a poesia vallejiana se inicia com a descrição de uma situação cotidiana que posteriormente — após várias revisões — acaba projetando-se contra um pano de fundo cósmico. A técnica que usa para alcançar esse efeito lírico consiste em, depois de criada a primeira versão, eliminar as imagens com um sentido demasiado óbvio, para substituí-las por outras que tenham uma conotação mais ambígua e metafísica.[14]

Esse procedimento é acompanhado por uma notável consciência rítmica, que pode ser percebida na presença recorrente de "séries rítmicas que organizam fragmentariamente os poemas",[15] formadas especialmente por decassílabos e hexassílabos, como aponta Michelle Clayton:

> Poucos dos "poemas de Paris" de Vallejo são metricamente regulares, mas a maioria deles traz insinuações de regularidade, tais como os muitos poemas que fazem uso da *silva*, forma poética do Século de Ouro espanhol — um predecessor métrico do verso livre, que apresenta hexassílabos e decassílabos combinados de forma flexível.[16]

O efeito final de uma linguagem que se apropria do discurso técnico e racional para transmitir imagens e associações insólitas (mas fortemente ancoradas na experiência sensível), e, ao mesmo tempo, se articula ritmicamente de forma rigorosa, eloquente e quase hipnótica, é a evocação de uma verdade que o leitor muitas vezes não consegue claramente definir, mas *sente*. Esse efeito é reforçado, como mostra Américo Ferrari, pelo uso reiterado da primeira pessoa que fala a (ou de) uma segunda ou terceira pessoa, o que determina "o tom tão particular deste livro, que é o tom de uma conversa em voz baixa que o poeta mantém consigo mesmo e, através de si mesmo, com os homens".[17]

---

13 César Vallejo, *Autógrafos olvidados*, ed. cit.

14 *Ibidem*, p. 114.

15 José Carlos Rovira, "Acerca del ritmo y la consciencia del verso en César Vallejo". *Cuadernos Hispanoamericanos. Homenaje a César Vallejo*, vol. 2, nº 456-457, 1988, p. 997.

16 Michelle Clayton, *Poetry in Pieces: César Vallejo and Lyric Modernity* (Berkeley/Los Angeles: University of California Press, 2011), p. 202.

17 Américo Ferrari, *El universo poético de César Vallejo* (Caracas: Monte Ávila, 1972), p. 294.

Traduzir Vallejo

César Vallejo despertou admiração em alguns dos mais importantes poetas brasileiros. Haroldo de Campos traduziu poemas de *Trilce* e escreveu um "Tributo a CV"; Ferreira Gullar venerava o poeta e também fez versões de alguns de seus poemas; e Thiago de Mello traduziu a obra poética completa de Vallejo. Apesar disso, no Brasil, César Vallejo pode ser considerado um poeta mais "respeitado" do que efetivamente conhecido, lido e apreciado. Isso se explica, pelo menos em parte, pelo fato de existirem apenas três traduções de sua poesia para o português. Em Portugal, há uma antologia organizada pelo tradutor José Bento;[18] no Brasil, além da já mencionada tradução de Thiago de Mello,[19] foi publicada uma antologia bilíngue, com seleção e tradução de Amálio Pinheiro.[20] As duas edições brasileiras, publicadas há mais de três décadas por editoras pequenas, estão há muitos anos fora de catálogo. Estava na hora de Vallejo ser (re)apresentado à nossa língua — e em nosso tempo.

César Vallejo era bem consciente das dificuldades envolvidas na tradução de poesia. Em seu texto "Elétrons da obra de arte", reproduzido no apêndice desta edição, afirma que "a poesia é intraduzível" e que "uma tradução é um novo poema, que só vagamente se parece com o original". Essas afirmações estão baseadas no entendimento de que "o que importa principalmente num poema é o tom com que se diz uma coisa e, secundariamente, aquilo que se diz. Aquilo que se diz é, de fato, passível de ser traduzido para outro idioma, mas o tom com que isso é dito, não".

Cientes desse obstáculo, os tradutores procederam da seguinte forma: a primeira etapa da tradução deste livro consistiu em produzir versões literais de cada poema, com atenção particular ao significado do texto. Nessa primeira fase, o principal desafio foi, evidentemente, extrair sentido das imagens e associações insólitas de Vallejo. É claro que nem tudo neste livro pode ou deve ser explicado ou interpretado, mas isso não quer dizer que o "hermetismo" ou "obscuridade" do poeta deva ser tomado como pressuposto ou ponto de partida. Em outras palavras, se começarmos a traduzir um poema de Vallejo já partindo do princípio de que ele não vai fazer sentido, é muito provável que isso resulte em traduções mais literais e menos imaginativas. Se, em contrapartida, nos esforçarmos ao máximo para encontrar significado nos intrincados jogos de palavras de Vallejo, é possível descobrir matizes novos e menos evidentes, como detalhamos nas notas aos poemas. Temos consciência,

---

18   César Vallejo, *Antologia poética de César Vallejo*. Seleção, tradução, prólogo e notas de José Bento (Lisboa: Relógio D'Água, 1992).

19   César Vallejo, *Poesia completa*. Tradução, prólogo e notas de Thiago de Mello (Rio de Janeiro: Philobiblion/Rioarte, 1984).

20   César Vallejo, *A dedo*. Seleção, tradução e prólogo de Amálio Pinheiro, edição bilíngue (São Paulo: Arte Pau-Brasil, 1988).

contudo, de que esse desejo de encontrar sentido pode incorrer na tentação oposta, a de "sobre-explicar" ou "domesticar" os poemas de Vallejo, tornando-os mais coerentes ou menos estranhos do que seu autor gostaria. Nesse sentido, fizemos todo o possível para preservar um equilíbrio entre os extremos de uma possível domesticação de Vallejo, por um lado, e da fetichização de sua estranheza, por outro.

Há diversas edições críticas da obra de Vallejo, com notas e comentários que podem ser muito úteis, mas nenhuma delas examina e interpreta cada poema detalhadamente, linha por linha, limitando-se, na maior parte das vezes, a explicar um ou outro neologismo ou termo técnico e a indicar variantes nos manuscritos. Até onde pudemos averiguar, não existe uma edição que comente, uma a uma, todas as enigmáticas palavras, expressões, referências e alusões que abundam na obra de Vallejo, e se esforce para analisar cada poema à luz desses elementos e da vasta bibliografia sobre o poeta, como aponta Dominic Moran:

> De fato, a grande maioria das leituras críticas da obra de Vallejo tende a ver os poemas como indagações, extensamente cifradas, sobre alguns poucos e memoráveis temas, assumindo tacitamente que, uma vez que a "essência" de um poema for identificada, boa parte dos detalhes e alusões aparentemente intrincados ou incongruentes pode ser tranquilamente ignorada ou simplesmente rotulada como "evocativa", "intrigante" e coisas parecidas.[21]

Na falta de uma edição que suprisse essas lacunas, durante a primeira etapa da tradução pesquisamos a fortuna crítica sobre Vallejo em busca de pistas sobre o contexto e o significado de cada um dos poemas traduzidos. Além disso, consultamos as outras traduções a que tivemos acesso (três para o português, três para o inglês e uma para o francês). As informações reunidas durante esse trabalho, e apresentadas sinteticamente nas notas ao final do volume, permitiram ver alguns poemas sob novas luzes e, às vezes, levaram a soluções bem diferentes das encontradas por outros tradutores. É importante dizer que, em se tratando de um autor como Vallejo, as notas são apenas pistas e possíveis indicações de leitura, que não pretendem em hipótese alguma esgotar os sentidos dos poemas.

Embora a atenção ao sentido do texto seja fundamental, logo descobrimos que, ao traduzirmos um poema de Vallejo dando prioridade ao seu significado, ele geralmente soa mais obscuro do que julgamos que ele realmente é. Isso porque, se Vallejo se tornou um dos mais amados e aclamados poetas da língua espanhola, isso se deve menos ao que ele diz e mais a *como* diz — para ecoar as palavras do poeta citadas

---

[21] Dominic Moran, "The Author's Favorite, But Is It Any Good? Some Thoughts on 'El palco estrecho'". In Stephen M. Hart (ed.), *Politics, Poetics, Affect: Re-visioning César Vallejo* (Cambridge: Cambridge Scholars Press, 2013), p. 68.

acima, "o que importa principalmente num poema é o tom com que se diz uma coisa e, secundariamente, aquilo que se diz". Se, como quer Paulo Henriques Britto, a tarefa do tradutor de poesia consiste em "identificar as características poeticamente relevantes do texto poético e reproduzir as que lhe parecem mais importantes",[22] as palavras de Vallejo sugerem um critério claro para nortear a tradução dos *Poemas humanos*: os elementos formais são poeticamente mais relevantes do que o conteúdo ou o suposto significado do texto.

Nesse sentido, a segunda etapa da tradução deste livro consistiu em produzir novas versões que, além de preservar ao máximo os possíveis sentidos de cada poema, respeitassem a importância dos decassílabos e dos hexassílabos como elementos fundamentais de estruturação interna, e nem sempre visível, dos *Poemas humanos*. Muitas vezes esses decassílabos e hexassílabos estão "escondidos", no começo, no meio ou no final de um verso, e eventualmente um mesmo verso pode conter dois decassílabos sobrepostos. Assim, diversas soluções aparentemente mais "fiéis" ao texto foram alteradas ou mesmo sacrificadas para manter essas sutilezas do ritmo.

Além disso, essa atenção à forma também levou a soluções que às vezes se afastaram do texto em espanhol para preservar, sempre que possível, aliterações e assonâncias, bem como alguns jogos de palavras usados por Vallejo, em que expressões coloquiais ou frases feitas são ligeiramente modificadas e ganham sentido novo e ambivalente — recurso estilístico frequente na obra do poeta peruano, que Francisco Martínez García chama de "frases alteradas".[23] É o caso, por exemplo, do enigmático verso *"entrar a mi martillo"* do poema "O sotaque está preso em meu sapato", em que a palavra *"martillo"* parece evocar a palavra *"martirio"*. Tentamos reproduzir o mesmo efeito usando a palavra "calcário" para aludir a "calvário".

Se, como quer Vallejo, o tom de um poema "permanece preso às palavras do idioma original em que foi concebido e criado", a proximidade entre o espanhol e o português é certamente um fator que ajudou os tradutores e que favorece a aproximação dos leitores brasileiros com o poeta peruano. Ainda assim, e não obstante todo o esforço investido em dezoito meses de trabalho ininterrupto a quatro mãos, estamos conscientes de que, para citar novamente Vallejo, "os melhores poetas são menos propícios à tradução". Que este livro sirva, ao menos, de porta de entrada para um dos melhores poetas não só da língua espanhola no século xx, mas de qualquer língua em qualquer tempo.

Quito, 25 de agosto de 2021

---

22   Paulo Henriques Britto, *A tradução literária* (Rio de Janeiro: Civilização Brasileira, 2012), pp. 132-3.

23   Francisco Martínez García, *César Vallejo: acercamiento al hombre y al poeta* (León: Colegio Universitario de León, 1976), p. 264.

Poemas humanos

ALTURA Y PELOS

¿Quién no tiene su vestido azul?
¿Quién no almuerza y no toma el tranvía,
con su cigarrillo contratado y su dolor de bolsillo?
¡Yo que tan sólo he nacido!
¡Yo que tan sólo he nacido!

¿Quién no escribe una carta?
¿Quién no habla de un asunto muy importante,
muriendo de costumbre y llorando de oído?
¡Yo que solamente he nacido!
¡Yo que solamente he nacido!

¿Quién no se llama Carlos o cualquier otra cosa?
¿Quién al gato no dice gato gato?
¡Ay, yo que sólo he nacido solamente!
¡Ay, yo que sólo he nacido solamente!

ALTURA E CABELOS

Quem é que não tem um terno azul?
Quem não almoça e não pega o bonde,
com seu cigarro contratado e sua dor de bolso?
Eu que tão só nasci!
Eu que tão só nasci!

Quem não escreve cartas?
Quem não fala de um tema importantíssimo,
morrendo de costume e chorando de ouvido?
Eu que somente nasci!
Eu que somente nasci!

Quem não se chama Carlos ou qualquer outra coisa?
Quem não diz ao seu gato vem gatinho?
Ai, eu que só nasci somente!
Ai, eu que só nasci somente!

SOMBRERO, ABRIGO, GUANTES

2.

Enfrente a la Comedia Francesa, está el Café
de la Regencia; en él hay una pieza
recóndita, con una butaca y una mesa.
Cuando entro, el polvo inmóvil se ha puesto ya de pie.

Entre mis labios hechos de jebe, la pavesa
de un cigarrillo humea, y en el humo se ve
dos humos intensivos, el tórax del Café,
y en el tórax, un óxido profundo de tristeza.

Importa que el otoño se injerte en los otoños,
importa que el otoño se integre de retoños,
la nube, de semestres; de pómulos, la arruga.

Importa oler a loco postulando
¡qué cálida es la nieve, qué fugaz la tortuga,
el cómo qué sencillo, qué fulminante el cuándo!

Chapéu, casaco, luvas

Na frente da Comédia Francesa, está o Café
da Regência; lá dentro há uma saleta
recôndita, com uma poltrona e uma mesa.
Quando entro, a poeira imóvel já se encontra de pé.

Entre meus lábios feitos de látex, vai acesa
a brasa de um cigarro, e na fumaça vê-se
duas fumaças densas, o tórax do Café,
e no tórax, um óxido profundo de tristeza.

É preciso que o outono se enxerte nos outonos,
é preciso que o outono se integre de renovos,
a nuvem, de semestres; de pômulos, a ruga.

É preciso ser louco postulando
que cálida é a neve, que ágil a tartaruga,
e que simples o como, que fulminante o quando!

Salutación angélica

Eslavo con respecto a la palmera,
alemán de perfil al sol, inglés sin fin,
francés en cita con los caracoles,
italiano ex profeso, escandinavo de aire,
español de pura bestia, tal el cielo
ensartado en la tierra por los vientos,
tal el beso del límite en los hombros.

Mas sólo tú demuestras, descendiendo
o subiendo del pecho, bolchevique,
tus trazos confundibles,
tu gesto marital,
tu cara de padre,
tus piernas de amado,
tu cutis por teléfono,
tu alma perpendicular
a la mía,
tus codos de justo
y un pasaporte en blanco en tu sonrisa.

Obrando por el hombre, en nuestras pausas,
matando, tú, a lo largo de tu muerte
y a lo ancho de un abrazo salubérrimo,
ví que cuando comías después, tenías gusto,
ví que en tus sustantivos creció yerba.

Yo quisiera, por eso,
tu calor doctrinal, frío y en barras,
tu añadida manera de mirarnos
y aquesos tuyos pasos metalúrgicos,
aquesos tuyos pasos de otra vida.

Y digo, bolchevique, tomando esta flaqueza
en su feroz linaje de exhalación terrestre:
hijo natural del bien y del mal
y viviendo talvez por vanidad, para que digan,
me dan tus simultáneas estaturas mucha pena,
puesto que tú no ignoras en quién se me hace tarde diariamente,
en quién estoy callado y medio tuerto.

SAUDAÇÃO ANGÉLICA

Eslavo com relação à palmeira,
alemão de perfil ao sol, inglês sem fim,
francês em rendez-vous com os caracóis,
italiano a propósito, escandinavo aéreo,
espanhol de puro coice, qual o céu
espetado na terra pelos ventos,
qual o beijo limítrofe nos ombros.

Mas só você demonstra, descendendo
ou subindo do peito, bolchevique,
seus traços confundíveis,
seu gesto marital,
sua cara de pai,
suas pernas de amado,
sua cútis telefônica,
sua alma perpendicular
à minha,
seus cotovelos de justo
e um passaporte em branco em seu sorriso.

Obrando pelo homem, em nossas pausas,
você, matando, ao longo da sua morte
e ao largo de um abraço salubérrimo,
vi que ao comer você lambia os beiços,
vi que em seus substantivos cresceu grama.

Eu queria, por isso,
seu calor doutrinal, frio e em barras,
seu jeito adicional de nos olhar
assim como seus passos metalúrgicos,
assim como seus passos de outra vida.

E digo, bolchevique, tomando esta fraqueza
em sua atroz linhagem de exalação terrestre:
filho natural do bem e do mal
e vivendo talvez só por vaidade, para que digam,
as suas simultâneas estaturas me dão pena,
posto que você sabe em quem eu entardeço diariamente,
em quem estou calado e meio torto.

EPÍSTOLA A LOS TRANSEUNTES

Reanudo mi día de conejo,
mi noche de elefante en descanso.

Y, entre mí, digo:
ésta es mi inmensidad en bruto, a cántaros,
éste mi grato peso, que me buscara abajo para pájaro;
éste es mi brazo
que por su cuenta rehusó ser ala,
éstas son mis sagradas escrituras,
éstos mis alarmados compañones.

Lúgubre isla me alumbrará continental,
mientras el capitolio se apoye en mi íntimo derrumbe
y la asamblea en lanzas clausure mi desfile.

Pero cuando yo muera
de vida y no de tiempo,
cuando lleguen a dos mis dos maletas,
éste ha de ser mi estómago en que cupo mi lámpara en pedazos,
ésta aquella cabeza que expió los tormentos del círculo en mis pasos,
éstos esos gusanos que el corazón contó por unidades,
éste ha de ser mi cuerpo solidario
por el que vela el alma individual; éste ha de ser
mi hombligo en que maté mis piojos natos,
ésta mi cosa cosa, mi cosa tremebunda.

En tanto, convulsiva, ásperamente
convalece mi freno,
sufriendo como sufro del lenguaje directo del león;
y, puesto que he existido entre dos potestades de ladrillo,
convalezco yo mismo, sonriendo de mis labios.

EPÍSTOLA AOS TRANSEUNTES

Recomeço meu dia de coelho,
minha noite de elefante em repouso.

E, a mim mesmo, digo:
este é meu infinito bruto, a cântaros,
este meu grato peso, que me buscara abaixo para pássaro;
este é meu braço
que decidiu sozinho não ser asa,
estas são minhas santas escrituras,
estes são meus testículos aflitos.

Lúgubre ilha me alumbrará continental,
enquanto o capitólio se apoie em meu íntimo colapso
e a assembleia em lanças encerre meu desfile.

Porém quando eu morrer
de vida e não de tempo,
quando minhas duas maletas forem duas,
este há de ser o estômago em que coube minha lâmpada em pedaços,
esta aquela cabeça que expiou os tormentos do círculo em meus passos,
estas essas lombrigas que o coração contou de uma em uma,
este há de ser meu corpo solidário
pelo qual vela a alma individual; este há de ser
o umbigo em que matei meus piolhos natos,
esta minha coisa coisa, minha coisa tremebunda.

Enquanto isso, áspero, agitado,
meu freio convalesce,
sofrendo como sofro da linguagem direta do leão;
e, posto que existi entre duas potestades de tijolo,
eu próprio convalesço, sorrindo dos meus lábios.

Y no me digan nada,
que uno puede matar perfectamente,
ya que, sudando tinta,
uno hace cuanto puede, no me digan...

Volveremos, señores, a vernos con manzanas;
tarde la criatura pasará,
la expresión de Aristóteles armada
de grandes corazones de madera,
la de Heráclito injerta en la de Marx,
la del suave sonando rudamente...
Es lo que bien narraba mi garganta:
uno puede matar perfectamente.

Señores,
caballeros, volveremos a vernos sin paquetes;
hasta entonces exijo, exijiré de mi flaqueza
el acento del día, que,
según veo, estuvo ya esperándome en mi lecho.
Y exijo del sombrero la infausta analogía del recuerdo,
ya que, a veces, asumo con éxito mi inmensidad llorada,
ya que, a veces, me ahogo en la voz de mi vecino
y padezco
contando en maíces los años,
cepillando mi ropa al son de un muerto
o sentado borracho en mi ataúd...

E não me digam nada,
que podemos matar perfeitamente,
já que, suando tinta,
fazemos o possível, não me digam...

Voltaremos, senhores, a ver-nos com maçãs;
passará com atraso a criatura,
a expressão de Aristóteles armada
com corações imensos de madeira,
a de Heráclito, imersa na de Marx,
a do suave soando rudemente...
É o que sempre dizia minha garganta:
que podemos matar perfeitamente.

Senhores,
cavalheiros, voltaremos a ver-nos sem pacotes;
enquanto isso exijo, exigirei da minha fraqueza
o sotaque do dia, que,
pelo que vejo, já estava me esperando no meu leito.
E exijo do chapéu a infausta analogia da lembrança,
já que, às vezes, assumo com sucesso minha vastidão chorada,
já que, às vezes, me afogo na voz do meu vizinho
e padeço
contando os anos em grãos de milho,
limpando minha roupa ao som de um morto
ou, bêbado, sentado em meu caixão...

Gleba

Con efecto mundial de vela que se enciende,
el prepucio directo, hombres a golpes,
funcionan los labriegos a tiro de neblina,
con alabadas barbas,
pie práctico y reginas sinceras de los valles.

Hablan como les vienen las palabras,
cambian ideas bebiendo
orden sacerdotal de una botella;
cambian también ideas tras de un árbol, parlando
de escrituras privadas, de la luna menguante
y de los ríos públicos! (Inmenso! Inmenso! Inmenso!)

Función de fuerza
sorda y de zarza ardiendo,
paso de palo,
gesto de palo,
acápites de palo,
la palabra colgando de otro palo.

De sus hombros arranca, carne a carne, la herramienta florecida,
de sus rodillas bajan ellos mismos por etapas hasta el cielo,
y, agitando
y
agitando sus faltas en forma de antiguas calaveras,
levantan sus defectos capitales con cintas,
su mansedumbre y sus
vasos sanguíneos, tristes, de jueces colorados.

Tienen su cabeza, su tronco, sus extremidades,
tienen su pantalón, sus dedos metacarpos y un palito;
para comer vistiéronse de altura
y se lavan la cara acariciándose con sólidas palomas.

Por cierto, aquestos hombres
cumplen años en los peligros,
echan toda la frente en sus salutaciones;
carecen de reloj, no se jactan jamás de respirar
y, en fin, suelen decirse: Allá, las putas, Luis Taboada, los ingleses;
allá ellos, allá ellos, allá ellos!

GLEBA

Com efeito mundial de vela que se acende,
o prepúcio direto, homens talhados,
os lavradores agem a um tiro de neblina,
com veneráveis barbas,
pé prático e reginas inocentes dos vales.

Falam com as palavras que lhes saem,
trocam ideias bebendo
ordem sacerdotal de uma garrafa;
também trocam ideias sob a árvore, falando
de escrituras privadas, ou da lua minguante,
ou então dos rios públicos! (Imenso! Imenso! Imenso!)

Função de força
surda e de sarça ardente,
passo de pau,
gesto de pau,
parágrafos de pau,
a palavra pendendo de outro pau.

De seus ombros irrompe, carne a carne, a ferramenta florescida,
de seus joelhos eles mesmos descem por etapas até o céu,
e, agitando
e
agitando suas falhas em forma de antiquíssimas caveiras,
levantam seus defeitos capitais com fitas,
sua mansidão e seus
vasos sanguíneos, tristes, de juízes rubicundos.

Têm sua cabeça, seu tronco, suas extremidades,
têm suas calças, seus dedos metacarpos e um graveto;
para comer vestiram-se de altura
e quando lavam o rosto acariciam-se com sólidas pombinhas.

Certamente, estes homens
passam anos nos perigos,
usam a testa inteira em suas saudações;
carecem de relógio, não se gabam jamais de respirar
e costumam dizer: Que se danem as putas, Luis Taboada, os ingleses;
que se danem, que se danem, que se danem!

PRIMAVERA TUBEROSA

7.

Esta vez, arrastrando briosa sus pobrezas
al sesgo de mi pompa delantera,
coteja su coturno con mi traspié sin taco,
la primavera exacta de picotón de buitre.

La perdí en cuanto tela de mis despilfarros,
juguéla en cuanto pomo de mi aplauso;
el termómetro puesto, puesto el fin, puesto el gusano,
contusa mi doblez del otro día,
aguardéla al arrullo de un grillo fugitivo
y despedíla uñoso, somático, sufrido.

Veces latentes de astro,
ocasiones de ser gallina negra,
entabló la bandida primavera
con mi chusma de aprietos,
con mis apocamientos en camisa,
mi derecho soviético y mi gorra.

Veces las del bocado lauríneo,
con símbolos, tabaco, mundo y carne,
deglusión translaticia bajo palio,
al són de los testículos cantores;
talentoso torrente el de mi suave suavidad,
rebatible a pedradas, ganable con tan sólo suspirar...
Flora de estilo, plena,
citada en fangos de honor por rosas auditivas...
Respingo, coz, patada sencilla,
triquiñuela adorada... Cantan... Sudan...

Primavera tuberosa

Dessa vez, arrastando briosa suas pobrezas,
cruzando minha pompa dianteira,
a primavera exata de bicada de abutre
compara seu coturno com meu tropeçar sem salto.

Perdi-a como trapo dos meus desperdícios,
joguei-a como pomo dos aplausos;
o termômetro pronto, pronto o fim, pronta a lombriga,
ferido o meu embuste do outro dia,
esperei-a ao arrulho de um grilo fugitivo
e a despedi unhoso, somático, sofrido.

Vezes latentes de astro,
ocasiões de ser galinha preta,
começou a bandida primavera
com meu tropel de apuros,
com meus constrangimentos de camisa,
meu direito soviético e meu gorro.

Vezes dos alimentos lauráceos,
com símbolos, tabaco, mundo e carne,
deglutição simbólica com pompa,
ao som dos meus testículos cantores;
talentosa torrente da minha doce doçura,
refutável com pedras, vencível com um simples suspirar...
Flora de estilo, plena,
citada em lamaçais de honra por rosas auditivas...
Pinote, coice, patada singela,
artimanha adorada... Cantam... Suam...

PIEDRA NEGRA SOBRE UNA PIEDRA BLANCA

Me moriré en París con aguacero,
un día del cual tengo ya el recuerdo.
Me moriré en París —y no me corro—
talvez un jueves, como es hoy, de otoño.

Jueves será, porque hoy, jueves, que proso
estos versos, los húmeros me he puesto
a la mala y, jamás como hoy, me he vuelto,
con todo mi camino, a verme solo.

César Vallejo ha muerto, le pegaban
todos sin que él les haga nada;
le daban duro con un palo y duro

también con una soga; son testigos
los días jueves y los huesos húmeros,
la soledad, la lluvia, los caminos...

PEDRA NEGRA SOBRE UMA PEDRA BRANCA

Morrerei em Paris com aguaceiro,
numa tarde da qual já bem me lembro.
Morrerei em Paris — não vou embora —
numa quinta, de outono, como agora.

Quinta será, pois hoje, quando proso
estes versos, meus úmeros pisei
e, nunca como hoje, me voltei,
com todo o meu caminho, a me ver só.

Morreu César Vallejo, que apanhava
de todo mundo a quem nunca fez nada;
batiam duro com um pau e duro

também com uma corda; assim confirmam
as quintas como hoje e os ossos úmeros,
a solidão, a chuva e os caminhos...

¡Dulzura por dulzura corazona!
¡Dulzura a gajos, eras de vista,
esos abiertos días, cuando monté por árboles caídos!
Así por tu paloma palomita,
por tu oración pasiva,
andando entre tu sombra y el gran tezón corpóreo de tu sombra.

Debajo de ti y yo,
tú y yo, sinceramente,
tu candado ahogándose de llaves,
yo ascendiendo y sudando
y haciendo lo infinito entre tus muslos.
(El hotelero es una bestia,
sus dientes, admirables; yo controlo
el orden pálido de mi alma:
señor, allá distante… paso paso… adiós, señor…)

Mucho pienso en todo esto conmovido, perduroso
y pongo tu paloma a la altura de tu vuelo
y, cojeando de dicha, a veces,
repósome a la sombra de ese árbol arrastrado.

Costilla de mi cosa,
dulzura que tú tapas sonriendo con tu mano;
tu traje negro que se habrá acabado,
amada, amada en masa,
¡qué unido a tu rodilla enferma!

Simple ahora te veo, te comprendo avergonzado
en Letonia, Alemania, Rusia, Bélgica, tu ausente,
tu portátil ausente,
hombre convulso de la mujer temblando entre sus vínculos.

¡Amada en la figura de tu cola irreparable,
amada que yo amara con fósforos floridos,
quand on a la vie et la jeunesse,
c'est déjà tellement!

Cuando ya no haya espacio
entre tu grandeza y mi postrer proyecto,
amada,
volveré a tu media, haz de besarme,
bajando por tu media repetida,
tu portátil ausente, dile así…

Doçura por doçura coraçona!
Doçura em gomos, lavras de vista,
esses abertos dias, quando montei em árvores caídas!
E nessa sua pomba tão pombinha,
sua oração passiva,
andando entre sua sombra e o grande afã corpóreo de sua sombra.

Sob você e eu,
você e eu, sinceramente,
seu cadeado afogando-se em chaves,
eu subindo e suando
e criando o infinito entre suas coxas.
(O dono do hotel é uma besta,
seus dentes, admiráveis; eu controlo
a ordem pálida da minha alma:
senhor, lá bem distante... passo passo... adeus, senhor...)

Penso bastante nisso comovido, perduroso
e alço sua pomba à altura do seu voo
e, por vezes, mancando de alegria,
descanso sob a sombra dessa árvore arrastada.

Costela da minha coisa,
doçura que você cobre rindo com a mão;
o seu vestido preto, já nas últimas,
amada, amada em massa,
tão junto ao seu joelho enfermo!

Simples hoje te vejo, te entendo envergonhado
na Letônia, Alemanha, Rússia, Bélgica, seu ausente,
seu ausente portátil,
homem convulso da mulher tremendo entre seus vínculos.

Amada na figura de sua cauda irreparável,
amada que eu amara com fósforos floridos,
quand on a la vie et la jeunesse,
c'est déjà tellement!

Quando já não houver espaço
entre sua grandeza e meu póstumo projeto,
amada,
voltarei a sua meia, você ah de beijar-me,
descendo por sua meia repetida,
seu ausente portátil, chame-o assim...

10.

Hasta el día en que vuelva, de esta piedra
nacerá mi talón definitivo,
con su juego de crímenes, su yedra,
su obstinación dramática, su olivo.

Hasta el día en que vuelva, prosiguiendo,
con franca rectitud de cojo amargo,
de pozo en pozo, mi periplo, entiendo
que el hombre ha de ser bueno, sin embargo.

Hasta el día en que vuelva y hasta que ande
el animal que soy, entre sus jueces,
nuestro bravo meñique será grande,
digno, infinito dedo entre los dedos.

Até a minha volta, desta pedra
virá meu calcanhar definitivo,
com seu jogo de crimes, sua hera,
sua birra teatral e seu cultivo.

Até a minha volta, percorrendo,
decente como um coxo em agonia,
de poço em poço, meu périplo, entendo
que o homem há de ser bom, todavia.

Até a minha volta e até que ande
o animal que sou, para a sentença,
nosso bravo mindinho será grande,
digno, infinito dedo entre os dedos.

II.

Fué domingo en las claras orejas de mi burro,
de mi burro peruano en el Perú (Perdonen la tristeza)
Mas hoy ya son las once en mi experiencia personal,
experiencia de un solo ojo, clavado en pleno pecho,
de una sola burrada, clavada en pleno pecho,
de una sola hecatombe, clavada en pleno pecho.

Tal de mi tierra veo los cerros retratados,
ricos en burros, hijos de burros, padres hoy de vista,
que tornan ya pintados de creencias,
cerros horizontales de mis penas.

En su estatua, de espada,
Voltaire cruza su capa y mira el zócalo,
pero el sol me penetra y espanta de mis dientes incisivos
un número crecido de cuerpos inorgánicos.

Y entonces sueño en una piedra
verduzca, diecisiete,
peñasco numeral que he olvidado,
sonido de años en el rumor de aguja de mi brazo,
lluvia y sol en Europa, y ¡cómo toso! ¡cómo vivo!
¡cómo me duele el pelo al columbrar los siglos semanales!
y cómo, por recodo, mi ciclo microbiano,
quiero decir mi trémulo, patriótico peinado.

Foi domingo nas claras orelhas do meu burro,
do meu burro peruano no Peru (Perdoem a tristeza)
Mas hoje já são onze horas na minha experiência pessoal,
experiência de um só olho, cravado em pleno peito,
de uma só burrada, cravada em pleno peito,
de uma só hecatombe, cravada em pleno peito.

Da minha terra vejo os morros retratados,
ricos em burros, filhos de burros, pais hoje de vista,
que voltam já pintados de certezas,
morros horizontais das minhas penas.

De espada, em sua estátua,
Voltaire cruza sua capa e olha a praça,
mas o sol me penetra e espanta dos meus dentes incisivos
um número robusto de corpos inorgânicos.

Sonho então numa pedra
verdosa, dezessete,
penhasco numeral que já esqueci,
o som dos anos no murmúrio de agulha do meu braço,
sol e chuva na Europa, e como tusso! Como vivo!
Como dói meu cabelo ao vislumbrar os séculos semanais!
E como, por rebote, meu ciclo microbiano,
quero dizer meu trêmulo, patriótico penteado.

La vida, esta vida

12.

me placía, su instrumento, esas palomas…
Me placía escucharlas gobernarse en lontananza,
advenir naturales, determinado el número,
y ejecutar, según sus aflicciones, sus dianas de animales.

Encogido,
oí desde mis hombros
su sosegada producción,
cave los albañales sesgar sus trece huesos,
dentro viejo tornillo hincharse el plomo.
Sus paujiles picos,
pareadas palomitas,
las póbridas, hojeándose los hígados,
sobrinas de la nube… Vida! Vida! Esta es la vida!

Zurear su tradición rojo les era,
rojo moral, palomas vigilantes,
talvez rojo de herrumbre,
si caían entonces azulmente.

Su elemental cadena,
sus viajes de individuales pájaros viajeros,
echaron humo denso,
pena física, pórtico influyente.

Palomas saltando, indelebles
palomas olorosas,
manferidas venían, advenían
por azarosas vías digestivas,
a contarme sus cosas fosforosas,
pájaros de contar,
pájaros transitivos y orejones…

No escucharé ya más desde mis hombros
huesudo, enfermo, en cama,
ejecutar sus dianas de animales… Me doy cuenta.

A vida, esta vida
me agradava, seu instrumento, essas pombas...
Era um prazer ouvi-las governar-se, ao longe,
despontar naturais, em número preciso,
e executar, conforme suas angústias, suas alvoradas de animais.

Encolhido,
ouvi daqui dos ombros
sua sossegada produção,
ao redor das cloacas torcer seus treze ossos,
dentro do velho torno inchar-se o chumbo.
Seus galiformes bicos,
parelhas de pombinhas,
as póbridas, folheando seus fígados,
as sobrinhas da nuvem.... Vida! Vida! Esta é a vida!

Rulhar sua tradição rubro lhes era,
rubro moral, pombinhas vigilantes,
talvez rubro ferrugem,
se elas depois caíam azulmente.

Sua elementar cadeia,
suas viagens de individuais pássaros viajantes,
lançaram névoa densa,
pena física, pórtico influente.

Pombas saltitando, indeléveis
pombinhas perfumadas,
atentas elas vinham, advinham
por tortuosas vias digestivas,
contar-me suas coisas fosforosas,
pássaros de contar,
pássaros transitivos e fidalgos...

Já não escutarei daqui dos ombros
ossudo, enfermo, inválido,
tocar suas alvoradas de animais... Percebo agora.

Hoy me gusta la vida mucho menos,
pero siempre me gusta vivir: ya lo decía.
Casi toqué la parte de mi todo y me contuve
con un tiro en la lengua detrás de mi palabra.

Hoy me palpo el mentón en retirada
y en estos momentáneos pantalones yo me digo:
¡Tánta vida y jamás!
¡Tántos años y siempre mis semanas!...
Mis padres enterrados con su piedra
y su triste estirón que no ha acabado;
de cuerpo entero hermanos, mis hermanos,
y, en fin, mi sér parado y en chaleco.

Me gusta la vida enormemente,
pero, desde luego,
con mi muerte querida y mi café
y viendo los castaños frondosos de París
y diciendo:
Es un ojo éste, aquél; una frente ésta, aquélla... Y repitiendo:
¡Tánta vida y jamás me falla la tonada!
¡Tántos años y siempre, siempre, siempre!

Dije chaleco, dije
todo, parte, ansia, dije casi, por no llorar.
Que es verdad que sufrí en aquel hospital que queda al lado
y está bien y está mal haber mirado
de abajo para arriba mi organismo.

Me gustará vivir siempre, así fuese de barriga,
porque, como iba diciendo y lo repito,
¡tánta vida y jamás! ¡Y tántos años,
y siempre, mucho siempre, siempre siempre!

Hoje eu gosto da vida muito menos,
mas assim mesmo gosto de viver: como já disse.
Quase toquei a parte do meu todo e me contive
com um tiro na língua por trás da minha palavra.

Hoje apalpo meu queixo em retirada
e nestas momentâneas calças vou pensando:
Tanta vida e jamais!
Tantos anos e sempre minhas semanas!...
Meus pais já enterrados com sua pedra
e seu triste estirão inacabado;
irmãos de corpo inteiro, meus irmãos,
e, enfim, meu ser, em pé e de colete.

Eu gosto da vida imensamente,
mas, está claro,
com minha amada morte e meu café
e vendo as castanheiras frondosas de Paris
e dizendo:
É um olho este, aquele; uma testa esta, aquela... E repetindo:
Tanta vida e não falha jamais minha toada!
Tantos anos e sempre, sempre, sempre!

Disse colete, disse
todo, parte, ânsia, disse quase, para não chorar.
Que de fato sofri nesse hospital que fica aqui ao lado
e foi bom e ruim eu ter olhado
de baixo para cima este organismo.

Vou gostar de viver sempre, mesmo que seja à toa,
porque, como eu dizia, e hoje repito,
tanta vida e jamais! E tantos anos,
e sempre, muito sempre, sempre sempre!

Quisiera hoy ser feliz de buena gana,
ser feliz y portarme frondoso de preguntas,
abrir por temperamento de par en par mi cuarto, como loco,
y reclamar, en fin,
en mi confianza física acostado,
sólo por ver si quieren,
sólo por ver si quieren probar de mi espontánea posición,
reclamar, voy diciendo,
por qué me dan así tánto en el alma.

Pues quisiera en sustancia ser dichoso,
obrar sin bastón, laica humildad, ni burro negro.
Así las sensaciones de este mundo,
los cantos subjuntivos,
el lápiz que perdí en mi cavidad
y mis amados órganos de llanto.

Hermano persuasible, camarada,
padre por la grandeza, hijo mortal,
amigo y contendor, inmenso documento de Darwin:
¿a qué hora, pues, vendrán con mi retrato?
¿A los goces? ¿Acaso sobre goce amortajado?
¿Más temprano? ¿Quién sabe, a las porfías?

A las misericordias, camarada,
hombre mío en rechazo y observación, vecino
en cuyo cuello enorme sube y baja,
al natural, sin hilo, mi esperanza...

Hoje eu queria tanto ser feliz,
ser bem feliz e andar frondoso de perguntas,
abrir furioso de par em par meu quarto, como um louco,
e reclamar, enfim,
na minha crença física deitado,
só para ver se querem,
só para ver se querem provar da minha espontânea posição,
reclamar, vou dizendo,
por que é que batem tanto na minha alma.

Queria, em suma, ser afortunado,
andar sem bengala, laica humildade, ou burro negro.
E sem os sentimentos deste mundo,
os cantos subjuntivos,
o lápis que perdi em minha cavidade
e meus amados órgãos de chorar.

Irmão persuasível, camarada,
filho mortal e pai pela grandeza,
competidor e amigo, imenso documento de Darwin:
a que horas, pois, virão com meu retrato?
Aos prazeres? Talvez sobre prazer amortalhado?
Ou mais cedo? Quem sabe, às teimosias?

Só às misericórdias, camarada,
companheiro em repúdio e observação, vizinho
em cujo amplo pescoço sobe e desce,
sem fio, ao natural, minha esperança...

De disturbio en disturbio

15.

subes a acompañarme a estar solo;
yo lo comprendo andando de puntillas,
con un pan en la mano, un camino en el pie
y haciendo, negro hasta sacar espuma,
mi perfil su papel espeluznante.

Ya habías disparado para atrás tu violencia
neumática, otra época, mas luego
me sostienes ahora en brazo de honra fúnebre
y sostienes el rumbo de las cosas en brazo de honra fúnebre,
la muerte de las cosas resumida en brazo de honra fúnebre.

Pero, realmente y puesto
que tratamos de la vida,
cuando el hecho de entonces eche crin en tu mano,
al seguir tu rumor como regando,
cuando sufras en suma de kanguro,
olvídame, sosténme todavía, compañero de cantidad pequeña,
azotado de fechas con espinas,
olvídame y sosténme por el pecho,
jumento que te paras en dos para abrazarme;
duda de tu excremento unos segundos,
observa cómo el aire empieza a ser el cielo levantándose,
hombrecillo,
hombrezuelo,
hombre con taco, quiéreme, acompáñame...

Ten presente que un día
ha de cantar un mirlo de sotana
sobre mi tonelada ya desnuda.
(Cantó un mirlo llevando las cintas de mi gramo entre su pico)
Ha de cantar calzado de este sollozo innato,
hombre con taco,
y, simultánea, doloridamente,
ha de cantar calzado de mi paso,
y no oírlo, hombrezuelo, será malo,
será denuesto y hoja,
pesadumbre, trenza, humo quieto.

Perro parado al borde de una piedra
es el vuelo en su curva;
también tenlo presente, hombrón hasta arriba.
Te lo recordarán el peso bajo, de ribera adversa,
el peso temporal, de gran silencio,
más eso de los meses y aquello que regresa de los años.

52

De distúrbio em distúrbio
você sobe e me ajuda a ficar só;
entendo isso andando de fininho,
com um pão na mão, um caminho no pé
enquanto, negro até sair espuma,
faz meu perfil seu rito horripilante.

Você já disparara para trás sua violência
pneumática, faz tempo, mas aí
você me ampara agora num braço de honra fúnebre
e ampara o rumo de todas as coisas num braço de honra fúnebre,
com a morte das coisas resumida num braço de honra fúnebre.

Mas, na verdade, e posto
que tratamos é da vida,
quando o gesto de outrora forme crina em sua mão,
ao seguir seu rumor como quem rega,
quando você sofrer qual canguru,
me esqueça, sem deixar de me amparar, companheiro de quantidade ínfima,
açoitado de datas com espinhos,
me esqueça e me ampare pelo peito,
jumento que se empina quando quer me abraçar;
duvide de suas fezes uns segundos,
observe como o ar começa a ser o céu que se levanta,
homenzinho,
homenzote,
homem com salto, me ame, me acompanhe...

Tenha em mente que um dia
um melro de batina há de cantar
sobre minha tonelada agora nua.
(Um melro já cantou levando as fitas do meu grama no seu bico)
Há de cantar calçado desse soluço inato,
homem com salto,
e, simultânea, doloridamente,
há de cantar calçado do meu passo,
e não ouvi-lo, hominho, será péssimo,
será afronta e folha,
sofrimento, trança, calma névoa.

Um cão parado à beira de uma pedra
é o voo em sua curva;
nunca se esqueça, homão até o topo.
Quem vai te lembrar disso é o peso baixo, de margem adversa,
o peso temporal, silencioso,
e mais isso dos meses e tudo aquilo que volta dos anos.

16.

Considerando en frío, imparcialmente,
que el hombre es triste, tose y, sin embargo,
se complace en su pecho colorado;
que lo único que hace es componerse
de días;
que es lóbrego mamífero y se peina...

Considerando
que el hombre procede suavemente del trabajo
y repercute jefe, suena subordinado;
que el diagrama del tiempo
es constante diorama en sus medallas
y, a medio abrir, sus ojos estudiaron,
desde lejanos tiempos,
su fórmula famélica de masa...

Comprendiendo sin esfuerzo
que el hombre se queda, a veces, pensando,
como queriendo llorar,
y, sujeto a tenderse como objeto,
se hace buen carpintero, suda, mata
y luego canta, almuerza, se abotona...

Considerando también
que el hombre es en verdad un animal
y, no obstante, al voltear, me da con su tristeza en la cabeza...

Examinando, en fin,
sus encontradas piezas, su retrete,
su desesperación, al terminar su día atroz, borrándolo...

Comprendiendo
que él sabe que le quiero,
que le odio con afecto y me es, en suma, indiferente...

Considerando sus documentos generales
y mirando con lentes aquel certificado
que prueba que nació muy pequeñito...

le hago una seña,
viene,
y le doy un abrazo, emocionado.
¡Qué mas da! Emocionado... Emocionado...

Considerando a frio, imparcialmente,
que o homem é triste, tosse e, no entanto,
se compraz em seu peito avermelhado;
que não faz nada além de se compor
de dias;
que é lúgubre mamífero e penteia-se...

Considerando
que o homem procede suavemente do trabalho
e repercute chefe, soa subordinado;
que o diagrama do tempo
é um constante diorama em suas medalhas
e, entreabertos, seus olhos estudaram,
desde tempos remotos,
sua fórmula famélica de massa...

Compreendendo sem esforço
que o homem, às vezes, fica pensando,
como se quisesse chorar,
e, sujeito a estender-se como objeto,
faz-se bom carpinteiro, sua, mata
e depois canta, almoça, se abotoa...

Considerando também
que o homem é na verdade um animal
e, não obstante, ao virar-se, me bate com a tristeza na cabeça...

Examinando, enfim,
suas discrepantes partes, sua latrina,
seu desespero, ao terminar seu dia atroz, riscando-o...

Compreendendo
que ele sabe que o amo,
que o odeio com afeto e sou, em suma, indiferente a ele...

Considerando seus documentos gerais
e observando com lupa o tal certificado
que prova que nasceu pequenininho...

faço-lhe um sinal,
ele vem,
e lhe dou um abraço, emocionado.
Que me importa! Emocionado... Emocionado...

¡Y si después de tántas palabras,
no sobrevive la palabra!
¡Si después de las alas de los pájaros,
no sobrevive el pájaro parado!
¡Más valdría, en verdad,
que se lo coman todo y acabemos!

¡Haber nacido para vivir de nuestra muerte!
¡Levantarse del cielo hacia la tierra
por sus propios desastres
y espiar el momento de apagar con su sombra su tiniebla!
¡Más valdría, francamente,
que se lo coman todo y qué más da!...

¡Y si después de tánta historia, sucumbimos,
no ya de eternidad,
sino de esas cosas sencillas, como estar
en la casa o ponerse a cavilar!
¡Y si luego encontramos,
de buenas a primeras, que vivimos,
a juzgar por la altura de los astros,
por el peine y las manchas del pañuelo!
¡Más valdría, en verdad,
que se lo coman todo, desde luego!

Se dirá que tenemos
en uno de los ojos mucha pena
y también en el otro, mucha pena
y en los dos, cuando miran, mucha pena...
Entonces... ¡Claro!... Entonces... ¡ni palabra!

E se depois de tantas palavras,
não sobrevive a palavra!
E se depois das asas de mil pássaros,
não sobrevive o pássaro de pé!
É melhor, na verdade,
que comam logo tudo de uma vez!

Ter nascido só para viver de nossa morte!
Por seus próprios desastres
levantar-se do céu até a terra
e espreitar o momento de apagar com sua sombra sua treva!
É melhor, francamente,
que comam logo tudo e tanto faz!...

E se depois de tanta história, sucumbimos,
não mais de eternidade,
e sim dessas coisas tão simples, como estar
em casa ou então se pôr a meditar!
E se aí descobrimos,
assim, sem mais nem menos, que vivemos,
a julgar pela altura das estrelas,
pelo pente e as manchas no lencinho!
É melhor, na verdade,
que comam logo tudo, com certeza!

Vão dizer que nós temos
muita tristeza num de nossos olhos
e no outro também, muita tristeza
e nos dois, quando olham, só tristeza...
Então!... É claro!... Nem uma palavra!

Por último, sin ese buen aroma sucesivo,
sin él,
sin su cuociente melancólico,
cierra su manto mi ventaja suave,
mis condiciones cierran sus cajitas.

¡Ay, cómo la sensación arruga tánto!
¡ay, cómo una idea fija me ha entrado en una uña!

Albino, áspero, abierto, con temblorosa hectárea,
mi deleite cae viernes,
mas mi triste tristumbre se compone de cólera y tristeza
y, a su borde arenoso e indoloro,
la sensación me arruga, me arrincona.

Ladrones de oro, víctimas de plata:
el oro que robara yo a mis víctimas,
    ¡rico de mí olvidándolo;
la plata que robara a mis ladrones,
    ¡pobre de mí olvidándolo!

Execrable sistema, clima en nombre del cielo, del bronquio y la quebrada,
la cantidad enorme de dinero que cuesta el ser pobre...

Finalmente, sem esse bom aroma ininterrupto,
sem ele,
sem seu quociente melancólico,
minha leve vantagem fecha o manto,
fecham suas caixas minhas condições.

Ai, como a sensação enruga tanto!
Ai, como uma ideia fixa entrou na minha unha!

Albino, áspero, aberto, com trêmulo hectare,
meu deleite cai numa sexta-feira,
mas minha triste tristidão se faz de cólera e tristeza
e, em sua margem arenosa e indolor,
a sensação me enruga, me encurrala.

Ladrões de ouro, vítimas de prata:
o ouro que roubei de minhas vítimas,
    rico de mim se esqueço;
a prata que roubei de meus ladrões,
    pobre de mim se esqueço!

Execrável sistema, clima em nome do céu, do brônquio e da garganta,
a quantidade enorme de dinheiro que a gente precisa para ser pobre...

Parado en una piedra,
desocupado,
astroso, espeluznante,
a la orilla del Sena, va y viene.
Del río brota entonces la conciencia,
con peciolo y rasguños de árbol ávido:
del río sube y baja la ciudad, hecha de lobos abrazados.

El parado la ve yendo y viniendo,
monumental, llevando sus ayunos en la cabeza cóncava,
en el pecho sus piojos purísimos
y abajo
su pequeño sonido, el de su pelvis,
callado entre dos grandes decisiones,
y abajo,
más abajo,
un papelito, un clavo, una cerilla...

¡Este es, trabajadores, aquel
que en la labor sudaba para afuera,
que suda hoy para adentro su secreción de sangre rehusada!
Fundidor del cañón, que sabe cuantas zarpas son acero,
tejedor que conoce los hilos positivos de sus venas,
albañil de pirámides,
constructor de descensos por columnas
serenas, por fracasos triunfales,
parado individual entre treinta millones de parados,
andante en multitud,
¡qué salto el retratado en su talón
y qué humo el de su boca ayuna, y cómo
su talle incide, canto a canto, en su herramienta atroz, parada,
y qué idea de dolorosa válvula en su pómulo!

También parado el hierro frente al horno,
paradas las semillas con sus sumisas síntesis al aire,
parados los petróleos conexos,
parada en sus auténticos apóstrofes la luz,
parados de crecer los laureles,
paradas en un pie las aguas móviles
y hasta la tierra misma, parada de estupor ante este paro,
¡qué salto el retratado en sus tendones!
¡qué transmisión entablan sus cien pasos!
¡cómo chilla el motor en su tobillo!
¡cómo gruñe el reloj, paseándose impaciente a sus espaldas!
¡cómo oye deglutir a los patrones
el trago que le falta, camaradas,

Parado numa pedra,
desempregado,
imundo, horripilante,
às margens do Sena, ele vai e vem.
Do rio brota então a consciência,
com pecíolo e arranhões de árvore ávida;
do rio a cidade sobe e desce, feita de lobos abraçados.

O desempregado a vê no ir e vir,
monumental, trazendo seus jejuns em sua cabeça côncava,
no peito seus piolhos puríssimos
e embaixo
seu pequenino som, o de sua pélvis,
calado entre duas grandes decisões,
e embaixo,
mais embaixo,
um papelzinho, um parafuso, um fósforo...

Este é, trabalhadores, aquele
que na lida suava para fora,
que hoje sua para dentro sua secreção de sangue rejeitado!
Fundidor do canhão, que sabe quantas garras são de aço,
tecelão que conhece os fios positivos de suas veias,
pedreiro de pirâmides,
construtor de descidas por colunas
serenas, por fracassos triunfais,
um único parado entre trinta milhões de outros parados,
errante em multidão,
que salto estampado no calcanhar,
que bafo de jejum na boca, e como
seu porte incide, canto a canto, em sua ferramenta atroz, parada,
e que ideia de dolorosa válvula em seu pômulo!

Também parado o ferro em frente ao forno,
paradas as sementes com suas submissas sínteses no ar,
parados os petróleos conexos,
parada a luz em suas autênticas apóstrofes,
parados os loureiros de crescer,
paradas num pé só as águas móveis
e até a própria terra, parada de estupor ante a parada,
que salto estampado nos seus tendões!
Que transmissão encetam seus cem passos!
Como guincha o motor no tornozelo!
Como grunhe o relógio, passeando impaciente às suas costas!
Como ele ouve os patrões a deglutir
o trago que lhe falta, camaradas,

y el pan que se equivoca de saliva,
y, oyéndolo, sintiéndolo, en plural, humanamente,
¡cómo clava el relámpago
su fuerza sin cabeza en su cabeza!
y lo que hacen, abajo, entonces, ¡ay!
más abajo, camaradas,
el papelucho, el clavo, la cerilla,
el pequeño sonido, el piojo padre!

e o pão que sempre erra de saliva,
e ouvindo isso, sentindo, no plural, humanamente,
como crava o relâmpago
sua força sem cabeça em sua cabeça!
E o que fazem, embaixo, depois, ai!,
mais embaixo, camaradas,
o papelzinho, o parafuso, o fósforo,
o pequenino som, o piolho pai!

20.

Los mineros salieron de la mina
remontando sus ruinas venideras,
fajaron su salud con estampidos
y, elaborando su función mental,
cerraron con sus voces
el socavón, en forma de síntoma profundo.

¡Era de ver sus polvos corrosivos!
¡Era de oír sus óxidos de altura!
Cuñas de boca, yunques de boca, aparatos de boca (¡Es formidable!)

El orden de sus túmulos,
sus inducciones plásticas, sus respuestas corales,
agolpáronse al pie de ígneos percances
y airente amarillura conocieron los trístidos y tristes,
imbuidos
del metal que se acaba, del metaloide pálido y pequeño.

Craneados de labor,
y calzados de cuero de vizcacha,
calzados de senderos infinitos,
y los ojos de físico llorar,
creadores de la profundidad,
saben, a cielo intermitente de escalera,
bajar mirando para arriba,
saben subir mirando para abajo.

¡Loor al antiguo juego de su naturaleza,
a sus insomnes órganos, a su saliva rústica!
¡Temple, filo y punta, a sus pestañas!
¡Crezcan la yerba, el liquen y la rana en sus adverbios!
¡Felpa de hierro a sus nupciales sábanas!
¡Mujeres hasta abajo, sus mujeres!
¡Mucha felicidad para los suyos!
¡Son algo portentoso, los mineros
remontando sus ruinas venideras,
elaborando su función mental
y abriendo con sus voces
el socavón, en forma de síntoma profundo!
¡Loor a su naturaleza amarillenta,
a su linterna mágica,
a sus cubos y rombos, a sus percances plásticos,
a sus ojazos de seis nervios ópticos
y a sus hijos que juegan en la iglesia
y a sus tácitos padres infantiles!
¡Salud, oh creadores de la profundidad!... (Es formidable.)

Quando os mineiros saíram da mina
escalando suas ruínas vindouras,
laçaram sua saúde com estrondos
e, elaborando sua função mental,
fecharam com suas vozes
o socavão, em forma de sintoma profundo.

Que gosto ver seus pós tão corrosivos!
Que gosto ouvir seus óxidos de altura!
Cunhas de boca, bigornas de boca, ferramentas de boca (É formidável!)

A ordem dos seus túmulos,
seus raciocínios plásticos, suas respostas corais,
apinharam-se ao pé de ígneos percalços
e airenta amarelice conheceram os trístidos e tristes,
imbuídos
do metal que se acaba, do metaloide pálido e pequeno.

Craniados de labor,
e calçados com couro de viscacha,
calçados com veredas infinitas,
e os olhos de tão físico chorar,
os criadores da profundidade,
sabem, com céu intermitente de degraus,
descer olhando para cima,
sabem subir olhando para baixo.

Louvado seja o antigo jogo da sua natureza,
e seus órgãos insones, sua rústica saliva!
Têmpera, fio e ponta, suas pestanas!
Cresçam a grama, o líquen e a rã em seus advérbios!
Felpa de ferro em seus nupciais lençóis!
Mulheres até o fundo, suas mulheres!
Muita felicidade para os seus!
São mesmo impressionantes, os mineiros
escalando suas ruínas vindouras,
elaborando sua função mental
e abrindo com suas vozes
o socavão, em forma de sintoma profundo!
Louvada seja sua natureza amarelenta,
sua lanterna mágica,
seus cubos e losangos, seus plásticos percalços,
seus grandes olhos com seis nervos óticos
e seus filhos que brincam pela igreja
e seus pais infantis sempre calados!
Saúde, ó criadores da profundidade!... (É formidável.)

21.

Pero antes que se acabe
toda esta dicha, piérdela atajándola,
tómale la medida, por si rebasa tu ademán; rebásala,
ve si cabe tendida en tu extensión.

Bien la sé por su llave,
aunque no sepa, a veces, si esta dicha
anda sola, apoyada en tu infortunio
o tañida, por sólo darte gusto, en tus falanjas.
Bien la sé única, sola,
de una sabiduría solitaria.

En tu oreja el cartílago está hermoso
y te escribo por eso, te medito:
No olvides en tu sueño de pensar que eres feliz,
que la dicha es un hecho profundo, cuando acaba,
pero al llegar, asume
un caótico aroma de asta muerta.

Silbando a tu muerte,
sombrero a la pedrada,
blanco, ladeas a ganar tu batalla de escaleras,
soldado del tallo, filósofo del grano, mecánico del sueño.
(¿Me percibes, animal?
¿me dejo comparar como tamaño?
No respondes y callado me miras
a través de la edad de tu palabra).

Ladeando así tu dicha, volverá
a clamarla tu lengua, a despedirla,
dicha tan desgraciada de durar.
Antes, se acabará violentamente,
dentada, pedernalina estampa,
y entonces oirás cómo medito
y entonces tocarás cómo tu sombra es ésta mía desvestida
y entonces olerás cómo he sufrido.

Mas antes que se acabe
essa alegria, ampute-a de uma vez,
tire a medida dela, caso ela exceda seus gestos; exceda-a,
tente esticá-la dentro de você.

Sei quem ela é por sua chave,
mas às vezes não sei se essa alegria
anda só, apoiada em seu azar,
ou se ressoa, para te agradar, em suas falanjas.
Sei que ela é única, só,
de uma sabedoria solitária.

É linda a cartilagem em sua orelha
e por isso te escrevo, te medito:
Não se esqueça em seus sonhos de pensar que é feliz,
e que a alegria é uma coisa profunda, quando acaba,
mas quando chega assume
um caótico odor de chifre morto.

Zombando de sua morte,
chapéu meio de lado,
alvo, você desvia e vence sua batalha de escadas,
soldado do caule, filósofo do grão, mecânico do sonho.
(Você me nota, animal?
Consegue comparar nossos tamanhos?
Você se cala e me olha em silêncio
atravessando a idade da sua fala).

Desviando da alegria, sua língua
voltará a invocá-la, a despedi-la,
alegria tão dura de durar.
Antes, se acabará violentamente,
toda dentada, pedernal estampa,
e então você ouvirá como medito
e verá pelo tato que sua sombra é esta minha, desvestida,
e o cheiro lhe dirá do meu martírio.

TELÚRICA Y MAGNÉTICA

22.

¡Mecánica sincera y peruanísima
la del cerro colorado!
¡Suelo teórico y práctico!
¡Surcos inteligentes; ejemplo: el monolito y su cortejo!
¡Papales, cebadales, alfalfares, cosa buena!
¡Cultivos que integra una asombrosa jerarquía de útiles
y que integran con viento los mujidos,
las aguas con su sorda antigüedad!

¡Cuaternarios maíces, de opuestos natalicios,
los oigo por los pies cómo se alejan,
los huelo retornar cuando la tierra
tropieza con la técnica del cielo!
¡Molécula exabrupto! ¡Átomo terso!

¡Oh campos humanos!
¡Solar y nutricia ausencia de la mar,
y sentimiento oceánico de todo!
¡Oh climas encontrados dentro del oro, listos!
¡Oh campo intelectual de cordillera,
con religión, con campo, con patitos!
¡Paquidermos en prosa cuando pasan
y en verso cuando páranse!
¡Roedores que miran con sentimiento judicial en torno!
¡Oh patrióticos asnos de mi vida!
¡Vicuña, descendiente nacional y graciosa de mi mono!
¡Oh luz que dista apenas un espejo de la sombra,
que es vida con el punto y, con la línea, polvo
y que por eso acato, subiendo por la idea a mi osamenta!

¡Siega en época del dilatado molle,
del farol que colgaron de la sien
y del que descolgaron de la barreta espléndida!
¡Ángeles de corral,
aves por un descuido de la cresta!
¡Cuya o cuy para comerlos fritos
con el bravo rocoto de los temples!
(¿Cóndores? ¡Me friegan los cóndores!)
¡Leños cristianos en gracia
al tronco feliz y al tallo competente!
¡Familia de los líquenes,
especies en formación basáltica, que yo
respeto

Telúrica e magnética

Mecânica sincera e peruaníssima
a do morro vermelho!
Solo teórico e prático!
Sulcos inteligentes; exemplo: o monolito e seu cortejo!
Campos de alfafa, cevada, batata, coisa boa!
Cultivos integrados por uma assombrosa hierarquia de utensílios
e que integram com vento os mugidos,
as águas com sua surda antiguidade!

Milharais quaternários, de opostos natalícios,
sinto o som dos seus pés ao se afastarem,
e o cheiro de sua volta quando a terra
tropeça com a técnica do céu!
Molécula ex-abrupto! Átomo terso!

Ó campos humanos!
Solar e nutritiva ausência do mar,
e sentimento oceânico de tudo!
Ó climas encontrados dentro do ouro, prontos!
Ó campo intelectual de cordilheira,
com religião, com campo, com patinhos!
Paquidermes em prosa quando passam
e em verso quando param!
Roedores que olham em volta com sentimento judicial!
Ó patrióticos asnos da minha vida!
Vicunha, descendente garbosa e nacional do meu macaco!
Ó luz que dista apenas um espelho de sua sombra,
que é vida com o ponto e, com a linha, pó
e que por isso acato, subindo pela ideia até meus ossos!

Colheita em época de dilatada aroeira,
do lampião que prenderam na têmpora
e do que desprenderam da picareta esplêndida!
Querubins de curral,
aves por um descuido de sua crista!
Preás aos montes, para comer fritos,
com a brava pimenta lá dos vales!
(Condores? Estou farto de condores!)
Lenhos cristãos pela graça
do tronco feliz e do ramo competente!
Irmandade dos liquens,
espécies em formação basáltica, que eu
respeito

desde este modestísimo papel!
¡Cuatro operaciones, os sustraigo
para salvar al roble y hundirlo en buena ley!
¡Cuestas en infraganti!
¡Auquénidos llorosos, almas mías!
¡Sierra de mi Perú, Perú del mundo,
y Perú al pie del orbe; yo me adhiero!
¡Estrellas matutinas si os aromo
quemando hojas de coca en este cráneo,
y cenitales, si destapo,
de un solo sombrerazo, mis diez templos!
¡Brazo de siembra, bájate, y a pie!
¡Lluvia a base del mediodía,
bajo el techo de tejas donde muerde
la infatigable altura
y la tórtola corta en tres su trino!
¡Rotación de tardes modernas
y finas madrugadas arqueológicas!
¡Indio después del hombre y antes de él!
¡Lo entiendo todo en dos flautas
y me doy a entender en una quena!
¡Y lo demás, me las pelan!...

deste meu modestíssimo papel!
Quatro operações, vos subtraio
para salvar e então derrubar o carvalho!
Encostas em flagrante!
Camelídeos chorosos, almas minhas!
Serra do meu Peru, Peru do mundo,
e Peru ao pé do globo; estou contigo!
Estrelas matinais se vos perfumo
queimando folhas de coca no crânio,
e zenitais, se destampo,
com um só chapelaço, meus dez templos!
Braço de semear, desça e caminhe!
Chuva à base do meio-dia,
sob o teto de telhas onde morde
a incansável altura
e a pomba corta em três o seu trinado!
Rotação de tardes modernas
e finas madrugadas arqueológicas!
Índio depois do homem e antes dele!
Entendo tudo em duas flautas
e me faço entender com uma quena!
Quanto ao resto, estou me lixando!...

Piensan los viejos asnos

Ahora vestiríame
de músico por verle,
chocaría con su alma, sobándole el destino con mi mano,
le dejaría tranquilo, ya que es un alma a pausas,
en fin, le dejaría
posiblemente muerto sobre su cuerpo muerto.

Podría hoy dilatarse en este frío,
podría toser; le vi bostezar, duplicándose en mi oído
su aciago movimiento muscular.
Tal me refiero a un hombre, a su placa positiva
y, ¿por qué nó? a su boldo ejecutante,
aquel horrible filamento lujoso;
a su bastón con puño de plata con perrito,
y a los niños
que él dijo eran sus fúnebres cuñados.

Por eso vestiríame hoy de músico,
chocaría con su alma que quedóse mirando a mi materia...

¡Mas ya nunca veréle afeitándose al pie de su mañana;
ya nunca, ya jamás, ya para qué!

¡Hay que ver! ¡qué cosa cosa!
¡qué jamás de jamases su jamás!

Pensam os velhos asnos

Hoje eu me vestiria
de músico para vê-lo,
trombaria em sua alma, fazendo cafuné no seu destino,
e o deixaria tranquilo, já que é uma alma instável,
enfim, o deixaria
provavelmente morto sobre seu corpo morto.

Hoje ele poderia dilatar-se no frio,
poderia tossir; eu o vi bocejar, duplicando em meu ouvido
seu atroz movimento muscular.
Assim evoco um homem, sua placa positiva
e, por que não?, seu boldo executante,
aquele horrível filamento luxuoso;
sua bengala com punho de prata e cachorrinho,
e as crianças
que ele chamava de cunhados fúnebres.

Por isso hoje me vestiria de músico,
trombaria em sua alma que ficou só olhando minha matéria…

Mas nunca mais verei seu barbear ao pé da sua manhã;
nunca mais, nem jamais, nem para quê!

Precisa ver! Que coisa coisa!
E que nunca de núncaras seu nunca!

La rueda del hambriento

Por entre mis propios dientes salgo humeando,
dando voces, pujando,
bajándome los pantalones…
Váca mi estómago, váca mi yeyuno,
la miseria me saca por entre mis propios dientes,
cogido con un palito por el puño de la camisa.

Una piedra en que sentarme
¿no habrá ahora para mí?
Aun aquella piedra en que tropieza la mujer que ha dado a luz,
la madre del cordero, la causa, la raiz,
¿ésa no habrá ahora para mí?
¡Siquiera aquella otra,
que ha pasado agachándose por mi alma!
Siquiera
la calcárida o la mala (humilde océano)
o la que ya no sirve ni para ser tirada contra el hombre,
¡ésa dádmela ahora para mí!

Siquiera la que hallaren atravesada y sola en un insulto,
¡ésa dádmela ahora para mí!
Siquiera la torcida y coronada, en que resuena
solamente una vez el andar de las rectas conciencias,
o, al menos, esa otra, que arrojada en digna curva,
va a caer por sí misma,
en profesión de entraña verdadera,
¡ésa dádmela ahora para mí!

Un pedazo de pan, ¿tampoco habrá para mí?
Ya no más he de ser lo que siempre he de ser,
pero dadme
una piedra en que sentarme,
pero dadme,
por favor, un pedazo de pan en que sentarme,
pero dadme
en español
algo, en fin, de beber, de comer, de vivir, de reposarse,
y después me iré…
Hallo una extraña forma, está muy rota
y sucia mi camisa
y ya no tengo nada, esto es horrendo.

A RODA DO FAMINTO

Por entre meus próprios dentes saio fumegando,
aos berros, forcejando,
arriando as calças...
Vazio meu estômago, vazio meu jejum,
a miséria me arranca por entre meus próprios dentes,
e me tira com um palito pelo punho da camisa.

Será que não terei agora
uma pedra para sentar?
Nem mesmo aquela pedra em que tropeça a mulher que deu à luz,
que foi mãe do cordeiro, a causa e a raiz,
será que nem essa terei agora?
Nem mesmo aquela outra,
que passou agachada na minha alma!
Nem mesmo
a calcárida ou a ruim (humilde mar)
ou a que já não presta nem para ser atirada no homem,
me dê agora pelo menos essa!

Nem que seja a que acharem largada e solitária num insulto,
me dê agora pelo menos essa!
Nem que seja a torcida e coroada, em que ressoa
apenas uma vez o caminhar das retas consciências,
ou, ao menos, essa outra, que lançada em digna curva,
cairá por si mesma,
em profissão de entranha verdadeira,
me dê agora pelo menos essa!

Um pedaço de pão, será que também não terei agora?
Nunca mais hei de ser o que sempre hei de ser,
mas me dê
uma pedra para sentar,
mas me dê
por favor, um pedaço de pão para sentar,
mas me dê
em espanhol
algo, enfim, de beber, de comer, de viver, de descansar,
e depois vou embora...
Acho uma estranha forma, está bem gasta
e suja minha camisa
e não tenho mais nada, isso é terrível.

LOS DESGRACIADOS

Ya va a venir el día; da
cuerda a tu brazo, búscate debajo
del colchón, vuelve a pararte
en tu cabeza, para andar derecho.
Ya va a venir el día, ponte el saco.

Ya va a venir el día; ten
fuerte en la mano a tu intestino grande, reflexiona,
antes de meditar, pues es horrible
cuando le cae a uno la desgracia
y se le cae a uno a fondo el diente.

Necesitas comer, pero, me digo,
no tengas pena, que no es de pobres
la pena, el sollozar junto a su tumba;
remiéndate, recuerda,
confía en tu hilo blanco, fuma, pasa lista
a tu cadena y guárdala detrás de tu retrato.
Ya va a venir el día, ponte el alma.

Ya va a venir el día; pasan,
han abierto en el hotel un ojo,
azotándolo, dándole con un espejo tuyo...
¿Tiemblas? Es el estado remoto de la frente
y la nación reciente del estómago.
Roncan aún... ¡Qué universo se lleva este ronquido!
¡Cómo quedan tus poros, enjuiciándolo!
¡Con cuántos doses ¡ay! estás tan solo!
Ya va a venir el día, ponte el sueño.

Ya va a venir el día, repito
por el órgano oral de tu silencio
y urge tomar la izquierda con el hambre
y tomar la derecha con la sed; de todos modos,
abstente de ser pobre con los ricos,
atiza
tu frío, porque en él se integra mi calor, amada víctima.
Ya va a venir el día, ponte el cuerpo.

Ya va a venir el día;
la mañana, la mar, el meteoro, van
en pos de tu cansancio, con banderas,
y, por tu orgullo clásico, las hienas

Os desvalidos

Já vai chegar o dia; dê
corda em seu braço, procure-se embaixo
do colchão, volte a se erguer
em sua cabeça, para andar direito.
Já vai chegar o dia, ponha o terno.

Já vai chegar o dia; agarre
seu intestino grosso com a mão, reflita,
antes de meditar, pois é horrível
quando a desgraça cai no nosso teto
e nosso dente cai profundamente.

Você tem que comer, mas, vou pensando,
não fique triste, que não é dos pobres
ser triste, soluçar ao pé da tumba;
remende-se, recorde,
confie em seu fio branco, fume, convoque
a sua corrente e guarde-a detrás do seu retrato.
Já vai chegar o dia, vista a alma.

Já vai chegar o dia; passa gente,
abriram no hotel um olho,
açoitando-o, batendo-lhe com um espelho seu...
Você treme? É o estado remoto da sua testa
e a recente nação do seu estômago.
Estão roncando... Cabe todo o universo nesse ronco!
Como ficam seus poros, ao julgá-lo!
Com quantos dois você fica tão só!
Já vai chegar o dia, vista o sonho.

Já vai chegar o dia, repito
pelo órgão oral do seu silêncio
e urge tomar a esquerda com a fome
e tomar a direita com a sede; de qualquer forma,
nunca tente ser pobre com os ricos,
atice
seu frio, porque nele se integra meu calor, amada vítima.
Já vai chegar o dia, vista o corpo.

Já vai chegar o dia;
a manhã, a maré, o meteoro, vão
atrás do seu cansaço, com bandeiras,
e, por seu brio clássico, as hienas

cuentan sus pasos al compás del asno,
la panadera piensa en ti,
el carnicero piensa en ti, palpando
el hacha en que están presos
el acero y el hierro y el metal; jamás olvides
que durante la misa no hay amigos.
Ya va a venir el día, ponte el sol.

Ya viene el día; dobla
el aliento, triplica
tu bondad rencorosa
y da codos al miedo, nexo y énfasis,
pues tú, como se observa en tu entrepierna y siendo
el malo ¡ay! inmortal,
has soñado esta noche que vivías
de nada y morías de todo...

contam seus passos ao ritmo dos asnos,
a confeiteira pensa em você,
o açougueiro pensa em você, apalpando
o machado em que estão
presos o aço, o ferro e o metal; jamais esqueça:
durante a missa ninguém tem amigos.
Já vai chegar o dia, vista o sol.

Já vem chegando o dia; dobre
o fôlego, triplique
sua bondade amarga
e mande às favas medo, nexo e ênfase,
pois você, como dá para ver em sua virilha e sendo
o malvado imortal,
sonhou de madrugada que vivia
de nada e morria de tudo...

PARÍS, OCTUBRE 1936

De todo esto yo soy el único que parte.
De este banco me voy, de mis calzones,
de mi gran situación, de mis acciones,
de mi número hendido parte a parte,
de todo esto yo soy el único que parte.

De los Campos Elíseos o al dar vuelta
la extraña callejuela de la Luna,
mi defunción se va, parte mi cuna,
y, rodeada de gente, sola, suelta,
mi semejanza humana dase vuelta
y despacha sus sombras una a una.

Y me alejo de todo, porque todo
se queda para hacer la coartada:
mi zapato, su ojal, también su lodo
y hasta el doblez del codo
de mi propia camisa abotonada.

PARIS, OUTUBRO 1936

De tudo isso sou o único que parte.
Deste banco já vou, destas cuecas,
desta sorte sem par, desta hipoteca,
do meu número extinto em tantas partes,
de tudo isso sou o único que parte.

Pelos Campos Elísios ou dobrando
a viela onde a Lua estranha o verso,
meu enterro se vai, vai-se meu berço,
e, rodeada de gente, só, sonhando,
minha aparência humana vai voltando
e, uma a uma, as sombras eu disperso.

E me afasto de tudo, porque tudo
é uma grande desculpa esfarrapada:
meu sapato, com lama, com seus furos,
e até a dobra da gola, juro,
desta minha camisa abotoada.

Calor, cansado voy con mi oro, a donde
acaba mi enemigo de quererme.
¡C'est Septembre attiédi, por ti, Febrero!
Es como si me hubieran puesto aretes.

Paris, y 4, y 5, y la ansiedad
colgada, en el calor, de mi hecho muerto.
¡C'est Paris, reine du monde!
Es como si se hubieran orinado.

Hojas amargas de mensual tamaño
y hojas del Luxemburgo polvorosas.
¡C'est l'été, por ti, invierno de alta pleura!
Es como si se hubieran dado vuelta.

Calor, París, otoño, ¡cuánto estío
en medio del calor y de la urbe!
¡C'est la vie, mort de la Mort!
Es como si contaran mis pisadas.

¡Es como si me hubieran puesto aretes!
¡Es como si se hubieran orinado!
¡Es como si te hubieras dado vuelta!
¡Es como si contaran mis pisadas!

Calor, vou fatigado com meu ouro
até onde me amou meu inimigo.
C'est Septembre attiédi, ó Fevereiro!
É como se me colocassem brincos.

Paris, e 4, e 5, e a ansiedade
suspensa, no calor, do fato morto.
C'est Paris, reine du monde!
É como se tivessem se urinado.

Folhas amargas de mensal tamanho
e outras, do Luxemburgo, empoeiradas.
C'est l'été, ó inverno de alta pleura!
É como se tivessem dado as costas.

Calor, Paris, outono, quanto estio
no meio do calor e da cidade!
C'est la vie, mort de la Mort!
É como se contassem os meus passos.

É como se me colocassem brincos!
É como se tivessem se urinado!
É como se você me desse as costas!
É como se contassem os meus passos!

28.

Un pilar soportando consuelos,
pilar otro,
pilar en duplicado, pilaroso
y como nieto de una puerta oscura.
Ruido perdido, el uno, oyendo, al borde del cansancio;
bebiendo, el otro, dos a dos, con asas.

¿Ignoro acaso el año de este día,
el odio de este amor, las tablas de esta frente?
¿Ignoro que esta tarde cuesta días?
¿Ignoro que jamás se dice "nunca", de rodillas?

Los pilares que ví me están oyendo;
otros pilares son, doses y nietos tristes de mi pierna.
¡Lo digo en cobre americano,
que le debe a la plata tánto fuego!

Consolado en terceras nupcias,
pálido, nacido,
voy a cerrar mi pila bautismal, esta vidriera,
este susto con tetas,
este dedo en capilla,
corazónmente unido a mi esqueleto.

Um pilar sustentando consolos,
pilar outro,
pilar em duplicado, pilaroso
e feito neto de uma porta escura.
Ruído perdido, um deles, ouvindo, à beira do cansaço;
bebendo, o outro, dois a dois, com asas.

Será que ignoro o ano deste dia,
o ódio deste amor, as tábuas desta testa?
Ignoro que esta tarde custa dias?
Ignoro que ninguém jamais diz "nunca", de joelhos?

Os pilares que vi estão me ouvindo;
outros pilares são, doises e netos tristes da minha perna.
Digo isso em cobre americano,
que deve à prata tanto do seu fogo!

Consolado em terceiras núpcias,
pálido, nascido,
vou fechar minha pia batismal, este vitral,
este susto com tetas,
este dedo funesto,
coraçãomente unido a este esqueleto.

Al cavilar en la vida, al cavilar
despacio en el esfuerzo del torrente,
alivia, ofrece asiento el existir,
condena a muerte;
envuelto en trapos blancos cae,
cae planetariamente
el clavo hervido en pesadumbre; cae!
(Acritud oficial, la de mi izquierda;
viejo bolsillo, en sí considerada, esta derecha).

¡Todo está alegre, menos mi alegría
y todo, largo, menos mi candor,
mi incertidumbre!
A juzgar por la forma, no obstante, voy de frente,
cojeando antiguamente,
y olvido por mis lágrimas mis ojos (Muy interesante)
y subo hasta mis pies desde mi estrella.

Tejo; de haber hilado, héme tejiendo.
Busco lo que me sigue y se me esconde entre arzobispos,
por debajo de mi alma y tras del humo de mi aliento.
Tal era la sensual desolación
de la cabra doncella que ascendía,
exhalando petróleos fatídicos,
ayer domingo en que perdí mi sábado.

Tal es la muerte, con su audaz marido.

Ao meditar sobre a vida, ao meditar
sem pressa sobre o esforço da torrente,
o existir nos dá assento e alívio,
condena à morte;
envolto em trapos brancos cai,
cai planetariamente
o prego fervido em desgosto; cai!
(Azedume oficial, o da minha esquerda;
um velho bolso, em si considerada, esta direita).

Tudo está alegre, menos minha alegria
e tudo, vasto, menos minha candura,
minha incerteza!
A julgar pela forma, não obstante, vou em frente,
mancando antigamente,
e esqueço por minhas lágrimas meus olhos (Muito interessante)
e subo até meus pés da minha estrela.

Teço; e de haver tecido, eis-me tecendo.
Procuro o que me acossa e de mim foge entre arcebispos,
debaixo da minha alma e atrás do bafo do meu hálito.
Tal era a sensual desolação
dessa cabra donzela que escalava,
exalando petróleos fatídicos,
ontem domingo em que perdi meu sábado.

Assim é a morte, e seu audaz marido.

Poema para ser leído y cantado

Sé que hay una persona
que me busca en su mano, día y noche,
encontrándome, a cada minuto, en su calzado.
¿Ignora que la noche está enterrada
con espuelas detrás de la cocina?

Sé que hay una persona compuesta de mis partes,
a la que integro cuando va mi talle
cabalgando en su exacta piedrecilla.
¿Ignora que a su cofre
no volverá moneda que salió con su retrato?

Sé el día,
pero el sol se me ha escapado;
sé el acto universal que hizo en su cama
con ajeno valor y esa agua tibia, cuya
superficial frecuencia es una mina.
¿Tan pequeña es, acaso, esa persona,
que hasta sus propios pies así la pisan?

Un gato es el lindero entre ella y yo,
al lado mismo de su tasa de agua.
La veo en las esquinas, se abre y cierra
su veste, antes palmera interrogante...
¿Qué podrá hacer sino cambiar de llanto?

Pero me busca y busca. ¡Es una historia!

POEMA PARA SER LIDO E CANTADO

Sei que há uma pessoa
que em sua mão me busca, dia e noite,
encontrando-me, a cada minuto, em seu sapato.
Não saberá que a noite está enterrada
com esporas nos fundos da cozinha?

Sei que há uma pessoa composta de minhas partes,
à qual me integro sempre que meu vulto
cavalga em seu exato pedregulho.
Será que ela não sabe que ao seu cofre
não voltará a moeda que saiu com seu retrato?

Sei o dia,
mas o sol me escapou;
sei o ato universal que fez na cama
com alheia bravura e essa água morna, cuja
superficial frequência é uma mina.
É tão pequena assim essa pessoa,
que até seus próprios pés a pisoteiam?

Um gato é a fronteira entre ela e eu,
bem ao lado de seu pires com água.
Vejo-a pelas esquinas, abre e fecha
suas vestes, qual palmeira interrogante...
Que há de fazer senão mudar de pranto?

E ela me busca e busca. Mas que história!

El acento me pende del zapato;
le oigo perfectamente
sucumbir, lucir, doblarse en forma de ámbar
y colgar, colorante, mala sombra.
Me sobra así el tamaño,
me ven jueces desde un árbol,
me ven con sus espaldas ir de frente,
entrar a mi martillo,
pararme a ver a una niña
y, al pie de un urinario, alzar los hombros.

Seguramente nadie está a mi lado,
me importa poco, no lo necesito;
seguramente han dicho que me vaya:
lo siento claramente.

¡Cruelísimo tamaño el de rezar!
¡Humillación, fulgor, profunda selva!
Me sobra ya tamaño, bruma elástica,
rapidez por encima y desde y junto.
¡Imperturbable! ¡Imperturbable! Suenan
luego, después, fatídicos teléfonos.
Es el acento; es él.

O sotaque está preso em meu sapato;
ouço-o perfeitamente
sucumbir, luzir, dobrar-se em forma de âmbar
e descair, corante, sombra vil.
Meu tamanho, então, sobra,
os juízes me olham de uma árvore,
me olham com suas costas ir de frente,
entrar no meu calcário,
olhar uma menina,
e, junto de um mictório, dar de ombros.

Certamente ninguém está ao meu lado,
pouco me importa, não preciso disso;
certamente disseram "vá embora":
percebo claramente.

Cruelíssimo tamanho, o de rezar!
Humilhação, fulgor, profunda selva!
Tamanho já me sobra, bruma elástica,
rapidez pelo alto e desde e perto.
Imperturbável! Impassível! Tocam
então, depois, sinistros telefones.
É o sotaque; é ele.

La punta del hombre,
el ludibrio pequeño de encojerse
tras de fumar su universal ceniza;
punta al darse en secretos caracoles,
punta donde se agarra uno con guantes,
punta el lunes sujeto por seis frenos,
punta saliendo de escuchar a su alma.

De otra manera,
fueran lluvia menuda los soldados
y ni cuadrada pólvora, al volver de los bravos desatinos,
y ni letales plátanos; tan sólo
un poco de patilla en la silueta.
De otra manera, caminantes suegros,
cuñados en misión sonora,
yernos por la vía ingratísima del jebe,
toda la gracia caballar andando
puede fulgir esplendorosamente!

¡Oh pensar geométrico al trasluz!
iOh no morir bajamente
de majestad tan rauda y tan fragante!
¡Oh no cantar; apenas
escribir y escribir con un palito
o con el filo de la oreja inquieta!

Acorde de lápiz, tímpano sordísimo,
dondoneo en mitades robustas
y comer de memoria buena carne,
jamón, si falta carne,
y un pedazo de queso con gusanos hembras,
gusanos machos y gusanos muertos.

A ponta do homem,
o ludíbrio pequeno de encolher-se
após fumar sua cinza universal;
ponta ao dar-se em secretos caracóis,
ponta onde a gente agarra-se com luvas,
ponta em segunda-feira com seis freios,
ponta que agora mesmo ouviu sua alma.

Caso contrário,
os soldados seriam chuva pouca
e nem quadrada pólvora, ao regressar dos bravos desatinos,
nem letais bananeiras; tão somente
uma pistola ou outra na silhueta.
Caso contrário, caminhantes sogros,
cunhados em missão sonora,
genros pela via ingratíssima do látex,
toda a elegância cavalar andando
pode fulgir esplendorosamente!

Geométrico pensar à contraluz!
Não morrer vulgarmente
de tão fragrante e ágil majestade!
Não mais cantar; apenas
escrever e escrever com um graveto
ou com o gume da orelha inquieta!

Acorde de lápis, tímpano surdíssimo,
dondoneio em metades robustas
e comer de memória boa carne,
ou presunto, se não houver mais carne,
e um pedaço de queijo com seus vermes fêmeas,
seus vermes machos e seus vermes mortos.

¡Oh botella sin vino! ¡oh vino que enviudó de esta botella!
Tarde cuando la aurora de la tarde
flameó funestamente en cinco espíritus.
Viudez sin pan ni mugre, rematando en horrendos metaloides
y en células orales acabando.

¡Oh siempre, nunca dar con el jamás de tánto siempre!
¡oh mis buenos amigos, cruel falacia,
parcial, penetrativa en nuestro trunco,
volátil, jugarino desconsuelo!

¡Sublime, baja perfección del cerdo,
palpa mi general melancolía!
¡Zuela sonante en sueños,
zuela
zafia, inferior, vendida, lícita, ladrona,
baja y palpa lo que eran mis ideas!

Tú y él y ellos y todos,
sin embargo,
entraron a la vez en mi camisa,
en los hombros madera, entre los fémures, palillos;
tú particularmente,
habiéndome influído;
él, fútil, colorado, con dinero
y ellos, zánganos de ala de otro peso.

¡Oh botella sin vino! ¡oh vino que enviudó de esta botella!

Ó garrafa sem vinho! Ó vinho que enviuvou desta garrafa!
Na tarde quando o alvorecer da tarde
ardeu funestamente em cinco espíritos.
Viuvez sem pão nem nódoa, arrematando em horrendos metaloides
e terminando em células orais.

Ó sempre, nunca dar com o jamais de tanto sempre!
Ó meus caros amigos, cruel falácia,
parcial, penetrativa em nosso troncho,
volátil, brincarisco desconsolo!

Sublime, baixa perfeição do porco,
apalpa minha geral melancolia!
Sola sonante em sonhos,
sola
chula, inferior, vendida, lícita, larápia,
desce e apalpa o que eram minhas ideias!

Você e ele e eles e todos,
no entanto,
entraram juntos na minha camisa,
nos ombros, só madeira, e entre os fêmures, gravetos;
você especialmente,
tendo me influenciado;
ele, fútil, vermelho, com dinheiro
e eles, zangões alados de outro peso.

Ó garrafa sem vinho! Ó vinho que enviuvou desta garrafa!

Va corriendo, andando, huyendo
de sus pies...
Va con dos nubes en su nube,
sentado apócrifo, en la mano insertos
sus tristes paras, sus entonces fúnebres.

Corre de todo, andando
entre protestas incoloras; huye
subiendo, huye
bajando, huye
a paso de sotana, huye
alzando al mal en brazos,
huye
directamente a sollozar a solas.

Adonde vaya,
lejos de sus fragosos, cáusticos talones,
lejos del aire, lejos de su viaje,
a fin de huir, huir y huir y huir
de sus pies —hombre en dos pies, parado
de tánto huir— habrá sed de correr.

¡Y ni el árbol, si endosa hierro de oro!
¡Y ni el hierro, si cubre su hojarasca!
Nada, sino sus pies,
nada sino su breve calofrío,
sus paras vivos, sus entonces vivos...

Vai correndo, andando, fugindo
de seus pés...
Vai com duas nuvens em sua nuvem,
sentado apócrifo, na mão fincados
seus fúnebres entãos, seus tristes paras.

Corre de tudo, andando
entre protestos incolores; foge
subindo, foge
descendo, foge
a passo de batina, foge
erguendo o mal nos braços,
foge
diretamente a soluçar a sós.

Para onde for,
longe dos seus abruptos, árduos calcanhares,
longe do ar, longe de sua viagem,
para fugir, fugir, fugir, fugir
de seus pés — homem parado de tanto
fugir — haverá sede de correr.

Nem árvore, se endossa ferro de ouro!
Nem ferro, se cobre suas folhas mortas!
Nada, a não ser seus pés,
nada a não ser seu breve calafrio,
seus paras vivos, seus vivos entãos...

Al fin, un monte
detrás de la bajura; al fin, humeante nimbo
alrededor, durante un rostro fijo.

Monte en honor del pozo,
sobre filones de gratuita plata de oro.

Es la franja a que arrástranse,
seguras de sus tonos de verano,
las que eran largas válvulas difuntas;
el taciturno marco de este arranque
natural, de este augusto zapatazo,
de esta piel, de este intrínseco destello
digital, en que estoy entero, lúbrico.

Quehaceres en un pie, mecha de azufre,
oro de plata y plata hecha de plata
y mi muerte, mi hondura, mi colina.

¡Pasar
abrazado a mis brazos,
destaparme después o antes del corcho!
Monte que tántas veces manara
oración, prosa fluvial de llanas lágrimas;
monte bajo, compuesto de suplicantes gradas
y, más allá, de torrenciales torres;
niebla entre el día y el alcohol del día,
caro verdor de coles, tibios asnos
complementarios, palos y maderas;
filones de gratuita plata de oro.

Por fim, uma montanha
por detrás da planície; por fim, um nevoeiro
ao seu redor, durante um rosto fixo.

Montanha em honra ao poço,
sobre jazidas de gratuita prata de ouro.

É a franja a que se arrastam,
de seus tons de verão muito seguras,
as que eram longas válvulas defuntas;
o taciturno marco deste impulso
natural, desta augusta sapatada,
desta pele, do intrínseco lampejo
digital, em que estou inteiro, lúbrico.

Afazeres num pé, mecha de enxofre,
ouro de prata e prata só de prata
e minha morte, meu fundo, meu monte.

Passar
abraçado aos meus braços,
destampar-me depois ou antes da rolha!
Montanha que tantas vezes jorrava
oração, prosa fluvial de francas lágrimas;
montanha baixa, feita de súplices degraus
e, mais além, de torrenciais torres;
névoa entre o dia e o álcool desse dia,
caro verdor de couves, mornos asnos
complementares, troncos e madeiras;
jazidas de gratuita prata de ouro.

Quiere y no quiere su color mi pecho,
por cuyas bruscas vías voy, lloro con palo,
trato de ser feliz, lloro en mi mano,
recuerdo, escribo
y remacho una lágrima en mi pómulo.

Quiere su rojo el mal, el bien su rojo enrojecido
por el hacha suspensa,
por el trote del ala a pie volando,
y no quiere y sensiblemente
no quiere aquesto el hombre;
no quiere estar en su alma
acostado, en la sien latidos de asta,
el bimano, el muy bruto, el muy filósofo.

Así, casi no soy, me vengo abajo
desde el arado en que socorro a mi alma
y casi, en proporción, casi enaltézcome.
Que saber por qué tiene la vida este perrazo,
por qué lloro, por qué,
cejón, inhábil, veleidoso, hube nacido
gritando;
saberlo, comprenderlo
al son de un alfabeto competente,
sería padecer por un ingrato.

¡Y no! ¡No! ¡No! ¡Qué ardid, ni paramento!
Congoja, sí, con sí firme y frenético,
coriáceo, rapaz, quiere y no quiere, cielo y pájaro;
congoja, sí, con toda la bragueta.
Contienda entre dos llantos, robo de una sola ventura,
vía indolora en que padezco en chanclos
de la velocidad de andar a ciegas.

Quer e não quer a sua cor meu peito,
por cujas bruscas vias choro com bengala,
procuro ser feliz, choro em minha mão,
recordo, escrevo
e martelo uma lágrima em meu pômulo.

O mal quer seu vermelho, o bem seu vermelho avermelhado
pelo machado erguido,
pelo trote da asa a pé voando,
e não quer e sensivelmente
não quer mais isto, o homem;
não quer estar deitado
em sua alma, os chifres latejando,
o bímano, o tão rude, o tão filósofo.

Assim, quase não sou, eu desmorono
do arado em que socorro minha alma
e quase chego, quase, a enaltecer-me.
Saber por que essa vida é tão cachorra,
por que choro, por quê,
hirsuto, inábil, inconstante, eu que nasci
gritando;
saber disso, entendê-lo
ao som de um alfabeto competente,
seria padecer por um ingrato.

E não! Não! Não! Sem truques nem enfeites!
Angústia, sim, com sim firme e frenético,
coriáceo, voraz, quer e não quer, céu e pássaro;
angústia, sim, com a braguilha inteira.
Contenda entre dois prantos, roubo de uma só ventura,
via indolor em que sofro em sandálias
da rapidez de caminhar às cegas.

Esto
sucedió entre dos párpados; temblé
en mi vaina, colérico, alcalino,
parado junto al lúbrico equinoccio,
al pie del frío incendio en que me acabo.

Resbalón alcalino, voy diciendo,
más acá de los ajos, sobre el sentido almíbar,
más adentro, muy más, de las herrumbres,
al ir el agua y al volver la ola.
Resbalón alcalino
también y grandemente, en el montaje colosal del cielo.

¡Qué venablos y harpones lanzaré, si muero
en mi vayna; daré en hojas de plátano sagrado
mis cinco huesecillos subalternos,
y en la mirada, la mirada misma!
(Dicen que en los suspiros se edifican
entonces acordeones óseos, táctiles;
dicen que cuando mueren así los que se acaban,
¡ay! mueren fuera del reloj, la mano
agarrada a un zapato solitario)

Comprendiéndolo y todo, coronel
y todo, en el sentido llorante de esta voz,
me hago doler yo mismo, extraigo tristemente,
por la noche, mis uñas;
luego no tengo nada y hablo solo,
reviso mis semestres
y para henchir mi vértebra, me toco.

Isto
se deu entre duas pálpebras; tremi
em minha casca, alcalino, colérico,
ereto junto ao lúbrico equinócio,
ao pé do frio incêndio em que me acabo.

Um deslize alcalino, vou dizendo,
aqui perto dos alhos, sobre o sentido mel,
mais fundo, muito mais, nessas ferrugens,
enquanto a água vai e a onda volta.
Um deslize alcalino
também e grandemente, lá na montagem colossal do céu.

Que zagaias e arpões eu lançarei, se em minha
casca morrer; darei em santas folhas de banana
meus cinco ossozinhos subalternos,
e através do olhar, o próprio olhar!
(Dizem que nos suspiros se constroem
acordeões ossudos e palpáveis;
dizem que quando morrem assim os que se acabam,
ai!, morrem fora do relógio, a mão
agarrada a um sapato solitário)

Entendendo isso e tudo, capitel
e tudo, no sentido chorante dessa voz,
causo dor em mim mesmo, arranco tristemente,
à noite, minhas unhas;
depois falo sozinho e nada tenho,
reviso meus semestres
e para encher minha vértebra, me toco.

Quedéme a calentar la tinta en que me ahogo
y a escuchar mi caverna alternativa,
noches de tacto, días de abstracción.

Se estremeció la incógnita en mi amígdala
y crují de una anual melancolía,
noches de sol, días de luna, ocasos de París.

Y todavía, hoy mismo, al atardecer,
digiero sacratísimas constancias,
noches de madre, días de biznieta
bicolor, voluptuosa, urgente, linda.

Y aun
alcanzo, llego hasta mí en avión de dos asientos,
bajo la mañana doméstica y la bruma
que emergió eternamente de un instante.

Y todavía,
aun ahora,
al cabo del cometa en que he ganado
mi bacilo feliz y doctoral,
he aquí que caliente, oyente, tierro, sol y luno,
incógnito atravieso el cementerio,
tomo a la izquierda, hiendo
la yerba con un par de endecasílabos,
años de tumba, litros de infinito,
tinta, pluma, ladrillos y perdones.

Fiquei esquentando a tinta em que me afogo
e ouvindo minha caverna alternativa,
noites de tato, dias de abstração.

A incógnita tremeu em minha amídala
e rangi de uma anual melancolia,
noites de sol, dias de lua, ocasos de Paris.

E no entanto, hoje mesmo, no crepúsculo,
digiro sacratíssimas constâncias,
noites de mãe e dias de bisneta
bicolor, voluptuosa, urgente, linda.

E mesmo assim
alcanço, chego a mim mesmo num avião de dois lugares,
sob a manhã doméstica e a bruma
que emergiu eternamente de um instante.

E no entanto,
mesmo agora,
ao cabo do cometa em que ganhei
meu bacilo feliz e doutoral,
eis que incandescente, ouvinte, terro, sol e luo,
incógnito atravesso o cemitério,
viro à esquerda, parto
a grama com um par de decassílabos,
anos de tumba, litros de infinito,
tinta, pena, tijolos e perdões.

La paz, la abispa, el taco, las vertientes,
el muerto, los decílitros, el buho,
los lugares, la tiña, los sarcófagos, el vaso, las morenas,
el desconocimiento, la olla, el monaguillo,
las gotas, el olvido,
la potestad, los primos, los arcángeles, la aguja,
los párrocos, el ébano, el desaire,
la parte, el tipo, el estupor, el alma...

Dúctil, azafranado, externo, nítido,
portátil, viejo, trece, ensangrentado,
fotografiadas, listas, tumefactas,
conexas, largas, encintadas, pérfidas...

Ardiendo, comparando,
viviendo, enfureciéndose,
golpeando, analizando, oyendo, estremeciéndose,
muriendo, sosteniéndose, situándose, llorando...

Después, éstos, aquí,
después, encima,
quizá, mientras, detrás, tánto, tan nunca,
debajo, acaso, lejos,
siempre, aquello, mañana, cuánto,
cuánto!...

Lo horrible, lo suntuario, lo lentísimo,
lo augusto, lo infructuoso,
lo aciago, lo crispante, lo mojado, lo fatal,
lo todo, lo purísimo, lo lóbrego,
lo acerbo, lo satánico, lo táctil, lo profundo...

A paz, a vespa, as solas, as vertentes,
o morto, os decilitros, a coruja,
os lugares, o fungo, as sepulturas, os copos, as morenas,
o desconhecimento, o bule, o coroinha,
o esquecimento, as gotas,
a potestade, os primos, os arcanjos, a agulha,
os párocos, o ébano, o desplante,
a parte, o tipo, a letargia, a alma...

Dúctil, açafranado, externo, nítido,
portátil, velho, treze, ensanguentado,
fotografadas, prontas, tumefactas,
conexas, longas, enfeitadas, pérfidas...

Ardendo, comparando,
vivendo, enfurecendo-se,
batendo, analisando, ouvindo, estremecendo,
morrendo, sustentando-se, situando-se, chorando...

Depois, estes, aqui,
depois, em cima,
talvez, enquanto, atrás, tanto, tão nunca,
debaixo, acaso, longe,
sempre, amanhã, aquilo, quanto,
quanto!...

O horrível, o suntuário, o lentíssimo,
o augusto, o infrutífero,
o aziago, o crispante, o molhado, o fatal,
o todo, o imaculado, o tenebroso,
o acerbo, o demoníaco, o tátil, o profundo...

Transido, salomónico, decente,
ululaba; compuesto, caviloso, cadavérico, perjuro,
iba, tornaba, respondía; osaba,
fatídico, escarlata, irresistible.

En sociedad, en vidrio, en polvo, en hulla,
marchóse; vaciló, en hablando en oro; fulguró,
volteó, en acatamiento;
en terciopelo, en llanto, replegóse.

¿Recordar? ¿Insistir? ¿Ir? ¿Perdonar?
Ceñudo, acabaría
recostado, áspero, atónito, mural;
meditaba estamparse, confundirse, fenecer.

Inatacablemente, impunemente,
negramente, husmeará, comprenderá;
vestiráse oralmente;
inciertamente irá, acobardaráse, olvidará.

Transido, salomônico, decente,
ululava; cismado, comedido, cadavérico, perjuro,
ia, voltava, respondia; ousava,
fatídico, escarlate, irresistível.

Em sociedade, em vidro, em pó, em hulha,
se foi; titubeou, falando em ouro; fulgurou,
girou, obedecendo;
em veludo, em lamento, recolheu-se.

Recordar? Insistir? Ir? Perdoar?
Sisudo, acabaria
recostado, áspero, atônito, mural;
cogitava estampar-se, confundir-se, fenecer.

Inatacavelmente, impunemente,
negramente, achará, compreenderá;
se vestirá oralmente;
incertamente irá, se acanhará, esquecerá.

¿Y bien? ¿Te sana el metaloide pálido?
¿Los metaloides incendiarios, cívicos,
inclinados al río atroz del polvo?

Esclavo, es ya la hora circular
en que en las dos aurículas se forman
anillos guturales, corredizos, cuaternarios.

Señor esclavo, en la mañana mágica
se ve, por fin,
el busto de tu trémulo ronquido,
vense tus sufrimientos a caballo,
pasa el órgano bueno, el de tres asas,
hojeo, mes por mes, tu monocorde cabellera,
tu suegra llora
haciendo huesecillos de sus dedos,
se inclina tu alma con pasión a verte
y tu sien, un momento, marca el paso.

Y la gallina pone su infinito, uno por uno;
sale la tierra hermosa de las humeantes sílabas,
te retratas de pie junto a tu hermano,
truena el color oscuro bajo el lecho
y corren y entrechócanse los pulpos.

Señor esclavo ¿y bien?
¿Los metaloides obran en tu angustia?

E então? O metaloide pálido te cura?
Os metaloides incendiários, cívicos,
curvados sobre o rio atroz do pó?

Escravo, já é a hora circular
em que nas duas aurículas se formam
dois anéis corrediços, quaternários, guturais.

Senhor escravo, nessa manhã mágica
se vê, por fim,
o busto do seu trêmulo roncar,
veem-se seus sofrimentos a cavalo,
passa o órgão sadio, o de três asas,
folheio, mês a mês, sua monótona cabeleira,
sua sogra chora
fazendo ossinhos de seus próprios dedos,
sua alma se curva para te ver
e seu crânio, um momento, marca o passo.

E a galinha põe seu infinito, de um em um;
a terra sai formosa das fumegantes sílabas,
com seu irmão você tira uma foto,
ressoa a cor escura sob a cama
e os polvos em carreira se entrechocam.

Senhor escravo, e então?
Os metaloides curam sua angústia?

¡De puro calor tengo frío,
hermana Envidia!
Lamen mi sombra leones
y el ratón me muerde el nombre,
¡madre alma mía!

¡Al borde del fondo voy,
cuñado Vicio!
La oruga tañe su voz,
y la voz tañe su oruga,
¡padre cuerpo mío!

¡Está de frente mi amor,
nieta Paloma!
De rodillas, mi terror
y de cabeza, mi angustia,
¡madre alma mía!

Hasta que un día sin dos,
esposa Tumba,
mi último hierro dé el son
de una víbora que duerme,
¡padre cuerpo mío!...

De tanto calor tenho frio,
irmã Inveja!
Leões lambem minha sombra
e o rato morde meu nome,
mãe alma minha!

Chego às portas do fundo,
cunhado Vício!
A lagarta tange sua voz,
e a voz tange sua lagarta,
pai corpo meu!

À minha frente meu amor,
netinha Pomba!
De joelhos, meu terror
e de cabeça, minha angústia,
mãe alma minha!

Até que um dia sem dois,
esposa Tumba,
meu ferro final faça o som
de uma víbora que dorme,
pai corpo meu!...

Confianza en el anteojo, nó en el ojo;
en la escalera, nunca en el peldaño;
en el ala, nó en el ave
y en ti sólo, en ti sólo, en ti sólo.

Confianza en la maldad, nó en el malvado;
en el vaso, mas nunca en el licor;
en el cadáver, no en el hombre
y en ti sólo, en ti sólo, en ti sólo.

Confianza en muchos, pero ya no en uno;
en el cauce, jamás en la corriente;
en los calzones, no en las piernas
y en ti sólo, en ti sólo, en ti sólo.

Confianza en la ventana, no en la puerta;
en la madre, mas no en los nueve meses;
en el destino, no en el dado de oro,
y en ti sólo, en ti sólo, en ti sólo.

Confiança na luneta, não no olho;
na escadaria, nunca no degrau;
na asa, não na ave
e só em você, só em você, só em você.

Confiança no mal, não no malvado;
no cálice, mas nunca no licor;
no cadáver, não no homem
e só em você, só em você, só em você.

Confiança em muitos, já não mais num só;
no leito do rio, nunca na corrente;
nas cuecas, mas não nas pernas
e só em você, só em você, só em você.

Confiança na janela, não na porta;
na mãe, porém jamais nos nove meses;
no destino, não no dado dourado,
e só em você, só em você, só em você.

TERREMOTO

¿Hablando de la leña, callo el fuego?
¿Barriendo el suelo, olvido el fósil?
Razonando,
¿mi trenza, mi corona de carne?
(¡Contesta, amado Hermeregildo, el brusco;
pregunta, Luis, el lento!)

¡Encima, abajo, con tamaña altura!
¡Madera, tras el reino de las fibras!
¡Isabel, con horizonte de entrada!
¡Lejos, al lado, astutos Atanacios!

¡Todo, la parte!
Unto a ciegas en luz mis calcetines,
en riesgo, la gran paz de este peligro,
y mis cometas, en la miel pensada,
el cuerpo, en miel llorada.

¡Pregunta, Luis; responde, Hermeregildo!
¡Abajo, arriba, al lado, lejos!
¡Isabel, fuego, diplomas de los muertos!
¡Horizonte, Atanacio, parte, todo!
¡Miel de miel, llanto de frente!
¡Reino de la madera,
corte oblicuo a la línea del camello,
fibra de mi corona de carne!

TERREMOTO

Quando falo da lenha, calo o fogo?
E quando varro o chão, esqueço o fóssil?
E quando raciocino,
minha trança, minha coroa de carne?
(Responda, amado Hermeregildo, o brusco;
pergunte, Luis, o lento!)

Em cima, abaixo, com tamanha altura!
Madeira, atrás do reinado das fibras!
Isabel, com horizonte de entrada!
Ao longe, ao lado, astutos Atanacios!

Todo, a parte!
Unto às cegas na luz as minhas meias,
em risco, a grande paz deste perigo,
e meus cometas, no mel meditado,
o corpo, em mel chorado.

Pergunte, Luis; responda, Hermeregildo!
Abaixo, acima, ao lado, ao longe!
Isabel, fogo, diplomas dos mortos!
Horizonte, Atanacio, parte, todo!
Mel de mel, pranto de testa!
Reinado da madeira,
um corte oblíquo à linha do camelo,
fibra da minha coroa de carne!

45.

Escarnecido, aclimatado al bien, mórbido, hurente,
doblo el cabo carnal y juego a copas,
donde acaban en moscas los destinos,
donde comí y bebí de lo que me hunde.

Monumental adarme,
féretro numeral, los de mi deuda,
los de mi deuda, cuando caigo altamente,
ruidosamente, amoratadamente.

Al fondo, es hora,
entonces, de gemir con toda el hacha
y es entonces el año del sollozo,
el día del tobillo,
la noche del costado, el siglo del resuello.
Cualidades estériles, monótonos satanes,
del flanco brincan,
del ijar de mi yegua suplente;
pero, donde comí, cuánto pensé!
pero cuánto bebí donde lloré!

Así es la vida, tal
como es la vida, allá, detrás
del infinito; así, espontáneamente,
delante de la sien legislativa.

Yace la cuerda así al pie del violín,
cuando hablaron del aire, a voces, cuando
hablaron muy despacio del relámpago.
Se dobla así la mala causa, vamos
de tres en tres a la unidad; así
se juega a copas
y salen a mi encuentro los que aléjanse,
acaban los destinos en bacterias
y se debe todo a todos.

Escarnecido, aclimatado ao bem, mórbido, ardente,
dobro o cabo carnal e aposto em copas,
onde acabam em moscas os destinos,
onde comi e bebi do que me afunda.

Monumental bobagem,
féretro numeral, dos meus pecados,
dos meus pecados, quando caio altamente,
ruidosamente, arroxeadamente.

No fundo, é hora,
portanto, de gemer com o gume inteiro
e é portanto o ano do soluço,
o dia do joelho,
a noite das costelas, o século do fôlego.
Qualidades estéreis, monótonos satãs,
saltam do flanco,
da ilharga da minha égua suplente;
porém, onde comi, quanto pensei!
Porém quanto bebi onde chorei!

Assim é a vida, tal
como é a vida, lá, detrás
do infinito; assim, espontaneamente,
diante da legislativa têmpora.

Assim a corda jaz ao pé do violino,
quando falaram do ar, aos gritos, quando
falaram devagar sobre o relâmpago.
Assim se dobra a causa ruim, vamos
de três em três à unidade; assim
se aposta em copas
e vão ao meu encontro os que se afastam,
os destinos se acabam em bactérias
e se deve tudo a todos.

Alfonso: estás mirándome, lo veo,
desde el plano implacable donde moran
lineales los siempres, lineales los jamases.
(Esa noche, dormiste, entre tu sueño
y mi sueño, en la rue de Riboutté)
Palpablemente,
tu inolvidable cholo te oye andar
en París, te siente en el teléfono callar
y toca en el alambre a tu último acto
tomar peso, brindar
por la profundidad, por mí, por ti.

Yo todavía
compro "du vin, du lait, comptant les sous"
bajo mi abrigo, para que no me vea mi alma,
bajo mi abrigo aquel, querido Alfonso,
y bajo el rayo simple de la sien compuesta;
yo todavía sufro, y tú, ya no, jamás, hermano!
(Me han dicho que en tus siglos de dolor,
amado sér,
amado estar,
hacías ceros de madera. ¿Es cierto?)

En la "boîte de nuit", donde tocabas tangos,
tocando tu indignada criatura su corazón,
escoltado de ti mismo, llorando
por ti mismo y por tu enorme parecido con tu sombra,
monsieur Fourgat, el patrón, ha envejecido.
¿Decírselo? ¿Contárselo? No más,
Alfonso; eso, ya nó!

El hôtel des Ecoles funciona siempre
y todavía compran mandarinas;
pero yo sufro, como te digo,
dulcemente, recordando
lo que hubimos sufrido ambos, a la muerte de ambos,
en la apertura de la doble tumba,
de esa otra tumba con tu sér,
y de ésta de caoba con tu estar,
sufro, bebiendo un vaso de ti, Silva,
un vaso para ponerse bien, como decíamos,
y después, ya veremos lo que pasa...

Es éste el otro brindis, entre tres,
taciturno, diverso
en vino, en mundo, en vidrio, al que brindábamos

Alfonso: você está me olhando, eu sei,
desse plano implacável onde moram
lineares os sempres, lineares os jamais.
(Entre o meu sonho e o seu, você dormiu
essa noite, na rue de Riboutté)
Palpavelmente,
seu cholo inesquecível ouve seus passos
em Paris, sente no telefone o seu calar
e ao seu ato final cabe, no arame,
ganhar peso, brindar
pela profundidade e por nós dois.

Eu ainda
compro "du vin, du lait, comptant les sous"
sob o casaco, para que minha alma não me veja,
aquele meu casaco, caro Alfonso,
e sob o raio simples da cabeça composta;
mas eu ainda sofro, e você não, jamais, irmão!
(Disseram que em seus séculos de dor,
amado ser,
amado estar,
você fazia zeros de madeira. É verdade?)

Na "boîte de nuit" em que você tocava tangos,
com sua criatura revoltada tocando o próprio coração,
escoltado por si mesmo, chorando
por si mesmo e por sua enorme semelhança com sua sombra,
monsieur Fourgat, o patrão, envelheceu.
Contar tudo isso a ele? Ah, nunca mais,
Alfonso; isso já era!

O hôtel des Ecoles continua aberto
e eles ainda compram tangerinas;
mas, como já te disse, eu sofro
docemente, recordando
o que ambos sofremos com a morte de ambos,
na abertura da sua dupla tumba,
daquela tumba com o seu ser,
e outra, de mogno, com o seu estar;
sofro bebendo um copo de você,
um copo para ficar bem, como dizíamos,
e depois, vamos ver o que acontece...

Este é o outro brinde, dentre três,
taciturno, diverso
em vinho, em mundo, em vidro, ao que brindávamos

más de una vez al cuerpo
y, menos de una vez, al pensamiento.
Hoy es más diferente todavía;
hoy sufro dulce, amargamente,
bebo tu sangre en cuanto a Cristo el duro,
como tu hueso en cuanto a Cristo el suave,
porque te quiero, dos a dos, Alfonso,
y casi lo podría decir, eternamente.

mais de uma vez ao corpo
e, menos de uma vez, ao pensamento.
Hoje tudo é ainda mais estranho;
hoje sofro doce, amargamente,
bebo seu sangue quanto a Cristo o duro,
como seu osso quanto a Cristo o doce,
porque te adoro, dois a dois, Alfonso,
e quase poderia dizer, eternamente.

TRASPIÉ ENTRE DOS ESTRELLAS

¡Hay gentes tan desgraciadas, que ni siquiera
tienen cuerpo; cuantitativo el pelo,
baja, en pulgadas, la genial pesadumbre;
el modo, arriba;
no me busques, la muela del olvido,
parecen salir del aire, sumar suspiros mentalmente, oir
claros azotes en sus paladares!

Vanse de su piel, rascándose el sarcófago en que nacen
y suben por su muerte de hora en hora
y caen, a lo largo de su alfabeto gélido, hasta el suelo.

¡Ay de tánto! ¡ay de tan poco! ¡ay de ellas!
¡Ay en mi cuarto, oyéndolas con lentes!
¡Ay en mi tórax, cuando compran trajes!
¡Ay de mi mugre blanca, en su hez mancomunada!

¡Amadas sean las orejas sánchez,
amadas las personas que se sientan,
amado el desconocido y su señora,
el prójimo con mangas, cuello y ojos!

¡Amado sea aquel que tiene chinches,
el que lleva zapato roto bajo la lluvia,
el que vela el cadáver de un pan con dos cerillas,
el que se coje un dedo en una puerta,
el que no tiene cumpleaños,
el que perdió su sombra en un incendio,
el animal, el que parece un loro,
el que parece un hombre, el pobre rico,
el puro miserable, el pobre pobre!

¡Amado sea
el que tiene hambre o sed, pero no tiene
hambre con qué saciar toda su sed,
ni sed con qué saciar todas sus hambres!

¡Amado sea el que trabaja al día, al mes, a la hora,
el que suda de pena o de vergüenza,
aquel que va, por orden de sus manos, al cinema,
el que paga con lo que le falta,
el que duerme de espaldas,
el que ya no recuerda su niñez; amado sea

Tropeçando entre duas estrelas

Há pessoas tão desgraçadas que nem sequer
têm corpo; cabelo quantitativo,
baixa, em polegadas, a genial amargura;
o modo, em cima;
não me procure, o dente do olvido,
parecem sair do ar, somar suspiros mentalmente, ouvir
claros açoites nos seus céus da boca!

Saem de sua pele, rebentando o sarcófago em que nascem
e sobem por sua morte de hora em hora
e caem, ao longo de seu gélido alfabeto, até o chão.

Ai de tanto! Ai de tão pouco! Ai delas!
Ai no meu quarto, ouvindo-as de óculos!
Ai no meu tórax, quando compram roupas!
Ai do meu lixo branco, cúmplice de suas fezes!

Amadas sejam as orelhas sánchez,
amadas as pessoas que se sentam,
amado o desconhecido e sua senhora,
o próximo com mangas, gola e olhos!

Amado seja o que tem percevejos,
o que anda na chuva com sapatos furados,
o que vela o cadáver de um pão com dois fósforos,
o que prende seu dedo numa porta,
o que não faz aniversário,
o que perdeu sua sombra num incêndio,
o bicho, o que parece um papagaio,
o que parece gente, o pobre rico,
o puro miserável, o pobre pobre!

Amado seja
o que tem fome ou sede, mas não tem
fome com que saciar toda a sua sede,
nem tem sede com que saciar suas fomes!

Amado seja aquele que trabalha por dia, por mês, por hora,
o que sua de dor ou de vergonha,
aquele que, por ordem de suas mãos, vai ao cinema,
o que paga com o que lhe falta,
o que dorme de costas,
o que já não se lembra de sua infância; amado seja

el calvo sin sombrero,
el justo sin espinas,
el ladrón sin rosas,
el que lleva reloj y ha visto a Dios,
el que tiene un honor y no fallece!

¡Amado sea el niño, que cae y aún llora
y el hombre que ha caído y ya no llora!

¡Ay de tánto! ¡Ay de tan poco! ¡Ay de ellos!

o calvo sem chapéu,
o justo sem espinhos,
o ladrão sem rosas,
o que usa relógio e que viu Deus,
o que tem uma honra e não sucumbe!

Amado seja o filho, que cai e ainda chora
e o homem que caiu e já não chora!

Ai de tanto! Ai de tão pouco! Ai deles!

Despedida recordando un adiós

Al cabo, al fin, por último,
torno, volví y acábome y os gimo, dándoos
la llave, mi sombrero, esta cartita para todos.
Al cabo de la llave está el metal en que aprendiéramos
a desdorar el oro, y está, al fin
de mi sombrero, este pobre cerebro mal peinado,
y, último vaso de humo, en su papel dramático,
yace este sueño práctico del alma.

¡Adiós, hermanos san pedros,
heráclitos, erasmos, espinozas!
¡Adiós, tristes obispos bolcheviques!
¡Adiós, gobernadores en desorden!
¡Adiós, vino que está en el agua como vino!
¡Adiós, alcohol que está en la lluvia!

¡Adiós también, me digo a mí mismo,
adiós, vuelo formal de los milígramos!
¡También adiós, de modo idéntico,
frío del frío y frío del calor!
Al cabo, al fin, por último, la lógica,
los linderos del fuego,
la despedida recordando aquel adiós.

DESPEDIDA RECORDANDO UM ADEUS

Ao cabo, enfim, por último,
voltei, retorno e acabo-me e me queixo, dando-lhes
a chave, meu chapéu, esta cartinha para todos.
Ao cabo desta chave está o metal em que aprendêramos
a desdourar o ouro, e está, ao fim
do meu chapéu, este mal penteado cérebro, e,
copo final de névoa, em seu papel dramático,
jaz este sonho prático da alma.

Adeus, irmãos são pedros,
heráclitos, erasmos, espinosas!
Adeus, tristonhos bispos bolcheviques!
Adeus, governadores em desordem!
Adeus, vinho que está na água como vinho!
Adeus, álcool que está na chuva!

Adeus é o que também digo a mim mesmo,
adeus, voo formal dos miligramas!
Também adeus, de modo idêntico,
frio do frio e frio do calor!
Ao cabo, enfim, por último, a razão,
os limiares do fogo,
a despedida recordando aquele adeus.

A lo mejor, soy otro; andando, al alba, otro que marcha
en torno a un disco largo, a un disco elástico:
mortal, figurativo, audaz diafragma.
A lo mejor, recuerdo al esperar, anoto mármoles
donde índice escarlata, y donde catre de bronce,
un zorro ausente, espúreo, enojadísimo.
A lo mejor, hombre al fin,
las espaldas ungidas de añil misericordia,
a lo mejor, me digo, más allá no hay nada.

Me da la mar el disco, refiriéndolo,
con cierto margen seco, a mi garganta;
¡nada, en verdad, más ácido, más dulce, más kanteano!
Pero sudor ajeno, pero suero
o tempestad de mansedumbre,
decayendo o subiendo, ¡eso, jamás!

Echado, fino, exhúmome,
tumefacta la mezcla en que entro a golpes,
sin piernas, sin adulto barro, ni armas,
una aguja prendida en el gran átomo...
¡No! ¡Nunca! ¡Nunca ayer! ¡Nunca después!

Y de ahí este tubérculo satánico,
esta muela moral de plesiosaurio
y estas sospechas póstumas,
este índice, esta cama, estos boletos.

Quem sabe, sou um outro; indo, na aurora, outro que marcha
sempre ao redor de um disco, longo e elástico:
mortal, figurativo, audaz diafragma.
Quem sabe, me recordo enquanto espero, anoto mármores
onde índice escarlate, e onde catre de bronze,
raposa ausente, espúria, irritadíssima.
Quem sabe, homem afinal,
com as costas ungidas de anil misericórdia,
quem sabe, vou pensando, lá no além não há nada.

O mar me entrega o disco, referindo-o,
com certa margem seca, à minha garganta;
nada, aliás, mais ácido, mais doce, mais kantiano!
Porém suor alheio, porém soro
ou tempestade de mansidão,
decaindo ou subindo, isso jamais!

Deitado, fino, exumo-me,
tumefacta a mistura em que entro à força,
sem pernas, nem adulto barro ou armas,
uma agulha presa no grande átomo...
Não! Nunca! Nunca ontem! Nem depois!

E daí este tubérculo satânico,
este dente moral de plesiossauro
e estas suspeitas póstumas,
este índice, esta cama, estes papéis.

EL LIBRO DE LA NATURALEZA

Profesor de sollozo —he dicho a un árbol—
palo de azogue, tilo
rumoreante, a la orilla del Marne, un buen alumno
leyendo va en tu naipe, en tu hojarasca,
entre el agua evidente y el sol falso,
su tres de copas, su caballo de oros.

Rector de los capítulos del cielo,
de la mosca ardiente, de la calma manual que hay en los asnos;
rector de honda ignorancia, un mal alumno
leyendo va en tu naipe, en tu hojarasca,
el hambre de razón que le enloquece
y la sed de demencia que le aloca.

Técnico en gritos, árbol consciente, fuerte,
fluvial, doble, solar, doble, fanático,
conocedor de rosas cardinales, totalmente
metido, hasta hacer sangre, en aguijones, un alumno
leyendo va en tu naipe, en tu hojarasca,
su rey precoz, telúrico, volcánico, de espadas.

¡Oh profesor, de haber tánto ignorado!
¡oh rector, de temblar tánto en el aire!
¡oh técnico, de tánto que te inclinas!
¡Oh tilo! ¡oh palo rumoroso junto al Marne!

O LIVRO DA NATUREZA

Professora de pranto — eu disse à árvore —
um pé de azougue, tília
murmurante, nas margens do rio Marne, um bom aluno
vai lendo em seu baralho, em folhas mortas,
entre a água evidente e o sol falso,
seu três de copas, seu cavalo de ouros.

Reitora dos capítulos do céu,
da mosca ardente, da calma manual que está nos asnos;
reitora ignorante, um mau aluno
vai lendo em seu baralho, em folhas mortas,
a fome de razão que o enlouquece
e a sede de demência que o perturba.

Técnica em gritos, planta consciente, forte,
fluvial, dupla, solar, dupla, fanática,
especialista em rosas cardeais, totalmente
metido, até sangrar, em seus espinhos, um aluno
vai lendo em seu baralho, em folhas mortas,
seu rei verde, telúrico, vulcânico, de espadas.

Ó professora, de tanta ignorância!
Ó reitora, de tanto tremular!
Ó técnica, de tanto que se curva!
Ó tília! Ó tronco murmurante junto ao Marne!

MARCHA NUPCIAL

A la cabeza de mis propios actos,
corona en mano, batallón de dioses,
el signo negativo al cuello, atroces
el fósforo y la prisa, estupefactos
el alma y el valor, con dos impactos

al pie de la mirada; dando voces;
los límites, dinámicos, feroces;
tragándome los lloros inexactos,

me encenderé, se encenderá mi hormiga,
se encenderán mi llave, la querella
en que perdí la causa de mi huella.

Luego, haciendo del átomo una espiga,
encenderé mis hoces al pie de ella
y la espiga será por fin espiga.

Marcha nupcial

Seguindo à frente dos meus próprios atos,
a coroa na mão, divinas hostes,
no pescoço o nefasto signo, atrozes
o fósforo e a urgência, estupefatos
a alma e o destemor, com dois impactos

ao pé do olhar; bradando em altas vozes;
os limites, dinâmicos, ferozes;
engolindo meus choros inexatos,

me acenderei, tal qual minha formiga,
se acenderão minha chave, e a querela
em que perdi do meu rastro a cautela.

Depois, tornando o átomo uma espiga,
acenderei as foices ao pé dela
e a espiga será finalmente espiga.

52.

Tengo un miedo terrible de ser un animal
de blanca nieve, que sostuvo padre
y madre, con su sola circulación venosa,
y que, este día espléndido, solar y arzobispal,
día que representa así a la noche,
linealmente
elude este animal estar contento, respirar
y transformarse y tener plata.

Sería pena grande
que fuera yo tan hombre hasta ese punto.
Un disparate, una premisa ubérrima
a cuyo yugo ocasional sucumbe
el gonce espiritual de mi cintura.
Un disparate... En tanto,
es así, más acá de la cabeza de Dios,
en la tabla de Locke, de Bacon, en el lívido pescuezo
de la bestia, en el hocico del alma.

Y, en lógica aromática,
tengo ese miedo práctico, este día
espléndido, lunar, de ser aquél, éste talvez,
a cuyo olfato huele a muerto el suelo,
el disparate vivo y el disparate muerto.

¡Oh revolcarse, estar, toser, fajarse,
fajarse la doctrina, la sien, de un hombre al otro,
alejarse, llorar, darlo por ocho
o por siete o por seis, por cinco o darlo
por la vida que tiene tres potencias.

Tenho um medo terrível de ser um animal
de branca neve, que sustentou pai
e mãe, só com a sua circulação venosa,
e que, este dia esplêndido, solar e arcebispal,
dia que representa assim a noite,
linearmente
impede este animal de estar contente, respirar
e transformar-se e ter dinheiro.

Seria muita pena
se eu fosse assim tão homem, a esse ponto.
Um disparate, uma premissa ubérrima
a cujo jugo ocasional sucumbe
o gonzo espiritual da minha cintura.
Um disparate... Enquanto isso,
é assim, da cabeça de Deus até aqui,
na tabela de Locke, de Bacon, no lívido pescoço
da besta, bem no focinho da alma.

E, em lógica aromática,
tenho esse medo prático, este dia
esplêndido, lunar, de ser aquele, este talvez,
a cujo olfato o chão cheira a cadáver,
o disparate vivo e o disparate morto.

Ó virar-se, existir, tossir, atar-se,
enfaixar a doutrina, a testa, de ombro a ombro,
afastar-se, chorar, dá-lo por oito
ou por sete ou por seis, por cinco ou dá-lo
pela vida e por suas três potências.

La cólera que quiebra al hombre en niños,
que quiebra al niño en pájaros iguales,
y al pájaro, después, en huevecillos;
la cólera del pobre
tiene un aceite contra dos vinagres.

La cólera que al árbol quiebra en hojas,
a la hoja en botones desiguales
y al botón, en ranuras telescópicas;
la cólera del pobre
tiene dos ríos contra muchos mares.

La cólera que quiebra al bien en dudas,
a la duda, en tres arcos semejantes
y al arco, luego, en tumbas imprevistas;
la cólera del pobre
tiene un acero contra dos puñales.

La cólera que quiebra al alma en cuerpos,
al cuerpo en órganos desemejantes
y al órgano, en octavos pensamientos;
la cólera del pobre
tiene un fuego central contra dos cráteres.

A cólera que quebra o pai em filhos,
que quebra o filho em pássaros iguais,
e o pássaro, depois, em ovos mínimos;
a cólera do pobre
tem um azeite contra dois vinagres.

A cólera que quebra a planta em folhas,
e a folha em botõezinhos desiguais,
e o botão, em ranhuras telescópicas;
a cólera do pobre
tem dois riachos contra muitos mares.

A cólera que quebra o bem em dúvidas,
a dúvida, em três arcos semelhantes
e o arco, então, em tumbas imprevistas;
a cólera do pobre
tem um só aço contra dois punhais.

A cólera que quebra a alma em corpos,
o corpo em órgãos tão dessemelhantes
e o órgão, em oitavos pensamentos;
a cólera do pobre
tem um só fogo contra duas voragens.

INTENSIDAD Y ALTURA

Quiero escribir, pero me sale espuma,
quiero decir muchísimo y me atollo;
no hay cifra hablada que no sea suma,
no hay pirámide escrita, sin cogollo.

Quiero escribir, pero me siento puma;
quiero laurearme, pero me encebollo.
No hay toz hablada, que no llegue a bruma,
no hay dios ni hijo de dios, sin desarrollo.

Vámonos, pues, por eso, a comer yerba,
carne de llanto, fruta de gemido,
nuestra alma melancólica en conserva.

Vámonos! Vámonos! Estoy herido;
Vámonos a beber lo ya bebido,
vámonos, cuervo, a fecundar tu cuerva.

INTENSIDADE E ALTURA

Quero escrever, porém só sai espuma,
quero falar de tudo e me atrapalho;
não há cifra que eu diga que não suma,
nem pirâmide escrita com atalhos.

Quero escrever, porém me sinto puma;
quero alcançar a glória e me embaralho.
Não há tosse que não se torne bruma,
não há deus, nem seu filho, sem trabalho.

Comer grama, eis o que nos resta agora;
carne de pranto, fruta de gemido,
nossa alma, em conserva, que embolora.

É hora de ir embora! Estou ferido;
vamos, corvo, beber o já bebido,
e vamos fecundar sua senhora.

GUITARRA

El placer de sufrir, de odiar, me tiñe
la garganta con plásticos venenos,
mas la cerda que implanta su orden mágico,
su grandeza taurina, entre la prima
y la sexta
y la octava mendaz, las sufre todas.

El placer de sufrir... ¿Quién? ¿a quién?
¿quién, las muelas? ¿a quién la sociedad,
los carburos de rabia de la encía?
¿Cómo ser
y estar, sin darle cólera al vecino?

Vales más que mi número, hombre solo,
y valen más que todo el diccionario,
con su prosa en verso,
con su verso en prosa,
tu función águila,
tu mecanismo tigre, blando prójimo.

El placer de sufrir,
de esperar esperanzas en la mesa,
el domingo con todos los idiomas,
el sábado con horas chinas, belgas,
la semana, con dos escupitajos.

El placer de esperar en zapatillas,
de esperar encogido tras de un verso,
de esperar con pujanza y mala poña;
el placer de sufrir: zurdazo de hembra
muerta con una piedra en la cintura
y muerta entre la cuerda y la guitarra,
llorando días y cantando meses.

Violão

O prazer de sofrer, de odiar, me tinge
a garganta com plásticos venenos,
mas a cerda que implanta uma ordem mágica,
sua grandeza taurina, entre essa prima
e a sexta
e a oitava mendaz, sofre por todas.

O prazer de sofrer... Quem? A quem?
Quem, os dentes? A quem a sociedade,
os lampiões de raiva da gengiva?
Como ser
e estar, sem causar raiva no vizinho?

Você é mais valioso que meu número, homem só,
e valem mais que todo o dicionário,
com sua prosa em verso,
com seu verso em prosa,
sua função águia,
seu mecanismo tigre, gentil próximo.

O prazer de sofrer,
de esperar esperanças nesta mesa,
no domingo com todos os idiomas,
no sábado com horas chinas, belgas,
e durante a semana, com dois cuspes.

O prazer de esperar só de chinelos,
de esperar encolhido atrás de um verso,
de esperar com pujança e pura sanha;
o prazer de sofrer: murro de fêmea
morta com uma pedra na cintura
e morta entre uma corda e o violão,
chorando dias e cantando meses.

Oye a tu masa, a tu cometa, escúchalos; no gimas
de memoria, gravísimo cetáceo;
oye a la túnica en que estás dormido,
oye a tu desnudez, dueña del sueño.

Relátate agarrándote
de la cola del fuego y a los cuernos
en que acaba la crin su atroz carrera;
rómpete, pero en círculos;
fórmate, pero en columnas combas;
descríbete atmosférico, sér de humo,
a paso redoblado de esqueleto.

¿La muerte? ¡Opónle todo su vestido!
¿La vida? ¡Opónle parte de tu muerte!
Bestia dichosa, piensa;
dios desgraciado, quítate la frente.
Luego, hablaremos.

Ouça sua massa, seu cometa, escute-os; não sofra
de memória, gravíssimo cetáceo;
escute a túnica em que você dorme,
escute sua nudez, dona do sonho.

Narre a si mesmo, atado
à cauda da fogueira e aos grandes chifres
em que a crina termina a atroz corrida;
quebre-se, mas em círculos;
forme-se, mas em colunas curvas;
descreva-se celeste, ser de névoa,
a passo redobrado de esqueleto.

A morte? Enfrente-a com toda a sua roupa!
A vida? Com uma parte da sua morte!
Fera contente, pense;
deus desgraçado, arranque sua testa.
Depois, conversaremos.

¿Qué me da, que me azoto con la línea
y creo que me sigue, al trote, el punto?

¿Qué me da, que me he puesto
en los hombros un huevo en vez de un manto?

¿Qué me ha dado, que vivo?
¿Qué me ha dado, que muero?

¿Qué me da, que tengo ojos?
¿Qué me da, que tengo alma?

¿Qué me da, que se acaba en mí mi prójimo
y empieza en mi carrillo el rol del viento?

¿Qué me ha dado, que cuento mis dos lágrimas,
sollozo tierra y cuelgo el horizonte?

¿Qué me ha dado, que lloro de no poder llorar
y río de lo poco que he reído?

¿Qué me da, que ni vivo ni muero?

O que há comigo, que me açoito com a linha
e o ponto vem trotando em meu encalço?

O que há comigo, que botei
em meus ombros um ovo em vez de um manto?

O que houve comigo, que vivo?
O que houve comigo, que morro?

O que há comigo, que tenho olhos?
O que há comigo, que tenho alma?

O que há comigo, que em mim finda o meu próximo
e em meu rosto começa a ação do vento?

O que houve comigo, que conto minhas lágrimas,
soluço terra e penduro o horizonte?

O que houve comigo, que choro por não conseguir chorar
e rio do pouquinho que já ri?

O que há comigo, que nem vivo nem morro?

Aniversario

¡Cuánto catorce ha habido en la existencia!
¡Qué créditos con bruma, en una esquina!
¡Qué diamante sintético, el del casco!
¡Cuánta más dulcedumbre
a lo largo, más honda superficie:
¡cuánto catorce ha habido en tan poco uno!

¡Qué deber,
qué cortar y qué tajo,
de memoria a memoria, en la pestaña!
¡Cuanto más amarillo, más granate!
¡Cuánto catorce en un solo catorce!

Acordeón de la tarde, en esa esquina,
piano de la mañana, aquella tarde;
clarín de carne,
tambor de un solo palo,
guitarra sin cuarta ¡cuánta quinta,
y cuánta reunión de amigos tontos
y qué nido de tigres el tabaco!
¡Cuánto catorce ha habido en la existencia!

¿Qué te diré ahora,
quince feliz, ajeno, quince de otros?
Nada más que no crece ya el cabello,
que han venido por las cartas,
que me brillan los seres que he parido,
que no hay nadie en mi tumba
y que me han confundido con mi llanto.

¡Cuánto catorce ha habido en la existencia!

ANIVERSÁRIO

Quanto catorze houve na existência!
Que créditos com bruma, numa esquina!
Que diamante sintético, o do crânio!
Quanto mais dulcidão
por extenso, mais funda a superfície:
quanto catorze houve em tão pouco um!

Que dever,
que cortar e que talho,
de memória a memória, em cada cílio!
Quanto mais amarelo, mais grená!
Quanto catorze num catorze apenas!

Acordeão da tarde, nessa esquina,
piano da manhã, naquela tarde;
clarim de carne,
tambor de uma baqueta,
violão sem quarta, quanta quinta,
e quanta reunião de amigos tolos
e que ninho de tigres o tabaco!
Quanto catorze houve na existência!

O que direi agora,
quinze feliz, alheio, quinze de outros?
Que meu cabelo já não cresce mais,
que vieram atrás das cartas,
que reluzem os seres que pari,
que já não há ninguém na minha tumba
e que me confundiram com meu pranto.

Quanto catorze houve na existência!

PANTEÓN

59.

He visto ayer sonidos generales,
                mortuoriamente,
                puntualmente alejarse,
cuando oí desprenderse del ocaso
                tristemente,
                exactamente un arco, un arcoíris.

Vi el tiempo generoso del minuto,
                infinitamente
atado locamente al tiempo grande,
pues que estaba la hora
                suavemente,
premiosamente henchida de dos horas.

Dejóse comprender, llamar, la tierra
                terrenalmente;
negóse brutalmente así a mi historia,
y si vi, que me escuchen, pues, en bloque,
si toqué esta mecánica, que vean
                lentamente,
despacio, vorazmente, mis tinieblas.

Y si ví en la lesión de la respuesta,
                claramente,
la lesión mentalmente de la incógnita,
si escuché, si pensé en mis ventanillas
nasales, funerales, temporales,
                fraternalmente,
piadosamente echadme a los filósofos.

Mas no más inflexión precipitada
en canto llano, y no más
el hueso colorado, el son del alma
                tristemente
erguida ecuestremente en mi espinazo,
ya que, en suma, la vida es
                implacablemente,
imparcialmente horrible, estoy seguro.

PANTEÃO

Ontem eu pude ver os sons gerais,
        mortuariamente,
        pontualmente afastarem-se,
quando ouvi desprender-se do crepúsculo
        tristemente,
        exatamente um arco, um arco-íris.

Vi o tempo generoso do minuto,
        infinitamente
atado loucamente ao tempo grande,
posto que a hora estava
        suavemente,
morosamente enchida de duas horas.

A terra deixou-se entender, chamar,
        terrenalmente;
negou-se brutalmente à minha história,
e se vi, que me escutem, pois, em bloco,
se toquei na mecânica, que vejam
        lentamente,
sem pressa, vorazmente, minhas trevas.

E se vi na lesão de uma resposta,
        claramente,
a lesão mentalmente de uma incógnita,
se escutei, se pensei em minhas fossas
nasais, e funerais, e temporais,
        fraternalmente,
        piedosamente jogai-me aos filósofos.

Mas chega de inflexão precipitada
em cantochão, e chega
do osso avermelhado, o som da alma
        tristemente
erguida equestremente em minhas costas,
já que, em resumo, a vida é
        implacavelmente,
imparcialmente horrível, estou certo.

Un hombre está mirando a una mujer,
está mirándola inmediatamente,
con su mal de tierra suntuosa
y la mira a dos manos
y la tumba a dos pechos
y la mueve a dos hombres.

Pregúntome entonces, oprimiéndome
la enorme, blanca, acérrima costilla:
Y este hombre
¿no tuvo a un niño por creciente padre?
¿Y esta mujer, a un niño
por constructor de su evidente sexo?

Puesto que un niño veo ahora,
niño ciempiés, apasionado, enérgico;
veo que no le ven
sonarse entre los dos, colear, vestirse;
puesto que los acepto,
a ella en condición aumentativa,
a él en la flexión del heno rubio.

Y exclamo entonces, sin cesar ni uno
de vivir, sin volver ni uno
a temblar en la justa que venero:
¡Felicidad seguida
tardíamente del Padre,
del Hijo y de la Madre!
¡Instante redondo,
familiar, que ya nadie siente ni ama!
¡De qué deslumbramiento áfono, tinto,
se ejecuta el cantar de los cantares!
¡De qué tronco, el florido carpintero!
¡De qué perfecta axila, el frágil remo!
¡De qué casco, ambos cascos delanteros!

Um homem está olhando uma mulher,
está olhando-a imediatamente,
com seu mal de terra suntuosa
e olha-a com duas mãos
e tomba-a com dois peitos
e move-a com dois homens.

Eu me pergunto então, prensando a minha
enorme, branca, acérrima costela:
E este homem não teve
uma criança como pai crescente?
E esta mulher, uma criança como
construtora de seu sexo evidente?

Posto que agora vejo uma criança,
apaixonada, centopeia, enérgica;
vejo que não a veem
assoar o nariz, bulir, vestir-se;
posto que os aceito,
a ela em condição aumentativa,
a ele na flexão do louro feno.

E então exclamo, sem sequer cessar
de viver, sem sequer voltar
a tremer no combate que venero:
Alegria seguida
tardiamente do Pai,
do Filho e da Mãe!
Instante redondo,
familiar, que a ninguém mais comove!
De que deslumbramento tinto, afônico,
executa-se o cântico dos cânticos!
De que tronco, o florido carpinteiro!
De que perfeita axila, o frágil remo!
De que casco, os dois cascos dianteiros!

DOS NIÑOS ANHELANTES

No. No tienen tamaño sus tobillos; no es su espuela
suavísima, que da en las dos mejillas.
Es la vida no más, de bata y yugo.

No. No tiene plural su carcajada,
ni por haber salido de un molusco perpétuo, aglutinante,
ni por haber entrado al mar descalza,
es la que piensa y marcha, es la finita.
Es la vida no más; sólo la vida.

Lo sé, lo intuyo cartesiano, autómata,
moribundo, cordial, en fin, espléndido.
Nada hay
sobre la ceja cruel del esqueleto;
nada, entre lo que dió y tomó con guante
la paloma, y con guante,
la eminente lombriz aristotélica;
nada delante ni detrás del yugo;
nada de mar en el océano
y nada
en el orgullo grave de la célula.
Sólo la vida; así: cosa bravísima.

Plenitud inextensa,
alcance abstracto, venturoso, de hecho,
glacial y arrebatado, de la llama;
freno del fondo, rabo de la forma.
Pero aquello
para lo cual nací ventilándome
y crecí con afecto y drama propios,
mi trabajo rehúsalo,
mi sensación y mi arma lo involucran.
Es la vida y no más, fundada, escénica.

Y por este rumbo,
su serie de órganos extingue mi alma
y por este indecible, endemoniado cielo,
mi maquinaria da silbidos técnicos,
paso la tarde en la mañana triste
y me esfuerzo, palpito, tengo frío.

DUAS CRIANÇAS QUE ANSEIAM

Não. Não têm tamanho os seus tornozelos; não é a sua espora
suavíssima, que bate nas duas faces.
É a vida e nada mais, de bata e canga.

Não. Não tem plural a sua gargalhada,
nem por ter emergido de um molusco perpétuo, aglutinante,
nem por ter penetrado o mar descalça,
é a que pensa e caminha, e que é finita.
É a vida e nada mais; somente a vida.

Posso intuí-lo cartesiano, autômato,
moribundo, cordial, enfim, esplêndido.
Não há nada acima
da cruel sobrancelha do esqueleto;
nada, entre o que tomou e deu com luva
a pombinha, e com luva,
a eminente minhoca aristotélica;
nada na frente nem atrás da canga;
nada de mar no oceano
e nada
dentro do orgulho grave de uma célula.
Somente a vida; assim: coisa bravíssima.

Plenitude inextensa,
alcance abstrato, sortudo, de fato,
glacial e arrebatado, desta chama;
freio do fundo, rabo desta forma.
Mas aquilo
para o qual eu nasci me ventilando
e cresci com afeto e drama próprios,
meu trabalho recusa,
meu sentimento e minha arma abarcam.
É a vida e nada mais, fundada, cênica.

E por este rumo,
minha alma extingue sua série de órgãos
e por este indizível, endiabrado céu,
minha máquina dá gemidos técnicos,
na manhã triste passo a minha tarde
e me esforço, palpito, sinto frio.

Los nueve monstruos

62.

I, desgraciadamente,
el dolor crece en el mundo a cada rato,
crece a treinta minutos por segundo, paso a paso,
y la naturaleza del dolor, es el dolor dos veces
y la condición del martirio, carnívora, voraz,
es el dolor dos veces
y la función de la yerba purísima, el dolor
dos veces
y el bien de sér, dolernos doblemente.

Jamás, hombres humanos,
hubo tánto dolor en el pecho, en la solapa, en la cartera,
en el vaso, en la carnicería, en la aritmética!
Jamás tánto cariño doloroso,
jamás tan cerca arremetió lo lejos,
jamás el fuego nunca
jugó mejor su rol de frío muerto!
Jamás, señor ministro de salud, fue la salud
más mortal
y la migraña extrajo tánta frente de la frente!
Y el mueble tuvo en su cajón, dolor,
el corazón, en su cajón, dolor,
la lagartija, en su cajón, dolor.

Crece la desdicha, hermanos hombres,
más pronto que la máquina, a diez máquinas, y crece
con la res de Rousseau, con nuestras barbas;
crece el mal por razones que ignoramos
y es una inundación con propios líquidos,
con propio barro y propia nube sólida!
Invierte el sufrimiento posiciones, da función
en que el humor acuoso es vertical
al pavimento,
el ojo es visto y esta oreja oída,
y esta oreja da nueve campanadas a la hora
del rayo, y nueve carcajadas
a la hora del trigo, y nueve sones hembras
a la hora del llanto, y nueve cánticos
a la hora del hambre y nueve truenos
y nueve látigos, menos un grito.

El dolor nos agarra, hermanos hombres,
por detrás, de perfil,

Os nove monstros

I, desgraçadamente,
a dor cresce no mundo a cada instante,
cresce a trinta minutos por segundo, passo a passo,
e a mera natureza dessa dor, é a própria dor duas vezes
e a condição do martírio, carnívora, voraz,
é a própria dor duas vezes
e a cerimônia da grama puríssima, a própria dor
duas vezes
e o bem de ser, ferir-nos duplamente.

Jamais, homens humanos,
houve tamanha dor no peito, na lapela, na carteira,
no copo, no açougueiro, na aritmética!
Nunca tanto carinho doloroso,
nunca o distante arremeteu tão perto,
nunca o fogo jamais
cumpriu melhor seu rito de frio morto!
Nunca, senhor ministro da saúde, foi a saúde
mais mortal
e a enxaqueca arrancou da testa tanta testa!
E, em sua gaveta, o móvel sentiu dor,
o coração, em sua gaveta, dor,
a lagartixa, em sua gaveta, dor.

Cresce a infelicidade, irmãos humanos,
mais rápido que a máquina, a dez máquinas, e cresce
com a rês de Rousseau, com nossas barbas;
cresce o mal por razões que ignoramos
e é uma inundação com próprios líquidos,
com próprio barro e própria nuvem sólida!
O sofrimento inverte posições, começa a cena
em que o humor aquoso é vertical
ao pavimento,
o olho é visto e esta orelha ouvida,
e esta orelha dá nove badaladas bem na hora
do raio, e nove gargalhadas
bem na hora do trigo, e nove sons mulheres
bem na hora do pranto, e nove cânticos
bem na hora da fome e nove estrondos
e nove chicotes, menos um grito.

A dor nos arrebata, irmãos humanos,
por trás e de perfil,

y nos aloca en los cinemas,
nos clava en los gramófonos,
nos desclava en los lechos, cae perpendicularmente
a nuestros boletos, a nuestras cartas;
y es muy grave sufrir, puede uno orar...
Pues de resultas
del dolor, hay algunos
que nacen, otros crecen, otros mueren,
y otros que nacen y no mueren, otros
que sin haber nacido, mueren, y otros
que no nacen ni mueren (son los más)
Y también de resultas
del sufrimiento, estoy triste
hasta la cabeza, y más triste hasta el tobillo,
de ver al pan, crucificado, al nabo,
ensangrentado,
llorando, a la cebolla,
al cereal, en general, harina,
a la sal, hecha polvo, al agua, huyendo,
al vino, un ecce-homo,
tan pálida a la nieve, al sol tan ardio!

¡Cómo, hermanos humanos,
no deciros que ya no puedo y
ya no puedo con tánto cajón,
tánto minuto, tánta
lagartija y tánta
inversión, tánto lejos y tánta sed de sed!
Señor Ministro de Salud: ¿qué hacer?
¡Ah! desgraciadamente, hombres humanos,
hay, hermanos, muchísimo que hacer.

e nos enlouquece nos cinemas,
nos crava nas vitrolas,
nos descrava nas camas, cai perpendicularmente
aos nossos bilhetes, às nossas cartas;
e é tão sério sofrer, que é bom rezar...
Pois por causa
da dor, é que há alguns
que nascem, outros crescem, outros morrem,
e outros que nascem e não morrem, outros
que sem haver nascido, morrem, e outros
que não nascem nem morrem (quase todos)
E por causa também
do sofrimento, estou triste
até a cabeça, e mais triste até o tornozelo,
por ver o pão, crucificado, o nabo,
ensanguentado,
a cebola, chorando,
o cereal, em geral, só farinha,
o sal, esfarelado, a água, fugindo,
o vinho, um ecce-homo,
tão desbotada a neve, o sol tão tórrido!

E como, irmãos humanos,
não lhes dizer que não aguento mais e
não aguento mais tanta gaveta,
tanto minuto, tanta
lagartixa e tanta
inversão, tanto longe e tanta sede de sede!
Senhor Ministro da Saúde: o que fazer?
Ah!, desgraçadamente, homens humanos,
há, meus irmãos, muitíssimo a fazer.

Un hombre pasa con un pan al hombro
¿Voy a escribir, después, sobre mi doble?

Otro se sienta, ráscase, extrae un piojo de su axila, mátalo
¿Con qué valor hablar del psicoanálisis?

Otro ha entrado en mi pecho con un palo en la mano
¿Hablar luego de Sócrates al médico?

Un cojo pasa dando el brazo a un niño
¿Voy, después, a leer a André Breton?

Otro tiembla de frío, tose, escupe sangre
¿Cabrá aludir jamás al Yo profundo?

Otro busca en el fango huesos, cáscaras
¿Cómo escribir, después, del infinito?

Un albañil cae de un techo, muere y ya no almuerza
¿Innovar, luego, el tropo, la metáfora?

Un comerciante roba un gramo en el peso a un cliente
¿Hablar, después, de cuarta dimensión?

Un banquero falsea su balance
¿Con qué cara llorar en el teatro?

Un paria duerme con el pie a la espalda
¿Hablar, después, a nadie de Picasso?

Alguien va en un entierro sollozando
¿Cómo luego ingresar a la Academia?

Alguien limpia un fusil en su cocina
¿Con qué valor hablar del más allá?

Alguien pasa contando con sus dedos
¿Cómo hablar del no-yó sin dar un grito?

Um homem passa com um pão no ombro
Vou escrever, depois, sobre meu duplo?

Outro senta, se coça, tira um piolho do sovaco, mata-o
Como é que eu vou falar de psicanálise?

Outro invade meu peito com um pedaço de pau
Falar, então, de Sócrates com o médico?

Um coxo passa dando o braço a um menino
Vou, depois disso, ler André Breton?

Outro treme de frio, tosse, cospe sangue
Faz sentido aludir ao Eu profundo?

Outro cata no lixo ossos e cascas
Como escrever, depois, sobre o infinito?

Um pedreiro cai de um telhado, morre e não almoça mais
Vou inovar, então, tropo e metáfora?

Um comerciante rouba um grama no peso de um cliente
Falar, depois, da quarta dimensão?

Um banqueiro frauda seu balancete
Com que cara vou chorar no teatro?

Um pária dorme com um pé nas costas
Falar a qualquer um sobre Picasso?

Alguém vai a um enterro soluçando
Como, então, ingressar na Academia?

Alguém limpa a espingarda na cozinha
Como é que vou falar do mais além?

Alguém passa contando nos seus dedos
Vou falar do não-eu sem dar um grito?

64.

Me viene, hay días, una gana ubérrima, política,
de querer, de besar al cariño en sus dos rostros,
y me viene de lejos un querer
demostrativo, otro querer amar, de grado o fuerza,
al que me odia, al que rasga su papel, al muchachito,
a la que llora por el que lloraba,
al rey del vino, al esclavo del agua,
al que ocultóse en su ira,
al que suda, al que pasa, al que sacude su persona en mi alma.
Y quiero, por lo tanto, acomodarle
al que me habla, su trenza; sus cabellos, al soldado;
su luz, al grande; su grandeza, al chico.
Quiero planchar directamente
un pañuelo al que no puede llorar
y, cuando estoy triste o me duele la dicha,
remendar a los niños y a los genios.

Quiero ayudar al bueno a ser su poquillo de malo
y me urge estar sentado
a la diestra del zurdo, y responder al mudo,
tratando de serle útil en
lo que puedo, y también quiero muchísimo
lavarle al cojo el pie,
y ayudarle a dormir al tuerto próximo.

¡Ah querer, éste, el mío, éste, el mundial,
interhumano y parroquial, provecto!
Me viene a pelo,
desde el cimiento, desde la ingle pública,
y, viniendo de lejos, da ganas de besarle
la bufanda al cantor,
y al que sufre, besarle en su sartén,
al sordo, en su rumor craneano, impávido;
al que me da lo que olvidé en mi seno,
en su Dante, en su Chaplin, en sus hombros.

Quiero, para terminar,
cuando estoy al borde célebre de la violencia
o lleno de pecho el corazón, querría
ayudar a reir al que sonríe,
ponerle un pajarillo al malvado en plena nuca,
cuidar a los enfermos enfadándolos,
comprarle al vendedor,
ayudarle a matar al matador —cosa terrible—
y quisiera yo ser bueno conmigo
en todo.

Eu sinto, às vezes, uma ânsia ubérrima, política,
de amar e de beijar o carinho em seus dois rostos,
e lá de longe me vem um querer
demonstrativo, outro querer amar, por gosto ou à força,
a quem me odeia, a quem rasga seu papel, ao rapazinho,
àquela que chora por quem chorava,
ao rei do vinho, ao escravo da água,
ao que em sua ira oculta-se,
a quem sua, a quem passa, a quem sacode sua pessoa em minha alma.
E quero, sendo assim, endireitar
a trança a quem me fala; os cachos do soldado;
a luz do grande; a grandeza do pouco.
Quero passar a ferro pessoalmente
um lenço para dar a quem não chora
e, quando estou triste ou me dói a alegria,
remendar as crianças e os gênios.

Quero ajudar o bom a ser um pouquinho mau
e quero estar sentado
à direita do canhoto, e responder ao mudo,
tentando lhe ser útil no
que eu puder, e também quero muitíssimo
lavar o pé do coxo,
e ajudar o caolho a adormecer.

Ah, que querer o meu, este, o mundial,
inter-humano e paroquial, provecto!
Vem na hora certa,
dos alicerces, da virilha pública,
e, vindo de tão longe, dá ânsia de beijar
a echarpe do cantor,
beijar, quem sofre, em sua frigideira,
e o surdo, em seu rumor craniano, impávido;
e quem me dá o que esqueci em meu seio,
em seu Dante, em seu Chaplin, em seus ombros.

Quero, para terminar,
quando estou à beira célebre da violência
ou com o coração cheio de peito, quereria
ajudar quem sorri a rir com gosto,
botar um passarinho em plena nuca do malvado,
socorrer os doentes irritando-os,
comprar do vendedor,
ajudar o assassino a assassinar — coisa terrível —
e quisera ser bom comigo mesmo
em tudo.

65.

Hoy le ha entrado una astilla.
Hoy le ha entrado una astilla cerca, dándole
cerca, fuerte, en su modo
de ser y en su centavo ya famoso.
Le ha dolido la suerte mucho,
todo;
le ha dolido la puerta,
le ha dolido la faja, dándole
sed, aflixión
y sed del vaso pero no del vino.
Hoy le salió a la pobre vecina del aire,
a escondidas, humareda de su dogma;
hoy le ha entrado una astilla.

La inmensidad persíguela
a distancia superficial, a un vasto eslabonazo.
Hoy le salió a la pobre vecina del viento,
en la mejilla, norte, y en la mejilla, oriente;
hoy le ha entrado una astilla.

¿Quién comprará, en los días perecederos, ásperos,
un pedacito de café con leche,
y quién, sin ella, bajará a su rastro hasta dar luz?
¿Quién será, luego, sábado, a las siete?
¡Tristes son las astillas que le entran
a uno,
exactamente ahí precisamente!
Hoy le entró a la pobre vecina de viaje,
una llama apagada en el oráculo;
hoy le ha entrado una astilla.

Le ha dolido el dolor, el dolor joven,
el dolor niño, el dolorazo, dándole
en las manos
y dándole sed, aflixión
y sed del vaso, pero no del vino.
¡La pobre pobrecita!

Hoje entrou-lhe uma farpa.
Hoje entrou-lhe uma farpa perto, dando-lhe
perto, forte, em seu jeito
de ser e em seu centavo já famoso.
A sorte a machucou muito,
tudo;
a porta a machucou,
a faixa a machucou, dando-lhe
sede, aflição
e sede, mas do copo, não do vinho.
Hoje saiu da pobre companheira do ar,
furtivamente, um vapor do seu dogma;
hoje entrou-lhe uma farpa.

O infinito a persegue
a uma distância superficial, a um vasto estrépito.
Hoje saiu da pobre companheira do vento,
numa das faces, norte, e na outra, oriente;
hoje entrou-lhe uma farpa.

Quem comprará, nos dias perecíveis, ásperos,
um pedacinho de café com leite,
e quem, sem ela, descerá a seu rastro até dar luz?
E quem será, então, sábado, às sete?
Tristes são essas farpas quando entram
em nós,
exatamente aí precisamente!
Hoje entrou na pobre companheira de viagem,
uma chama apagada em seu oráculo;
hoje entrou-lhe uma farpa.

A dor a machucou, a dor tão jovem,
a dor criança, a dor gigante, dando-lhe
nas mãos
e dando-lhe sede, aflição
e sede, mas do copo, não do vinho.
A pobre pobrezinha!

PALMAS Y GUITARRA

66.

Ahora, entre nosotros, aquí,
ven conmigo, trae por la mano a tu cuerpo
y cenemos juntos y pasemos un instante la vida
a dos vidas y dando una parte a nuestra muerte.
Ahora, ven contigo, hazme el favor
de quejarte en mi nombre y a la luz de la noche teneblosa
en que traes a tu alma de la mano
y huímos en puntillas de nosotros.

Ven a mí, sí, y a ti, sí,
con paso par, a vernos a los dos con paso impar,
marcar el paso de la despedida.
¡Hasta cuando volvamos! ¡Hasta la vuelta!
¡Hasta cuando leamos, ignorantes!
¡Hasta cuando volvamos, despidámonos!

¿Qué me importan los fusiles,
escúchame;
escúchame, ¿qué impórtanme,
si la bala circula ya en el rango de mi firma?
¿Qué te importan a ti las balas,
si el fusil está humeando ya en tu olor?
Hoy mismo pesaremos
en los brazos de un ciego nuestra estrella
y, una vez que me cantes, lloraremos.
Hoy mismo, hermosa, con tu paso par
y tu confianza a que llegó mi alarma,
saldremos de nosotros, dos a dos.
¡Hasta cuando seamos ciegos!
¡Hasta
que lloremos de tánto volver!

Ahora,
entre nosotros, trae
por la mano a tu dulce personaje
y cenemos juntos y pasemos un instante la vida
a dos vidas y dando una parte a nuestra muerte.
Ahora, ven contigo, hazme el favor
de cantar algo
y de tocar en tu alma, haciendo palmas.
¡Hasta cuando volvamos! ¡Hasta entonces!
¡Hasta cuando partamos, despidámonos!

Violão e palmas

Agora, entre nós dois, aqui,
venha comigo, traga seu corpo pela mão
e jantemos juntos e passemos um instante a vida
a duas vidas, dando uma parte a nossa morte.
Venha contigo, faça-me o favor
de queixar-se em meu nome e sob a luz da noite tenebrosa
em que você traz pela mão sua alma e,
pé ante pé, fugimos de nós mesmos.

Venha a mim, sim, e a você, sim,
com passo par, para andarmos os dois com passo ímpar,
marcando o compasso da despedida.
Até a nossa volta! Até voltarmos!
Até podermos ler, feito ignorantes!
Até a nossa volta, adeus adeus!

Que me importam os fuzis,
ouça o que eu digo;
ouça o que eu digo, que me importam,
se a bala já circula bem na minha assinatura?
Que te importam as balas,
se o fuzil já fumega no seu cheiro?
Hoje nós pesaremos
nos braços de algum cego nossa estrela
e, depois do seu canto, choraremos.
Hoje, formosa, com seu passo par
e a crença a que chegou o meu alarme,
sairemos de nós mesmos, dois a dois.
Até ficarmos cegos!
Até
chorarmos de tanto voltar!

Agora,
entre nós dois, traga
seu doce personagem pela mão
e jantemos juntos e passemos um instante a vida
a duas vidas, dando uma parte a nossa morte.
Venha contigo, faça-me o favor
de cantar algo
e tocar em sua alma, e bater palmas.
Até a nossa volta! Até esse dia!
Até a nossa partida, adeus adeus!

EL ALMA QUE SUFRIÓ DE SER SU CUERPO

Tú sufres de una glándula endocrínica, se ve,
o, quizá,
sufres de mí, de mi sagacidad escueta, tácita.
Tú padeces del diáfano antropoide, allá, cerca,
donde está la tiniebla tenebrosa.
Tú das vuelta al sol, agarrándote el alma,
extendiendo tus juanes corporales
y ajustándote el cuello; eso se ve.
Tú sabes lo que te duele,
lo que te salta al anca,
lo que baja por ti con soga al suelo.
Tú, pobre hombre, vives; no lo niegues,
si mueres; no lo niegues,
si mueres de tu edad ¡ay! y de tu época.
Y, aunque llores, bebes,
y, aunque sangres, alimentas a tu híbrido colmillo,
a tu vela tristona y a tus partes.
Tú sufres, tú padeces y tú vuelves a sufrir horriblemente,
desgraciado mono,
jovencito de Darwin,
alguacil que me atisbas, atrocísimo microbio.
Y tú lo sabes a tal punto,
que lo ignoras, soltándote a llorar.
Tú, luego, has nacido; eso
también se ve de lejos, infeliz y cállate,
y soportas la calle que te dió la suerte
y a tu ombligo interrogas: ¿dónde? ¿cómo?

Amigo mío, estás completamente,
hasta el pelo, en el año treinta y ocho,
nicolás o santiago, tal o cual,
estés contigo o con tu aborto o con-
migo
y cautivo en tu enorme libertad,
arrastrado por tu hércules autónomo…
Pero si tú calculas en tus dedos hasta dos,
es peor; no lo niegues, hermanito.

¿Que nó? ¿Que sí, pero que nó?
¡Pobre mono!… ¡Dame la pata!… No. La mano, he dicho.
¡Salud! ¡Y sufre!

A ALMA QUE SOFREU DE SER SEU CORPO

Você sofre de uma glândula endócrina, está na cara,
ou, talvez,
você sofra de mim, da minha perspicácia árida, tácita.
Você padece do diáfano antropoide, lá, perto,
onde ficam as trevas tenebrosas.
Você rodeia o sol, agarrado à sua alma,
alastrando seus joões corporais
e ajeitando a gravata; está na cara.
Você sabe o que te fere,
o que sobe em sua anca,
e desce de você por uma corda.
Você vive, coitado; não negue,
se morrer; não negue,
se morrer da sua idade e da sua época.
Mesmo chorando, beba,
e, mesmo sangrando, alimente seu híbrido canino,
sua vela tristonha e suas partes.
Você sofre, padece e depois torna a sofrer horrivelmente,
pobre macaco,
rapazinho de Darwin,
capataz que me espia, atrocíssimo micróbio.
E você sabe disso a tal ponto,
que se esquece e desata a soluçar.
Você nasceu, portanto; isso
também se vê de longe, infeliz, e cale-se,
e aguente a rua com que a sorte te brindou
e indague ao seu umbigo: Como? Onde?

Amigo, você está completamente,
até o pescoço, no ano trinta e oito,
santiago ou nicolás, esse ou aquele,
esteja a sós, com seu aborto ou co-
migo
e refém de sua enorme liberdade,
puxado por seu hércules autônomo...
Mas se você contar nos dedos até dois,
será pior; não negue, meu irmão.

Que não? Que sim, porém que não?
Pobre macaco!... Dá a patinha!... Não. A mão, eu disse.
Saúde! E sofra!

Yuntas

Completamente. Además, ¡vida!
Completamente. Además, ¡muerte!

Completamente. Además, ¡todo!
Completamente. Además, ¡nada!

Completamente. Además, ¡mundo!
Completamente. Además, ¡polvo!

Completamente. Además, ¡Dios!
Completamente. Además, ¡nadie!

Completamente. Además, ¡nunca!
Completamente. Además, ¡siempre!

Completamente. Además, ¡oro!
Completamente. Además, ¡humo!

Completamente. Además, ¡lágrimas!
Completamente. Además, ¡risas!...

¡Completamente!

DUPLAS

Completamente. Além do mais, vida!
Completamente. Além do mais, morte!

Completamente. Além do mais, tudo!
Completamente. Além do mais, nada!

Completamente. Além do mais, mundo!
Completamente. Além do mais, pó!

Completamente. Além do mais, Deus!
Completamente. Além do mais, vácuo!

Completamente. Além do mais, nunca!
Completamente. Além do mais, sempre!

Completamente. Além do mais, ouro!
Completamente. Além do mais, palha!

Completamente. Além do mais, lágrimas!
Completamente. Além do mais, risos!...

Completamente!

69.

Acaba de pasar el que vendrá
proscrito, a sentarse en mi triple desarrollo;
acaba de pasar criminalmente.

Acaba de sentarse más acá,
a un cuerpo de distancia de mi alma,
el que vino en un asno a enflaquecerme;
acaba de sentarse de pie, lívido.

Acaba de darme lo que está acabado,
el calor del fuego y el pronombre inmenso
que el animal crió bajo su cola.

Acaba
de expresarme su duda sobre hipótesis lejanas
que él aleja, aún más, con la mirada.

Acaba de hacer al bien los honores que le tocan
en virtud del infame paquidermo,
por lo soñado en mí y en él matado.

Acaba de ponerme (no hay primera)
su segunda aflixión en plenos lomos
y su tercer sudor en plena lágrima.

Acaba de pasar sin haber venido.

Acaba de passar o que virá,
proscrito, sentar-se em minha tripla evolução;
acaba de passar criminalmente.

Acaba de sentar mais para cá,
a um corpo de distância da minha alma,
o que veio num asno me exaurir;
acaba de sentar-se de pé, lívido.

Acaba de me dar o que está acabado,
o calor do fogo e o pronome imenso
que o animal criou sob o seu rabo.

Acaba
de expressar-me suas dúvidas sobre hipóteses remotas
que ele afasta, ainda mais, com seu olhar.

Acaba de fazer ao bem as honras que lhe cabem
em virtude do infame paquiderme,
pelo que em mim é sonho e nele é morte.

Acaba de me impor (não há primeira)
sua segunda aflição em plenas costas
e um terceiro suor em plena lágrima.

Acaba de passar sem ter chegado.

¡Ande desnudo, en pelo, el millonario!
¡Desgracia al que edifica con tesoros su lecho de muerte!
¡Un mundo al que saluda;
un sillón al que siembra en el cielo;
llanto al que da término a lo que hace, guardando los comienzos;
ande el de las espuelas;
poco dure muralla en que no crezca otra muralla;
dése al mísero toda su miseria,
pan, al que ríe;
hayan perder los triunfos y morir los médicos;
haya leche en la sangre;
añádase una vela al sol,
ochocientos al veinte;
pase la eternidad bajo los puentes!
¡Desdén al que viste,
corónense los pies de manos, quepan en su tamaño;
siéntese mi persona junto a mí!
¡Llorar al haber cabido en aquel vientre,
bendición al que mira aire en el aire,
muchos años de clavo al martillazo;
desnúdese el desnudo,
vístase de pantalón la capa,
fulja el cobre a espensas de sus láminas,
magestad al que cae de la arcillla al universo,
lloren las bocas, giman las miradas,
impídase al acero perdurar,
hilo a los horizontes portátiles,
doce ciudades al sendero de piedra,
una esfera al que juega con su sombra;
un día hecho de una hora, a los esposos;
una madre al arado en loor al suelo,
séllense con dos sellos a los líquidos,
pase lista el bocado,
sean los descendientes,
sea la codorniz,
sea la carrera del álamo y del árbol;
venzan, al contrario del círculo, el mar a su hijo
y a la cana el lloro;
dejad los áspides, señores hombres,
surcad la llama con los siete leños,
vivid,
elévese la altura,
baje el hondor más hondo,
conduzca la onda su impulsión andando,
tenga éxito la tregua de la bóveda!
¡Muramos;

Que ande nu, em pelo, o milionário!
Desgraça ao que edifica com tesouros seu leito de morte!
Um mundo ao que saúda;
uma poltrona ao que semeia no céu;
pranto ao que termina tudo o que faz, guardando seus começos;
que ande o das esporas;
que não dure a muralha em que não cresça outra muralha;
que se dê a miséria ao miserável;
pão, ao que ri;
que percam os triunfos e morram os médicos;
que haja leite no sangue;
que se acrescente uma vela ao sol;
oitocentos ao vinte;
que a eternidade passe sob as pontes!
Desdém ao que se veste,
que os pés se coroem de mãos, que caibam em seu tamanho;
que se sente ao meu lado a minha pessoa!
Chorar de ter cabido naquele ventre,
bendição ao que olha o ar no ar,
muitos anos de prego à martelada;
que se desnude o nu,
que a capa vista calças,
que brilhe o cobre à custa de suas lâminas,
majestade ao que cai da argila no universo,
que as bocas chorem, gemam os olhares,
que não deixem o aço perdurar,
um fio aos horizontes portáteis,
doze cidades ao caminho de pedra,
uma esfera ao que brinca com sua sombra;
um dia de uma hora, aos dois consortes;
uma mãe no arado em louvor ao solo,
que os líquidos se selem com dois selos,
que o bocado convoque,
que existam os herdeiros,
que existam as codornas,
que exista a carreira do álamo e da árvore;
que, ao contrário do círculo, o mar vença seu filho
e o cabelo branco, o choro;
deixai as áspides, senhores homens,
sulcai a chama com os sete lenhos,
vivei,
que a altura se eleve,
que se faça mais funda a profundura,
que a onda dirija seu impulso andando
e que a trégua da abóbada triunfe!
Morramos;

lavad vuestro esqueleto cada día;
no me hagáis caso,
una ave coja al déspota y a su alma;
una mancha espantosa, al que va solo;
gorriones al astrónomo, al gorrión, al aviador!
¡Lloved, solead,
vigilad a Júpiter, al ladrón de ídolos de oro,
copiad vuestra letra en tres cuadernos,
aprended de los cónyuges cuando hablan, y
de los solitarios, cuando callan;
dad de comer a los novios,
dad de beber al diablo en vuestras manos,
luchad por la justicia con la nuca,
igualaos,
cúmplase el roble,
cúmplase el leopardo entre dos robles,
seamos,
estémos,
sentid cómo navega el agua en los océanos,
alimentaos,
concíbase el error, puesto que lloro,
acéptese, en tanto suban por el risco, las cabras y sus crías;
desacostumbrad a Dios a ser un hombre,
creced...!
Me llaman. Vuelvo.

lavai vosso esqueleto cada dia;
não me deis ouvidos,
uma ave coxa ao déspota e sua alma;
uma mancha espantosa, ao que anda só;
pardais para o astrônomo, o pardal e o aviador!
Chovei, ensolarai,
vigiai Júpiter, o ladrão dos ídolos de ouro,
copiai vossa letra em três cadernos,
aprendei com os esposos quando falam, e
com os solitários, quando calam;
dai de comer aos noivos,
dai de beber ao diabo em vossas mãos,
lutai pela justiça com a nuca,
igualai-vos,
que se cumpra o carvalho,
que se cumpra o leopardo entre os carvalhos,
sejamos,
estejamos,
senti como navega a água nos oceanos,
alimentai-vos,
que se conceba o erro, já que choro,
que se aceite, enquanto sobem o penhasco, as cabras e suas crias;
fazei que Deus desacostume de ser homem,
crescei…!
Estão me chamando. Vou voltar.

71.

Viniere el malo, con un trono al hombro,
y el bueno, a acompañar al malo a andar;
dijeren "sí" el sermón, "no" la plegaria
y cortare el camino en dos la roca…

Comenzare por monte la montaña,
por remo el tallo, por timón el cedro
y esperaren doscientos a sesenta
y volviere la carne a sus tres títulos…

Sobrare nieve en la noción del fuego,
se acostare el cadáver a mirarnos,
la centella a ser trueno corpulento
y se arquearen los saurios a ser aves…

Faltare excavación junto al estiércol,
naufragio al río para resbalar,
cárcel al hombre libre, para serlo,
y una atmósfera al cielo, y hierro al oro…

Mostraren disciplina, olor, las fieras,
se pintare el enojo de soldado,
me dolieren el junco que aprendí,
la mentira que inféctame y socórreme…

Sucediere ello así y así poniéndolo,
¿con qué mano despertar?
¿con qué pie morir?
¿con qué ser pobre?
¿con qué voz callar?
¿con cuánto comprender, y, luego, a quién?

No olvidar ni recordar
que por mucho cerrarla, robáronse la puerta,
y de sufrir tan poco estoy muy resentido,
y de tánto pensar, no tengo boca.

Viesse o mau, com um trono no ombro,
e o bom, acompanhando o mau a andar;
dissesse o sermão "sim", e "não" a prece,
e o caminho cortasse a rocha em duas...

Começasse pelo monte a montanha,
por remo o tronco, o cedro por timão
e esperassem duzentos por sessenta
e a carne retornasse a seus três títulos...

Sobrasse neve na noção do fogo,
o cadáver deitasse a nos olhar,
fosse a centelha trovão corpulento
e os sáurios se arqueassem até ser aves...

Faltasse escavação junto do esterco,
naufrágio ao rio para escorregar,
prisão ao homem livre, para sê-lo,
e uma atmosfera ao céu, e ferro ao ouro...

Mostrassem disciplina e cheiro, as feras,
a raiva se pintasse de soldado,
me ferissem o junco que aprendi,
a mentira que me infecta e socorre...

Se isso ocorresse assim e assim supondo,
com que mão despertar?
Com que pé morrer?
Com que ser pobre?
Com que voz calar?
Com quanto compreender, e, aliás, a quem?

Não esquecer nem recordar
que, de tanto a fecharem, a porta foi roubada,
e de sofrer tão pouco estou mui ressentido,
e de tanto pensar, não tenho boca.

Al revés de las aves del monte,
que viven del valle,
aquí, una tarde,
aquí, presa, metaloso, terminante,
vino el Sincero con sus nietos pérfidos,
y nosotros quedámonos, que no hay
más madera en la cruz de la derecha,
ni más hierro en el clavo de la izquierda,
que un apretón de manos entre zurdos.

Vino el Sincero, ciego, con sus lámparas.
Se vió al Pálido, aquí, bastar
al Encarnado;
nació de puro humilde el Grande;
la guerra,
esta tórtola mía, nunca nuestra,
diseñóse, borróse, ovó, matáronla.

Llevóse el Ebrio al labio un roble, porque
amaba, y una astilla
de roble, porque odiaba;
trenzáronse las trenzas de los potros
y la crin de las potencias;
cantaron los obreros; fui dichoso.

El Pálido abrazóse al Encarnado
y el Ebrio, saludónos, escondiéndose.
Como era aquí y al terminar el día,
¡qué más tiempo que aquella plazoleta!
¡qué año mejor que esa gente!
¡qué momento más fuerte que ese siglo!

Pues de lo que hablo no es
sino de lo que pasa en esta época, y
de lo que ocurre en China y en España, y en el mundo.
(Walt Whitman tenía un pecho suavísimo y res-
piraba y nadie sabe lo que él hacía cuando lloraba en su comedor)

Pero, volviendo a lo nuestro,
y al verso que decía, fuera entonces
que vi que el hombre es malnacido,
mal vivo, mal muerto, mal moribundo,
y, naturalmente,
el tartufo sincero desespérase,
el pálido (es el pálido de siempre)
será pálido por algo,

Ao contrário das aves da montanha,
que vivem do vale,
aqui, uma tarde,
aqui, presa, metaloso, categórico,
veio o Sincero com seus netos pérfidos,
e nós aqui ficamos, pois não há
mais madeira na cruz da direita,
nem mais ferro no prego da esquerda,
que um aperto de mãos entre canhotos.

Veio o Sincero, cego, e seus luzeiros.
Aqui se viu o Pálido bastar
ao Encarnado;
nasceu o Grande por pura humildade;
a guerra,
essa pombinha minha, nunca nossa,
raiou, murchou, pôs ovos e foi morta.

Levou o Ébrio um carvalho aos lábios,
porque amava, e uma lasca
de carvalho, porque odiava;
entrançaram-se as tranças dos cavalos
e a crina das potências;
os obreiros cantaram; fui feliz.

O Pálido abraçou-se ao Encarnado
e o Ébrio nos saudou, e se escondeu.
Como era aqui e ao terminar o dia,
que tempo mais do que aquela pracinha!
Que ano melhor que essa gente!
Que momento mais forte que esse século!

Pois, na verdade, falo
das coisas que acontecem nesta época, e
que ocorrem lá na China e lá na Espanha, e no mundo.
(Walt Whitman tinha um peito suavíssimo e res-
pirava e ninguém sabe o que ele fazia quando chorava em sua sala de jantar)

Mas, voltando ao assunto,
e ao verso que eu dizia, foi então
que vi que o homem é malnascido,
mal vivo, mal morto, mal moribundo,
e, naturalmente,
o tartufo sincero desespera-se,
o pálido (é o pálido de sempre)
não é pálido à toa,

y el ebrio, entre la sangre humana y la leche animal,
abátese, da, y opta por marcharse.

Todo esto
agítase, ahora mismo,
en mi vientre de macho extrañamente.

e, entre o leite animal e o sangue humano, o ébrio
desanima, desiste e vai embora.

Tudo isso
se agita, agora mesmo,
no meu ventre de macho estranhamente.

Ello es que el lugar donde me pongo
el pantalón, es una casa donde
me quito la camisa en alta voz
y donde tengo un suelo, un alma, un mapa de mi España.
Ahora mismo hablaba
de mí conmigo, y ponía
sobre un pequeño libro un pan tremendo
y he, luego, hecho el traslado, he trasladado,
queriendo canturrear un poco, el lado
derecho de la vida al lado izquierdo;
más tarde, me he lavado todo, el vientre,
briosa, dignamente;
he dado vuelta a ver lo que se ensucia,
he raspado lo que me lleva tan cerca
y he ordenado bien el mapa que
cabeceaba o lloraba, no lo sé.

Mi casa, por desgracia, es una casa,
un suelo por ventura, donde vive
con su inscripción mi cucharita amada,
mi querido esqueleto ya sin letras,
la navaja, un cigarro permanente.
De veras, cuando pienso
en lo que es la vida,
no puedo evitar de decírselo a Georgette,
a fin de comer algo agradable y salir,
por la tarde, comprar un buen periódico,
guardar un día para cuando no haya,
una noche también, para cuando haya
(así se dice en el Perú – me excuso);
del mismo modo, sufro con gran cuidado,
a fin de no gritar o de llorar, ya que los ojos
poseen, independientemente de uno, sus pobrezas,
quiero decir, su oficio, algo
que resbala del alma y cae al alma.

Habiendo atravesado
quince años; después, quince, y, antes, quince,
uno se siente, en realidad, tontillo,
es natural, por lo demás ¡qué hacer!
¿Y qué dejar de hacer, que es lo peor?
Sino vivir, sino llegar
a ser lo que es uno entre millones
de panes, entre miles de vinos, entre cientos de bocas,
entre el sol y su rayo que es de luna
y entre la misa, el pan, el vino y mi alma.

O fato é que o lugar onde coloco
as minhas calças é uma casa onde
tiro a minha camisa em altos brados
e onde tenho um chão, uma alma, um mapa da minha Espanha.
Falava agora mesmo
de mim comigo, e botava
sobre um pequeno livro um pão imenso
e depois transladei, fiz o translado,
com ganas de cantarolar, do lado
direito desta vida para o esquerdo;
mais tarde, me lavei todo, meu ventre,
briosa, dignamente;
virei-me para ver o que se suja,
raspei o que me traz para tão perto
e organizei direito o mapa que
cochilava ou chorava, não sei bem.

Minha casa, ai de mim, é uma casa,
quiçá um pavimento, onde reside
a colherzinha amada e sua epígrafe,
meu querido esqueleto já sem letras,
a navalha, um cigarro permanente.
É sério, quando penso
no que é a vida,
não posso deixar de dizer isso a Georgette,
e depois comer algo gostoso e sair,
à tarde, comprar o jornal, guardar
um dia para quando não houver,
e uma noite para quando houver
(assim se diz no Peru — me desculpem);
do mesmo modo, sofro com muito cuidado
só para não gritar e não chorar, posto que os olhos
possuem, a despeito de nós mesmos, suas pobrezas,
ou seja, seu ofício, algo
que escorrega da alma e cai na alma.

Já tendo atravessado
quinze anos; depois, quinze, e, antes, quinze,
a gente se sente, de fato, estúpido;
natural, aliás, fazer o quê!
E o que não fazer mais, que é o pior?
Salvo viver, salvo chegar
a ser o que alguém é entre milhões
de pães, e milhares de vinhos, e centenas de bocas,
entre o sol e seu raio que é de lua
e entre a missa com pão, vinho e minha alma.

Hoy es domingo y, por eso,
me viene a la cabeza la idea, al pecho el llanto
y a la garganta, así como un gran bulto.
Hoy es domingo, y esto
tiene muchos siglos; de otra manera,
sería, quizá, lunes, y vendríame al corazón la idea,
al seso, el llanto
y a la garganta, una gana espantosa de ahogar
lo que ahora siento,
como un hombre que soy y que he sufrido.

Hoje é domingo e, por isso,
a cabeça é tomada pela ideia, o peito pelo pranto
e a garganta, por um aperto enorme.
Hoje é domingo, e isto
faz muitos séculos; caso contrário,
talvez fosse segunda e o coração seria tomado pela ideia,
os miolos, pelo pranto
e a garganta, por uma ânsia espantosa de afogar
o que sinto agora,
como um homem que sou e que sofri.

En suma, no poseo para expresar mi vida, sino mi muerte.

Y, después de todo, al cabo de la escalonada naturaleza y del gorrión en bloque, me duermo, mano a mano con mi sombra.

Y, al descender del acto venerable y del otro gemido, me reposo pensando en la marcha impertérrita del tiempo.

¿Por qué la cuerda, entonces, si el aire es tan sencillo? ¿Para qué la cadena, si existe el hierro por sí solo?

César Vallejo, el acento con que amas, el verbo con que escribes, el vientecillo con que oyes, sólo saben de ti por tu garganta.

César Vallejo, póstrate, por eso, con indistinto orgullo, con tálamo de ornamentales áspides y exagonales ecos.

Restitúyete al corpóreo panal, a la beldad; aroma los florecidos corchos, cierra ambas grutas al sañudo antropoide; repara, en fin, tu antipático venado; tente pena.

¡Que no hay cosa más densa que el odio en voz pasiva, ni más mísera ubre que el amor!

¡Que ya no puedo andar, sino en dos harpas!

¡Que ya no me conoces, sino porque te sigo instrumental, prolijamente!

¡Que ya no doy gusanos, sino breves!

¡Que ya te implico tánto, que medio que te afilas!

¡Que ya llevo unas tímidas legumbres y otras bravas!

Pues el afecto que quiébrase de noche en mis bronquios, lo trajeron de día ocultos deanes y, si amanezco pálido, es por mi obra; y, si anochezco rojo, por mi obrero. Ello explica, igualmente, estos cansancios míos y estos despojos, mis famosos tíos. Ello explica, en fin, esta lágrima que brindo por la dicha de los hombres.

¡César Vallejo, parece
mentira que así tarden tus parientes,
sabiendo que ando cautivo,
sabiendo que yaces libre!
¡Vistosa y perra suerte!
¡César Vallejo, te odio con ternura!

Em suma, nada tenho para expressar minha vida, a não ser minha morte.

E, depois de tudo, ao cabo da escalonada natureza e do pardal em bloco, eu durmo, de mãos dadas com minha sombra.

E, ao descer do ato venerável e do outro gemido, repouso pensando na marcha impertérrita do tempo.

Por que a corda, então, se o ar é tão simples? Para quê a corrente, se existe o ferro por si só?

César Vallejo, o sotaque com que ama, o verbo com que escreve, a brisa com que ouve, só te conhecem pela sua garganta.

César Vallejo, prostre-se, portanto, com indistinto orgulho, com tálamo de ornamentais serpentes e ecos hexagonais.

Restitua-se à corpórea colmeia, à formosura; perfume as florescidas rolhas, feche ambas as grutas ao furioso antropoide; conserte, enfim, seu antipático veado; tenha pena de si mesmo.

Que não há coisa mais densa que o ódio em voz passiva, nem úbere mais murcho que o amor!

Que só consigo andar em duas harpas!

Que você me conhece só quando te persigo instrumental, zelosamente!

Que já não dou mais vermes, mas só breves!

Que já te implico tanto, que você até se aguça!

Que já carrego alguns legumes tímidos e outros bravos!

Pois o afeto que à noite se quebra em meus brônquios, o trouxeram de dia ocultos deões e, se amanheço pálido, é por minha obra; e, se anoiteço vermelho, por meu obreiro. Isso explica, igualmente, estes cansaços meus e estes despojos, meus famosos tios. Isso explica, enfim, esta lágrima que brindo pela felicidade dos homens.

César Vallejo, parece
mentira que se atrasem seus parentes,
sabendo que estou preso
e que você está livre!
Sorte linda e cachorra!
César Vallejo, te odeio com ternura!

Otro poco de calma, camarada;
un mucho inmenso, septentrional, completo,
feroz, de calma chica,
al servicio menor de cada triunfo
y en la audaz servidumbre del fracaso.

Embriaguez te sobra, y no hay
tanta locura en la razón, como este
tu raciocinio muscular, y no hay
más racional error que tu experiencia.

Pero, hablando más claro
y pensándolo en oro, eres de acero,
a condición que no seas
tonto y rehúses
entusiasmarte por la muerte tánto
y por la vida, con tu sola tumba.

Necesario es que sepas
contener tu volumen sin correr, sin afligirte,
tu realidad molecular entera
y más allá, la marcha de tus vivas
y más acá, tus mueras legendarios.

Eres de acero, como dicen,
con tal que no tiembles y no vayas
a reventar, compadre
de mi cálculo, enfático ahijado
de mis sales luminosas!

Anda, no más; resuelve,
considera tu crisis, suma, sigue,
tájala, bájala, ájala;
el destino, las energías íntimas, los catorce
versículos del pan: ¡cuántos diplomas
y poderes, al borde fehaciente de tu arranque!
¡Cuánto detalle en síntesis, contigo!
¡Cuánta presión idéntica, a tus pies!
¡Cuánto rigor y cuánto patrocinio!

Es idiota
ese método de padecimiento,
esa luz modulada y virulenta,
si con sólo la calma haces señales
serias, características, fatales.

Um pouco mais de calma, camarada;
um muito imenso, setentrional, completo,
feroz, de calma pouca,
ao serviço menor de cada triunfo
e na audaz serventia do fracasso.

Embriaguez te sobra, e não há
tanta loucura na razão, como este
seu raciocínio muscular, nem erro
mais racional que a sua experiência.

Mas, falando mais claro, e
meditando em ouro, você é de aço,
com a condição de que não seja
estúpido e se recuse
a tomar tanto gosto pela morte
e pela vida, só com sua tumba.

É bom que você saiba
conter o seu volume sem correr, sem se afligir,
sua realidade molecular inteira
e depois disso, a marcha de seus vivas
e antes disso, seus morras legendários.

Você é de aço, como dizem,
desde que não trema e não acabe
estourando, compadre
do meu cálculo, enfático afilhado
dos meus sais luminosos!

Ande, vamos; resolva,
considere sua crise, siga em frente,
rasgue-a, rebaixe-a, resseque-a;
o destino, as energias íntimas, os catorze
versículos do pão; quantos diplomas
e poderes, à beira fidedigna do seu ímpeto!
Quanto detalhe em síntese, em você!
Quanta pressão idêntica, a seus pés!
Quanto rigor e quanto patrocínio!

É idiota
esse método de padecimento,
essa luz modulada e virulenta,
se só com a calma você faz sinais
sérios, característicos, fatais.

Vamos a ver, hombre;
cuéntame lo que me pasa,
que yo, aunque grite, estoy siempre a tus órdenes.

Vejamos, companheiro;
conte-me o que se passa comigo,
que eu, mesmo gritando, estou às ordens.

Sermón sobre la muerte

76.

Y, en fin, pasando luego al dominio de la muerte,
que actúa en escuadrón, previo corchete,
párrafo y llave, mano grande y diéresis,
¿a qué el pupitre asirio? ¿a qué el cristiano púlpito,
el intenso jalón del mueble vándalo
o, todavía menos, este esdrújulo retiro?

¿Es para terminar,
mañana, en prototipo del alarde fálico,
en diabetis y en blanca vacinica,
en rostro geométrico, en difunto,
que se hacen menester sermón y almendras,
que sobran literalmente patatas
y este espectro fluvial en que arde el oro
y en que se quema el precio de la nieve?
¿Es para eso, que morimos tánto?
¿Para sólo morir,
tenemos que morir a cada instante?
¿Y el párrafo que escribo?
¿Y el corchete deísta que enarbolo?
¿Y el escuadrón en que falló mi casco?
¿Y la llave que va a todas las puertas?
¿Y la forense diéresis, la mano,
mi patata y mi carne y mi contradicción bajo la sábana?

¡Loco de mí, lovo de mí, cordero
de mí, sensato, caballísimo de mí!
¡Pupitre, sí, toda la vida; púlpito,
también, toda la muerte!
Sermón de la barbarie: estos papeles;
esdrújulo retiro: este pellejo.

De esta suerte, cogitabundo, aurífero, brazudo,
defenderé mi presa en dos momentos,
con la voz y también con la laringe,
y del olfato físico con que oro
y del instinto de inmovilidad con que ando,
me honraré mientras viva – hay que decirlo;
se enorgullecerán mis moscardones,
porque, al centro, estoy yo, y a la derecha,
también, y, a la izquierda, de igual modo.

Sermão sobre a morte

E, enfim, passando agora ao domínio da morte,
que atua em esquadrão, com seu colchete,
parágrafo e mão grande, chave e diérese,
para quê a mesa assíria? O púlpito cristão?
O intenso sacudir do móvel vândalo
ou então, menos ainda, este esdrúxulo retiro?

É para terminar,
amanhã, em protótipo do alarde fálico,
em diabetes e em branco urinol,
em rosto geométrico, em defunto,
que se fazem mister sermão e amêndoas,
que sobram literalmente batatas
e este espectro fluvial em que arde o ouro
e em que se queima a prestação da neve?
É para isso que morremos tanto?
Para poder morrer,
precisamos morrer a cada instante?
E o parágrafo que escrevo?
E o colchete deísta que desfraldo?
E o esquadrão em que falhou meu crânio?
E a chave que se encaixa em qualquer porta?
E a mão grande, a diérese forense,
minha carne e batata e minha incoerência entre os lençóis?

Louco de mim, lobo de mim, cordeiro
de mim, sensato, cavalíssimo de mim!
E mesa, sim, a vida inteira; e púlpito
também, a morte inteira!
Sermão sobre a barbárie: estes papéis;
esdrúxulo retiro: eis minha pele.

Assim sendo, cogitabundo, aurífero, braçudo,
defenderei minha presa em dois momentos,
com minha voz e com minha laringe,
e do físico olfato com que rezo
e do instinto de imobilidade com que ando,
serei honrado enquanto estiver vivo;
se orgulharão as minhas varejeiras,
pois, no centro, estou eu, e na direita,
e na esquerda, também, do mesmo modo.

Notas aos poemas

I.

ALTURA E CABELOS

Desde sua chegada a Paris, em 1923, até sua morte, quinze anos depois, César Vallejo publicou apenas cinco poemas. Um deles foi "Actitud de excelencia", que mais tarde seria reformulado e rebatizado de "Altura y pelos". É provavelmente o poema mais antigo incluído em *Poemas humanos* e foi publicado na revista limenha *Mundial*.

A partir de 1925, Vallejo foi um colaborador frequente de *Mundial*, escrevendo crônicas e artigos sobre assuntos então em voga na França e nos demais países da Europa. Em 18 de agosto de 1927, escreveu numa carta a seu amigo Luis Alberto Sánchez, que trabalhava na revista:

> Envio a você alguns versos da nova colheita [...]. São os primeiros que trago a público, depois da minha partida da América. Embora as pessoas me peçam poemas continuamente, meu voto de consciência estética tem sido até agora inabalável: não publicar nada que não obedecer a uma necessidade minha, tão íntima quanto extraliterária.[1]

Eis a versão original, publicada no nº 388 de *Mundial*, de 18 de novembro de 1927:

¿Quién no tiene su vestido azul
y no almuerza y toma el tranvía
con su cigarrillo echado y su dolor de bolsillo?
ay yo tan sólo he nacido.

¿Quién no escribe una carta
y habla de un asunto muy importante?
ay yo tan sólo he nacido.

¿Quién no se llama Carlos
y no dice al menos, gato, gato, gato, gato?
ay yo tan sólo he nacido.

ay cómo tan sólo he nacido
ay cómo tan sólo he nacido.

---

1   César Vallejo, *Epistolario general* (Valência: Editorial Pre-Textos, 1982), p. 108.

2.   CHAPÉU, CASACO, LUVAS

Em dezembro de 1925, César Vallejo foi morar num hotel na rue Molière, perto da Comédie-Française, um dos teatros mais antigos e tradicionais de Paris, e do Café de la Régence, ponto de encontro de artistas e intelectuais desde o século XVII. Localizado no centro da cidade, próximo ao Palais Royal, o café foi durante alguns anos uma espécie de escritório informal do poeta, que ali escrevia e se reunia com amigos. Sobre esse lugar e sua influência sobre a poesia de Vallejo, diz Michelle Clayton:

> Foi na porta deste café, em 1926, que ele conheceu Henriette Maisse, que viria a ser sua companheira pelos próximos dois anos, o que dá um significado adicional ao verso "e na fumaça vê-se / duas fumaças densas". E dentro deste espaço Vallejo se mostra em confronto com a Comédie-Française, do outro lado da rua — que ele identificava, em suas crônicas, como um lugar de estagnação cultural —, e com os fantasmas de antigos escritores, que ganham forma material na "poeira imóvel" que se levanta para cumprimentá-lo quando ele entra. Mas há uma outra alusão aqui que marca a incipiente politização do espaço de escrita de Vallejo, e afeta diretamente o desenvolvimento de sua percepção sobre as possibilidades da poesia. Foi nesse mesmo café, no outono de 1844, que Friedrich Engels e Karl Marx começaram a escrever juntos *A sagrada família*, um ataque aos jovens hegelianos, que eram então imensamente influentes, o que marcou o início de uma teoria materialista da organização social. O encontro entre Marx e Engels parece transparecer na declaração de Vallejo de que "é preciso que o outono se enxerte de outonos, / é preciso que o outono se integre de renovos", que sugere um desejo de expandir a política em direção a outras formas.[2]

Primeiro dos quatro sonetos que integram este livro (os outros são "Pedra negra sobre uma pedra branca", "Marcha nupcial" e "Intensidade e altura"), este poema tem a particularidade de alternar versos alexandrinos e decassílabos.

No quinto verso, note-se que a palavra "*jebe*", usada nos países andinos para "borracha" ou "látex", também é sinônimo de "preservativo" no Peru.

Na última estrofe, encontramos uma das imagens favoritas de Vallejo, a antítese entre frio e calor ("que cálida é a neve"), que apare-

2   Michelle Clayton, *Poetry in Pieces: César Vallejo and Lyric Modernity* (Berkeley/Los Angeles: University of California Press, 2011), p. 204.

ce em vários outros poemas deste livro, como o "calor doutrinal, frio e em barras", em "Saudação angélica"; o "frio incêndio", em "Isto"; o "frio do calor", em "Despedida recordando um adeus"; e o verso-título em "De tanto calor tenho frio".

Sobre as antíteses na poesia de Vallejo, diz Stephen M. Hart:

> Os estudos políticos de Vallejo revolucionaram profundamente seu estilo poético de modo significativo, pois o apresentaram à dialética hegeliana-marxista, e em particular à intuição de como cada termo ou fenômeno destrói a si mesmo ao se transformar em seu oposto. Vallejo já pressentia essa ideia pelo menos desde o início de 1927. Em março daquele ano, Vallejo publicou um artigo que discute as leis físicas do universo em termos dialéticos [...]. Ao introduzir essa percepção revolucionária em sua poesia, Vallejo usa imagens que encapsulam, elas mesmas, a mobilidade dialética [...]. Um dos primeiros exemplos da imagem dialética na poesia de Vallejo está em "Chapéu, casaco, luvas", um poema que talvez remonte ao final de 1926 [...]. Não apenas nos deparamos com uma fusão de opostos, logicamente impossível ("que ágil a tartaruga"), mas também com a antítese entre frio e quente, uma das favoritas de Vallejo [...]. Usada esporadicamente na fase inicial de sua poesia, a imagem dialética na qual as relações entre as coisas se invertem viria a ser um dos elementos centrais do estilo poético de Vallejo a partir de 1927.[3]

Sem negar a possível influência da dialética hegeliana-marxista sobre a poesia de Vallejo, é importante lembrar que muitas das antíteses e oxímoros usados pelo poeta já estão presentes em autores do barroco espanhol que ele conhecia e admirava. Veja-se, por exemplo, o conhecido soneto de Francisco de Quevedo intitulado "Definiendo el amor", cujo primeiro verso diz: *Es hielo abrasador, es fuego helado*.

---

3 Stephen M. Hart, "The World Upside-Down in the Work of César Vallejo", *Bulletin of Hispanic Studies*, vol. 62, nº 2, 1985, p. 170.

salutación angélica

de perfil al sol,
con respecto a la palmera, *sin frac,*
Eslavo ~~al~~
alemán ~~de~~ inglés ~~en~~ francés ~~de~~ *ju cita con los caracoles,*
italiano ~~ex profeso~~, escandinavo de aire,
español de pura bestia, tal el cielo
ensartado en la tierra por los vientos,
tal el beso del límite en los hombros.

Mas sólo tú demuestras, descendiendo
o subiendo del ~~su~~ pecho, ~~demuestras~~, bolchevique,
tus trazos confundibles,
.tu gesto marital,
tu cara de padre,
tus piernas de amado, #tu cutis por teléfono, #tu alma perpendicular #a la mía,
tus codos de justo
y un pasaporte en blanco en tu sonrisa.

Obrando por el hombre, en nuestras pausas,
matando, tú, a lo largo de ~~tu muerte~~ tu muerte
y a lo ancho de un abrazo salubérrimo,
vi que cuando comías después, tenías gusto,
vi que en tus sustantivos creció yerba. ~~Basta.~~

Yo quisiera, por eso, #tu calor doctrinal, frío (*sus barras,*
tu añadida manera de mirarnos *sin consientes,*
y aquesos tuyos pasos metalúrgicos,
aquesos tuyos pasos de otra vida.

Y digo, bolchevique, tomando esta flaqueza
en su feroz linaje de ƒ exhalación terrestre:
hijo natural del bien y del mal
y viviendo talvez por vanidad, para que digan,
me dan tus simultáneas estaturas / mucha pena,
puesto que tú no ignoras en quién se me hace tarde diariamente,
en quién estoy callado y medio tuerto, ~~haciéndole~~

3. SAUDAÇÃO ANGÉLICA

"Saudação angélica" é outro nome pelo qual é conhecida a oração da Ave-
-Maria, baseada no episódio da anunciação do arcanjo Gabriel à Virgem
Maria narrada no Evangelho de S. Lucas (1:28-42). É um dos vários poe-
mas deste livro com títulos e referências abertamente religiosos, como
"Sermão sobre a morte" e "Epístola aos transeuntes". É característico de
Vallejo o efeito de contraste causado pelo uso de uma forma com cono-
tações bem específicas (neste caso, religiosas) para criar imagens com
outras conotações bem diferentes (neste caso, políticas).

Segundo Georgette Vallejo, "Saudação angélica" integra uma
série de poemas nascidos do entusiasmo da terceira e última viagem
de Vallejo à União Soviética, em 1931.[4] Nessa série estariam também
"Quando os mineiros saíram da mina", "Telúrica e magnética" e "Gle-
ba", todos da fase em que Vallejo esteve mais envolvido na militância
comunista. De acordo com Jean Franco, são "tentativas de expressar
na prática poética a convicção de Marx de que os homens produzem
ativamente a si mesmos, num sentido real, e veem a si mesmos num
mundo que eles criaram".[5] Diz ainda Franco:

> Os poemas "Saudação angélica", "Gleba" e "Quando os mineiros saí-
> ram da mina" não apenas se referem a três tipos novos de homem
> universal — o militante bolchevique, o mineiro e o camponês —,
> mas também à forma como se estrutura a visão que esses homens
> têm do mundo. Em "Saudação angélica", por exemplo, contrapõe-se
> uma série de estereótipos nacionais abstratos à consciência universal
> bolchevique. Ao mesmo tempo, a forma de saudação ou homena-
> gem representa, talvez, a influência da literatura soviética da época.
> Diante do bolchevique universal, encontram-se as velhas naciona-
> lidades definidas não por suas qualidades humanas, e sim geográ-
> ficamente: o eslavo "com relação à palmeira", o alemão, "de perfil
> ao sol", o inglês, em cujo império o sol nunca se põe, é "sem fim".
> Vallejo descreve esses estereótipos nacionais como "céu espetado na
> terra pelos ventos" e como "o beijo limítrofe nos ombros", porque
> são categorias ideais e abstratas carentes de existência real, exceto
> para determinar limites.[6]

---

4   Georgette Vallejo, "Apuntes biográficos sobre *Poemas en prosa y Poemas humanos*". In
César Vallejo, *Obra poética completa* (Lima: Francisco Moncloa, 1968), p. 494.

5   Jean Franco, *César Vallejo: la dialéctica de la poesía y el silencio* (Buenos Aires: Sudame-
ricana, 1984), p. 246.

6   *Ibidem*, p. 247.

Segundo Giovanni Meo Zilio, a frase "*de pura bestia*" é provavelmente um trocadilho entre as expressões "*de pura cepa*" (pessoa autêntica, fiel a suas origens) e "*de puro bestia*" (algo feito por pura grosseria).[7] Tentamos reproduzir o jogo de palavras com "de puro coice", que remete à expressão "de puro sangue".

Sobre o verso "vi que em seus substantivos cresceu grama", compare-se com o verso "Cresçam a grama, o líquen e a rã em seus advérbios!", do poema "Quando os mineiros saíram da mina". A esse respeito, há uma anotação num caderno de Vallejo, datada de 1932, que parece fazer alusão a um dos dois poemas, ou a ambos: "Escrevi um verso que falava de um adjetivo no qual crescia grama. Alguns anos mais tarde, em Paris, vi numa pedra no cemitério de Montparnasse um adjetivo com grama. Profecia da poesia".[8]

Na penúltima estrofe, note-se o uso do pronome arcaico "*aquesos*", sem correspondente imediato em português e vertido aqui por "assim como".

Ao traduzir o verso "em quem estou calado e meio torto" (no original, "*en quién estoy callado y medio tuerto*"), orientamo-nos pela interpretação de Martínez García, que vê aqui um exemplo do que ele chama de "frases alteradas", recurso estilístico usado com frequência por Vallejo:

> Trata-se de frases coloquiais ou de frases feitas, já vigentes no mundo linguístico, que, tendo uma estrutura determinada e um valor semântico preciso e unívoco, são transpostas a um novo valor semântico por meio da alteração na estrutura, seja pela supressão de algum de seus elementos constitutivos e sua substituição por outros, seja pelo acréscimo de um ou mais sintagmas novos que fazem com que a frase se veja alterada pelo incremento deste ou destes elementos novos.[9]

Nesse sentido, "*estoy medio tuerto*" seria uma alteração da frase coloquial "*estoy medio muerto*". Por essa razão, optamos por traduzir a palavra *tuerto* como "torto", em vez da acepção mais comum "vesgo, zarolho".

---

7   Giovanni Meo Zilio, "Vallejo en italiano. Note di tecnica della traduzione e di critica semantica", *Rassegna Iberistica*, nº 2, 1978, p. 33.

8   César Vallejo, *Contra el secreto profesional* (Lima: Mosca Azul, 1973), p. 85.

9   Francisco Martínez García, *César Vallejo: acercamiento al hombre y al poeta* (León: Colegio Universitario de León, 1976), p. 264.

4.

EPÍSTOLA AOS TRANSEUNTES

O título original deste poema, rasurado à mão por Vallejo, era "Epístola a los transeuntes o calidad de suave". Como no caso de "Saudação angélica", aqui Vallejo toma emprestadas referências e expressões bíblicas que, descontextualizadas e às vezes usadas de modo irônico, satírico ou paródico, são aplicadas à condição terrena e material do ser humano, como aponta Carmen de Mora:

> As epístolas bíblicas do Novo Testamento, evocadas em "Epístola aos transeuntes", nada têm a ver com o conteúdo solipsista do poema, e, no entanto, para falar consigo mesmo, o sujeito poético recorre a fórmulas expressivas utilizadas nos evangelhos, como as famosas palavras que Jesus disse a seus discípulos para instituir a Eucaristia e que se repetem na liturgia (Mateus 26:26-29; Marcos 14:22-25; Lucas 22:19-20; 1 Coríntios 11:24-25). Mediante a recriação irônica dessas palavras, Vallejo toma distância do modelo, do qual só conserva os detalhes formais, para aferrar-se ao corpóreo e animal que há no homem, aceitando e até reinvindicando essa materialidade.[10]

Sobre este poema, diz André Coyné:

> Embora o poeta alcance um tom bíblico em alguns poemas de contornos proféticos, sua "santa escritura" tem como único respaldo a experiência de uma animalidade constantemente em perigo — a experiência do seu próprio peso que o arrasta para a terra, do seu próprio braço que não permite que ele levante voo, ele, "o bímano, o tão rude, o tão filósofo".[11]

Para Stephen M. Hart, o tema deste poema é "o dilema político (ou seja, a disputa entre Esquerda e Direita) que afetava o mundo todo no começo da década de 1930". Esse dilema é representado por meio de partes do corpo do poeta, cada uma com seus próprios atributos e significados simbólicos. Lembrando que *"compañón"* é um termo que em espanhol corrente quer dizer "testículo", mas em espanhol arcaico tinha o sentido de "companheiro", diz Hart:

---

10   Carmen de Mora, "La hipérbole bíblica en la poesía de César Vallejo". *Revista de Crítica Literaria Latinoamericana*, ano 42, nº 84, 2016, p. 170.

11   André Coyné, "Comunión y muerte en *Poemas humanos*". *Letras*, vol. 22, nº 56-57, 1956, p. 93.

epístola a los transeúntes

Reanudo mi día de conejo,
mi noche de elefante en descanso.

Y, entre mí, digo: en bruto, a cántaros;
ésta es mi inmensidad
éste mi grato peso, que me buscara abajo para pájaro;
éste es mi brazo
que por su cuenta rehusó ser ala,
éstas son mis sagradas escrituras,
éstos mis compañones alarmados compañones.

Lúgubre isla me alumbraré continental,
mientras el capitolio se apoye en mi íntimo derrumbe
y la asamblea en lanzas clausure mi desfile.

Pero cuando yo muera
de vida y no de tiempo, cuando lleguen a dos ruidos malditos;
éste ha de ser mi estómago en que cupo mi lámpara en pedazos,
ésta aquella cabeza que expió los tormentos del círculo en mis pasos,
éstos esos gusanos, que el corazón contó por unidades,
éste ha de ser mi cuerpo solidario
por el que vela el alma individual; éste ha de ser
mi hombligo en que maté mis piojos natos,
ésta mi cosa cosa, mi cosa tremebunda.

En tanto, convulsiva, ásperamente
convalece mi freno,
sufriendo como sufro del lenguaje directo del león;
y, que he existido entre dos potestades de ladrillo,
convalezco, sonriendo de mis labios.

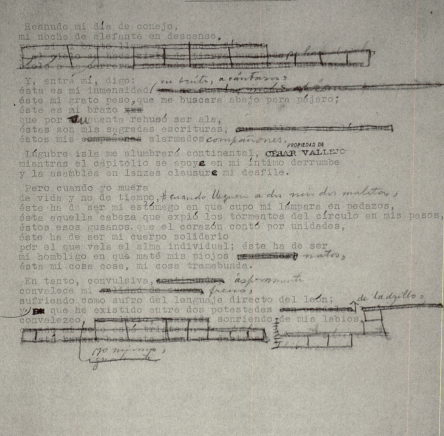

[A] realidade do corpo humano apresentada no poema inclui o sexual (que fica evidente na alusão a "abaixo para pássaro", onde a palavra "pássaro" significa "pênis"), e "meus testículos aflitos", que contém uma dupla referência ao corpo do poeta (*"compañones"* = os testículos do poeta) assim como à noção comunista de solidariedade (*"compañones"* está ligado foneticamente, através do francês *"compagnons"*, a *"compañeros"*). A alusão ao "braço que decidiu sozinho não ser asa", ao expressar o desejo do proletariado de rejeitar o idealismo da burguesia, é uma imagem elegante da fusão entre o corpo político e o "corpo poético".[12]

Note-se a grafia "*hombligo*", que tanto pode ser um descuido de ortografia do poeta como uma junção proposital de "*hombre*" com "*ombligo*". No original do poema "A alma que sofreu de ser seu corpo", a palavra foi grafada inicialmente como "*hombligo*" e posteriormente corrigida à mão pelo poeta. Por outro lado, a grafia "*hombligo*" é usada no poema "Pequeño responso a un héroe de la República", que integra o livro *España, aparta de mí este cáliz*.

Os versos "Porém quando eu morrer/ de vida e não de tempo" remetem à frase *"yo moriré de vida y no de tiempo"*, que Vallejo utilizou no final da primeira versão do texto "El hallazgo de la vida", escrito em fevereiro de 1926 e publicado na revista *La Semana*, da cidade peruana de Trujillo. A frase foi suprimida pelo poeta na versão final, que integra o conjunto dos "Poemas em prosa" com o título de "Hallazgo de la vida".

Sobre o verso "quando minhas duas maletas forem duas", diz Américo Ferrari:

> As duas maletas podem simbolizar a alma e o corpo, a vida e a morte ou qualquer dos pares de contrários que povoam o universo poético de Vallejo. O importante é o significado simbólico geral do número dois e sobretudo a fórmula expressiva na qual está integrado: "quando minhas duas maletas forem duas". As duas maletas que não chegam a ser plenamente duas, a não ser no momento da morte, expressam melhor que qualquer outro símbolo a angústia da existência [...]. A morte faz do número dois plena e definitivamente o número dois.[13]

---

12   Stephen M. Hart, "Vallejo in between: Postcolonial Identity in *Poemas humanos*". *Romance Studies*, vol. 19, nº 1, 2013, p. 24.

13   Américo Ferrari, "La existencia y la muerte". In *Aproximaciones a César Vallejo*, 2 vols. (Nova York: Las Américas, 1971), vol. 1, pp. 321-2.

5.

"E NÃO ME DIGAM NADA"

O título original deste poema, rasurado à mão por Vallejo, era "Grandeza de los trabajos vulgares". Segundo James Higgins, aqui Vallejo "se identifica com aqueles que pegam em armas para fazer a revolução". Tendo em conta que a acepção mais comum da palavra *"criatura"* em espanhol é "bebê, criança pequena", diz Higgins:

> [O poema] profetiza a redenção do homem — "a criatura" parece referir-se ao menino Jesus, ao nascimento de um redentor — mas essa redenção só acontecerá quando filosofias de mudança, como as de Aristóteles e Heráclito, forem reforçadas pela filosofia da ação de Marx; só quando as teorias estiverem respaldadas pelas armas necessárias para sua realização; só quando o homem de paz — o gentil — se transformar em homem de ação violenta pela causa da paz e da justiça.[14]

Sobre o verso "a expressão de Aristóteles armada/ com corações imensos de madeira", veja-se a imagem do ser humano como "minhoca aristotélica" no poema "Duas crianças que anseiam".

Sobre o verso "a expressão de Heráclito, imersa [no original, *"injerta"*, "enxertada"] na de Marx", veja-se a menção a Heráclito no poema "Despedida recordando um adeus". Segundo Stephen M. Hart, "o poeta peruano via que a dialética implicava um conceito de movimento perpétuo, tanto na matéria como na história. Por isso, Vallejo comparava Marx com o filósofo pré-socrático Heráclito, cuja teoria do movimento perpétuo é notória".[15] É possível que o verso seja também uma referência à necessidade de o marxismo se adaptar às constantes mudanças da vida, em diálogo com a conhecida citação atribuída a Heráclito ("Não se pode entrar duas vezes no mesmo rio"). No ensaio "Los doctores del marxismo", versão revista do artigo "Las lecciones del marxismo" publicada na revista *Variedades* nº 1090, de 19 de janeiro de 1929, Vallejo incluiu a seguinte anotação final: "Acrescentar que ser marxista é justamente seguir de perto as mudanças da vida e as transformações da realidade para retificar sempre a doutrina e corrigi-la".[16]

No livro *Rusia en 1931*, no qual relata as profundas transformações que testemunhou em suas duas primeiras viagens à União Soviética, em 1928 e 1929, diz Vallejo:

---

14 James Higgins, "El absurdo en la poesía de César Vallejo". *Revista Iberoamericana*, vol. 36, nº 71, 1970, pp. 296-7.

15 Stephen M. Hart, *Religión, política y ciencia en la obra de César Vallejo* (Londres: Tamesis Books, 1987), p. 59.

16 César Vallejo, *Arte y Revolución* (Lima: Mosca Azul, 1973), p. 91.

O que vemos e sentimos no fundo destas formas de processo social? O trabalho, o grande recriador do mundo, o esforço dos esforços, o ato dos atos. Não é a massa o mais importante, e sim o movimento da massa, o ato da massa, como não é a matéria a matriz da vida, e sim o movimento da matéria (desde Heráclito a Marx).[17]

"*Sudar tinta*" é uma expressão corrente em espanhol que equivale, grosso modo, a "suar a camisa"; optamos por manter a forma original por sua expressividade.

[17] César Vallejo, *Rusia en 1931 – reflexiones al pie del Kremlin* (Lima: Editora Perú Nuevo, 1959), p. 158.

6.   Gleba

Como já mencionado, este poema provavelmente remonta à fase de maior envolvimento de Vallejo com o comunismo, no começo da década de 1930 (assim como "Saudação angélica", "Quando os mineiros saíram da mina" e "Telúrica e magnética"). A palavra *"gleba"* em espanhol, assim como em português, remete à expressão *"siervos de la gleba"* ("servos da gleba"), que designa os trabalhadores rurais que, no sistema feudal, deviam obediência a um senhor e estavam presos a um pedaço de terra (a gleba) no qual viviam e trabalhavam.

Como ocorre com tantos poemas de Vallejo, "Gleba" se presta a diversas interpretações, nem sempre convergentes. Para muitos autores, trata-se de um poema político de exaltação aos camponeses, assim como "Quando os mineiros saíram da mina" seria um poema político de exaltação aos mineiros. Para Jean Franco, por exemplo: "Neste poema [Vallejo] se afasta da ideologia soviética da época que considerava os camponeses como um elemento mais atrasado, menos conscientizado. Vallejo, ao contrário, coloca-os na mesma categoria universal que o bolchevique e os mineiros".[18] Contudo, há quem veja no poema uma intenção satírica, como é o caso de Cheryll Saylor-Javaherian:

> "Gleba" evoca uma estrutura social rural peruana que é criticada pelo eu lírico que desmascara, quase sempre de forma sutil, o que ele implicitamente considera uma pretensão da parte dos "camponeses" à pureza de corpo e mente, retidão, honestidade, religiosidade e, acima de tudo, à percepção de que são moralmente superiores ao resto da humanidade [...]. Embora haja alguma influência marxista na exaltação implícita do trabalho e da autorrealização do homem na Terra, a preocupação central do poema não é enaltecer os lavradores como exemplo dos ideais marxistas. Longe disso, o foco principal é mostrar que eles não são apropriados como modelo.[19]

Na frase *"hombres a golpes"*, subentende-se *"hombres [hechos] a golpes [de hacha]"*, "homens [feitos] a golpes [de machado]".[20]

---

18   Jean Franco, "La temática: de *Los heraldos negros* a los 'Poemas póstumos'". In *César Vallejo — Obra poética*. Edição crítica, coordenação Américo Ferrari. 2ª ed. (Madri/Paris/México/Buenos Aires/São Paulo/Rio de Janeiro/Lima: ALLCA XX), 1996, p. 575.

19   Cheryll Saylor-Javaherian, "Satiric Irony in César Vallejo's *Poemas humanos*: An Interpretative Reading of 'Gleba'". *Hispanófila*, nº 113, 1995, p. 57.

20   *César Vallejo — The Complete Posthumous Poetry* (Berkeley/Los Angeles: University of California Press), 1978, p. 298.

A frase "*a tiro de neblina*" remete à expressão espanhola "*a tiro*", ou seja, "ao alcance de uma arma de fogo" ou "à distância de um tiro de uma arma de fogo" ("*a tiro de cañón*", "*a tiro de escopeta*" etc.)

A expressão "*reginas sinceras de los valles*" é possivelmente uma referência à oração católica Salve-Rainha (conhecida em espanhol pelo seu nome original em latim, *Salve Regina*), que contém a expressão "vale de lágrimas".

A expressão "sarça ardente" refere-se à passagem bíblica (Êxodo 3:1-4) na qual Moisés vê um arbusto que arde em fogo sem se consumir, e ao se aproximar dele ouve a voz de Deus, que o convoca para liderar os israelitas em seu êxodo do Egito até Canaã.

Luis Taboada (1848-1906) foi um escritor e humorista espanhol, muito famoso não apenas em seu país, como também em toda a América espanhola. Não está claro se Vallejo se refere a ele neste poema, ou se trata-se apenas de um dos nomes genéricos usados volta e meia pelo poeta, como os "joões corporais" em "A alma que sofreu de ser seu corpo" ou as "orelhas sánchez" em "Tropeçando entre duas estrelas".

7.

PRIMAVERA TUBEROSA

"Primavera tuberosa" parece pertencer, segundo Stephen M. Hart, ao grupo de poemas inspirados pela terceira e última viagem de Vallejo à União Soviética em 1931, impressão reforçada pela presença do verso "meu direito soviético e meu gorro".[21]

Segundo Martínez García, "tabaco, mundo e carne" é uma expressão de fundo religioso que alude aos "três inimigos da alma" — "o demônio, o mundo e a carne" — mencionados nos catecismos católicos escritos pelos padres Gaspar Astete, S. J. e Jerónimo Ripalda, S. J., os mais usados e conhecidos em língua espanhola nos anos de formação de Vallejo.[22]

Ainda segundo Martínez García, a expressão "*bajo palio*" (literalmente, "sob pálio"), aqui traduzida como "com pompa", também remete a um contexto religioso, especificamente ao "dossel sustentado por quatro varas, que serve para proteger, nas procissões, o Santíssimo Sacramento e o clérigo que o carrega; 'dele também fazem uso os chefes de Estado, o Papa e alguns prelados' (DRAE). A expressão '*bajo palio*' significa a deferência com que esses personagens são recebidos quando entram em templos muito renomados".[23]

---

21   Stephen M. Hart, "The Chronology of César Vallejo's *Poemas humanos*: New Light on the Old Problem". *The Modern Language Review*, vol. 97, nº 3, 2002.

22   Francisco Martínez García, "Referencias bíblico-religiosas en la poesía de César Vallejo y su función desde una perspectiva crítica". *Cuadernos Hispanoamericanos. Homenaje a César Vallejo*, vol. 2, nº 456-457, 1988, p. 695.

23   *Ibidem*, p. 675.

8.

PEDRA NEGRA SOBRE UMA PEDRA BRANCA

Um dos poemas mais famosos de César Vallejo, "Pedra negra sobre uma pedra branca" ficou conhecido como uma profecia sobre sua própria morte. Em 1920, quando era perseguido pelas autoridades peruanas, o poeta se escondeu na casa de seu amigo Antenor Orrego, na cidade de Trujillo; conta Orrego que uma noite Vallejo teve uma visão de sua própria morte:

> Dormíamos ambos no único dormitório da casa. Uma noite, acordei sobressaltado com os gritos angustiados do meu hóspede, que me chamava da sua cama. Vallejo estava à minha frente, tremendo como vara verde, da cabeça aos pés:
>
> — Acabo de me ver em Paris — me disse — com pessoas desconhecidas e uma mulher ao meu lado, também desconhecida. Na verdade, eu estava morto e vi meu cadáver. Ninguém chorava por mim. A figura da minha mãe, no ar, me estendia a mão, sorridente.
>
> E acrescentou:
>
> — Garanto que eu estava acordado. Tive a visão em plena vigília e com características tão vivas como se fosse a própria realidade. Acho que vou perder o juízo. Levante-se, por favor.[24]

Uma versão muito parecida foi relatada por Juan Espejo Asturrizaga, também amigo do poeta, com quem conviveu em Trujillo e mais tarde em Lima:

> Durante sua permanência aqui, César teve uma visão uma noite que o encheria de terror e o angustiaria por muitos dias, tornando-se tema de suas conversas.
>
> Estava acordado, dizia, quando de repente me vi deitado, imóvel, com as mãos juntas, morto. Pessoas estranhas, que eu nunca tinha visto, rodeavam minha cama. Entre elas, se destacava uma mulher desconhecida, vestida com roupas escuras e, mais adiante, na penumbra difusa, minha mãe, como se estivesse saindo das sombras, se aproximava e, sorrindo, me estendia suas mãos... Estava em Paris e a cena transcorria de forma tranquila, serena, sem choros.[25]

Sobre este poema, diz Stephen M. Hart:

---

24   Antenor Orrego, "Una visión premonitoria de César Vallejo". *Metáfora*, vol. 3, nº 16, 1957, pp. 3-4.

25   Juan Espejo Asturrizaga, *César Vallejo, itinerario del hombre* (Lima: Editorial Juan Mejía Baca, 1965), pp. 97-8.

Neste poema arquiconhecido, Vallejo se lembra — poeticamente — de uma premonição de sua própria morte que teve na casa de Antenor Orrego, enquanto era um "homem procurado" pelas autoridades peruanas [...]. Há alguns detalhes da premonição de Vallejo que acabaram não coincidindo com a realidade de sua morte futura. Com efeito, ele morreria um dia em Paris rodeado por pessoas desconhecidas, como havia previsto, mas não morreu numa quinta-feira e sim numa sexta, e não foi num dia de outono, e sim de primavera. O título do poema alude à sua fotografia tirada por Juan Larrea no bosque de Fontainebleau em 1926. Segundo a lógica do poema, Vallejo é a pedra negra sobre a pedra branca, predizendo o momento em que seu corpo, através da morte, se transformará em algo sólido como a pedra, ou seja, os "ossos úmeros" de seu esqueleto. Ao mesmo tempo, o contraste entre as cores negra e branca alude à diferença visual entre a tinta negra e o papel branco.[26]

---

26 Stephen M. Hart, "César Vallejo y sus espejismos". *Romance Quarterly*, vol. 49, nº 2, 2002, p. 117.

9.

"Doçura por doçura coraçona!"

Ao contrário de *Los heraldos negros* (1919) e *Trilce* (1922), em que os temas do amor e do erotismo estão em primeiro plano, em *Poemas humanos* eles aparecem apenas neste e em alguns outros poucos poemas, como "Um homem está olhando uma mulher" e "Violão e palmas". As imagens eróticas são identificáveis aqui em versos como "seu cadeado afogando-se em chaves, / eu subindo e suando/ e criando o infinito entre suas coxas", nos quais Vallejo parece se referir aos órgãos sexuais usando metáfora semelhante à *"llave y chapa"* ("chave e fechadura") usada no poema LXXVI de *Trilce*.

Segundo Georgette Vallejo, este poema teria sido iniciado em 1931 e concluído seis anos depois: *"Poemas humanos* emerge, na realidade, em outubro de 1931, com algumas estrofes nascidas na imensa e distante União Soviética, que Vallejo unirá a outros versos de outubro ou novembro de 1937: 'Doçura por doçura coraçona!'".[27]

Segundo Stephen M. Hart, este poema, "dado que se refere a sua experiência sexual com uma mulher que o acompanha em sua visita a Letônia, Alemanha, Rússia e Bélgica, só pode ser um poema sobre sua relação sexual com Georgette, quando ambos viajavam pela Europa entre setembro e outubro de 1929 [...]. É provável que o poema tenha sido escrito durante a viagem, ou pouco depois".[28]

A palavra *"corazona"* é um neologismo que tanto pode ser entendido como adjetivo que qualifica a palavra *"dulzura"* (o que poderia ser vertido em português como "doçura coraçã") ou como uma forma do verbo *"corazonar"* (que não está dicionarizado em espanhol). Optamos por essa segunda leitura, lembrando que é de uso corrente em espanhol a palavra *"corazonada"* ("palpite, intuição, pressentimento").

No segundo verso, a palavra *"era"* foi interpretada não na acepção mais comum de "período de tempo, época", e sim na de "pequeno terreno para cultivo de flores ou hortaliças".

A frase *"haz de besarme"* pode ser entendida como corruptela de *"has de besarme"* ("hás de beijar-me"). Levando em conta que a palavra *"haz"* pode ser entendida tanto como substantivo ("face" ou "feixe") ou como uma forma verbal, o imperativo do verbo *"hacer"* ("faça"), tentamos preservar o jogo de palavras com a expressão "você ah de beijar-me."

---

27   Georgette Vallejo, "Apuntes biográficos sobre *Poemas en prosa* y *Poemas humanos*", ed. cit., p. 494.

28   Stephen M. Hart, *César Vallejo, una biografía literaria* (Lima: Editorial Cátedra Vallejo, 2014), p. 259.

IO.

"Até a minha volta, desta pedra"

Sobre este poema, diz Américo Ferrari:

> São versos escritos em Paris, provavelmente no princípio dos anos trinta. Mas é certo que a ideia ou a sensação de ter começado um périplo e a obsessão de "voltar" estão em sua poesia desde muito antes, desde que começou a escrever poesia, em Trujillo e em Lima, onde o poeta já se sentia fora de lugar, fora do seu lugar, afastado do seu lar, de sua família, de sua serra: de sua terra. Em Vallejo, a terra é a serra.[29]

Sobre o verso "Até a minha volta e até que ande/ o animal que sou, para a sentença" (no original, "*Hasta el día en que vuelva y hasta que ande/ el animal que soy, entre sus jueces*"), a referência a juízes/julgamento pode ser uma alusão tanto ao Juízo Final quanto à perseguição judicial sofrida por Vallejo a partir de sua prisão em 1920, e que o marcaria profundamente. A esse respeito, veja-se também o verso "os juízes me olham de uma árvore", do poema "O sotaque está preso em meu sapato"; e a referência aos "quatro magistrados" no início do poema XXII de *Trilce*.

---

29 Américo Ferrari, "La presencia del Perú". *Inti — Revista de Literatura Hispánica*, vol. 1, nº 36, 1992, p. 32.

II. "Foi domingo nas claras orelhas do meu burro"

Sobre este poema, diz James Higgins:

> Aqui Vallejo expressa sua nostalgia do mundo que conheceu quando criança [...]. O burro dócil e plácido tão comum nas ruas de Santiago e a tranquilidade dominical evocam um ambiente de paz e contentamento [...]. Os versos seguintes estabelecem um contraste com a vida que o poeta leva na atualidade [...]. Há uma oposição entre "domingo" e "as onze horas", entre a infância do poeta e seus anos adultos [...]. O poeta está em Paris e vê à sua frente uma estátua de Voltaire, envolta numa capa e com a cabeça inclinada. A estátua lhe parece a materialização de todas as dúvidas e desenganos que se apoderaram dele como consequência do sofrimento de seus anos adultos.[30]

Os versos "De espada, em sua estátua, / Voltaire cruza sua capa e olha a praça" são possivelmente uma referência à estátua de Voltaire na fachada do Hôtel de Ville, prédio histórico que abriga o governo municipal de Paris e tem à sua frente a Place de l'Hôtel-de-Ville, uma das mais antigas e conhecidas praças da capital francesa. Note-se no original a palavra "*zócalo*", que aqui parece ser usada na acepção de "praça principal de uma cidade".

---

30   James Higgins, *Visión del hombre y de la vida en las últimas obras poéticas de César Vallejo* (México, DF: Siglo XXI, 1970), pp. 82-4.

12.

"A VIDA, ESTA VIDA"

Este é um dos seis poemas deste livro em que Vallejo se refere a pombas, provavelmente o animal mais citado e o símbolo mais recorrente usado pelo poeta. Sobre esse ponto, comenta André Coyné:

> Os símbolos — as palavras-chave — não são muitos em *Poemas humanos* [...]; o símbolo de amor e paz, a pomba, é o único que aparece com alguma insistência, quando a própria vida está mais em perigo: é por isso que se impõe precisamente nos dois lugares em que a nostalgia da felicidade, que a vida poderia ter proporcionado apesar de tudo, se afirma à margem do sofrimento atual: no poema da amada ausente "Doçura por doçura coraçona!" ("sua pomba tão pombinha" e "alço sua pomba à altura do seu voo") e no que começa com "A vida, esta vida/ me agradava..." ("parelhas de pombinhas — pombinhas vigilantes — pombinhas perfumadas") [...]. A pomba: obstáculo irrisório contra aquela consciência de animal puramente terrestre que o poeta toma de seu corpo ao longo do livro inteiro ("nada, entre o que tomou e deu com luva/ a pombinha, e com luva,/ a eminente minhoca aristotélica;").[31]

"*Cave*" parece ser uma corruptela de "*cabe*", termo arcaico que quer dizer "próximo a, junto a".

"*Paujil*" é um adjetivo que faz referência à ave andina da família Cracidae (subsumida à ordem dos galináceos), cujo parente mais próximo no Brasil é o mutum.

"*Póbridas*" é um neologismo, provavelmente derivado de "*pobres*", e talvez relacionado a "*impróvidas*" ("desprevenidas, incautas").

"*Orejón*", aqui traduzido como "fidalgo", parece se referir aos membros da nobreza incaica, assim chamados pelos espanhóis por causa de suas deformações nas orelhas. Segundo a definição do *Diccionario de Peruanismos* de Juan Alvarez Vita: "Entre os antigos índios peruanos, pessoa nobre que, depois de várias cerimônias e provas, uma das quais consistia em furar e alargar as orelhas, podia aspirar aos primeiros postos do Império".[32]

---

31   André Coyné, *op. cit.*, pp. 76-7.
32   Juan Alvarez Vita, *Diccionario de Peruanismos* (Lima: Universidad Alas Peruanas, 2009), p. 315.

13. "Hoje eu gosto da vida muito menos"

Sobre este poema, diz Américo Ferrari:

> Neste poema reaparecem temas familiares a Vallejo que se juntam em torno de um foco central: o desejo de viver. Essa afirmação da vida, essa vontade de perseverar no existir, tem como horizonte o tempo em seu aspecto mais essencial, evocado pela repetição insistente dos advérbios "sempre" e "jamais" [...]. Mas desde a segunda estrofe essa afirmação do existir tropeça no sentimento do instante, do caráter transitório da vida: "e nestas momentâneas calças vou pensando:/ Tanta vida e jamais!". Antes mesmo de ter sido vislumbrado, o *sempre* da vida se revela como um *jamais* e de repente explodem no poema as imagens fulgurantes e contraditórias, se manifestam as tensões que estruturam e desarticulam a poesia, mas que sempre estão ligadas ao mesmo plano triangular de sentido: vida-tempo-morte. Os anos que passam e o ciclo semanal que recomeça incessamente, os pais que foram enterrados faz tempo, mas não acabaram de acabar seu "triste estirão", e o ser físico do poeta que apalpa o próprio queixo e se vê de pé, no meio da vida, tomando seu café e olhando as castanheiras, assombrando-se com os olhos e as testas dos transeuntes; tudo isso é a vida de que Vallejo "gosta imensamente", mas a vida também é essa vontade de chorar que o poeta reprime dizendo palavras, e o sofrimento no hospital, "casa da dor" e antessala da morte, da morte querida, companheira da vida, "esposa tumba"...[33]

James Higgins chama a atenção para a frequência das palavras "hoje" e "agora" na obra de Vallejo; só neste poema a palavra "hoje" é usada três vezes, e ela aparece mais de 25 vezes em outros poemas deste livro, inclusive nos títulos de dois deles, enquanto a palavra "agora" aparece vinte vezes. Diz Higgins: "Esta é uma poesia irremediavelmente arraigada no momento presente. Não existe, para o homem, a possibilidade de evasão ou de apoio nas lembranças do passado ou nos sonhos do futuro".[34]

---

33 Américo Ferrari, "La existencia y la muerte", ed. cit., p. 331.
34 James Higgins, *Visión del hombre y de la vida en las últimas obras poéticas de César Vallejo*, ed. cit., p. 221.

```
------
```

    Hoy me gusta la vida mucho menos,
    pero siempre me gusté vivir: ya lo decía.
    Casi toqué la parte de mi todo y me contuve
    con un tiro en la lengua detrás de mi palabra.

    Hoy me palpo el mentón en retirada
    y en estos momentáneos pantalones yo me digo:
    ¡Tánta vida y jamás!
    ¡Tántos años y siempre mis semanas!...
    Mis padres enterrados con su piedra
    y su triste estirón que no ha acabado;
    de cuerpo entero hermanos, mis hermanos,
    y, en fin, mi sér parado y en chaleco.

    Me gusta la vida enormemente,
    pero ~~entiendo de una enfermedad~~, *desde luego,*
    con mi muerte querida y mi café
    y viendo los castaños frondosos de París
    y diciendo:
    Es un ojo éste, aquél; una frente ésta, aquélla...Y repitiendo:
    ¡Tánta vida y jamás me falla la tonada!
    ¡Tántos años y siempre, siempre, siempre!

    Dije xxx chaleco, dije
    todo, parte, ansia, dije casi, por no llorar.
    Que es verdad que sufrí en aquel hospital que queda al lado
    y está bien y está mal haber mirado
    de arriba para abajo mi organismo.
    Me gustará vivir siempre, así fuese de barriga,
    porque, como iba diciendo y lo repito,
    ¡tánta vida y jamás!¡Y tántos años,
    y siempre, mucho siempre, siempre

PROPIEDAD DE
CÉSAR VALLEJO

Sobre o verso "Que de fato sofri nesse hospital que fica aqui ao lado", é possível que seja uma alusão às semanas em que Vallejo ficou hospitalizado no Hôpital de la Charité, no outono de 1924, devido a uma hemorragia intestinal. Em carta a seu amigo Pablo Abril de Vivero, datada de 19 de outubro de 1924, diz Vallejo:

> Sofri, meu querido amigo, vinte dias horríveis de dores físicas e abatimentos espirituais incríveis. Há na vida, Pablo, horas de uma negrura negra e fechada a qualquer consolo. Há horas talvez muito mais sinistras e tremendas que a própria tumba. Eu não as conhecia antes. Este hospital apresentou-as a mim, e não as esquecerei.[35]

A experiência inspiraria seu texto "Las ventanas se han estremecido", que integra o conjunto dos "Poemas em prosa".

---

[35] César Vallejo, *Epistolario general*, ed. cit., p. 60.

14.   "Hoje eu queria tanto ser feliz"

Sobre o verso "por que é que batem tanto na minha alma", veja-se os versos de "Pedra negra sobre uma pedra branca": "Morreu César Vallejo, que apanhava/ de todo mundo a quem nunca fez nada;/ batiam duro com um pau e duro// também com uma corda".

Sobre o verso "imenso documento de Darwin", veja-se os versos "Você sofre, padece e depois torna a sofrer horrivelmente,/ pobre macaco,/ rapazinho de Darwin", do poema "A alma que sofreu de ser seu corpo", e a nota a esse poema.

15.

"DE DISTÚRBIO EM DISTÚRBIO"

Este é um dos vários poemas deste livro em que Vallejo parece se referir à própria morte; além das três menções ao "braço de honra fúnebre" e outras alusões menos precisas, James Higgins sugere que o "melro de batina" é um padre que rezará o ofício fúnebre do poeta.[36]
Comentando este poema, diz ainda Higgins:

> Vallejo se serve de vários recursos para destacar a insignificância do homem. Emprega os nomes de animais pequenos, como *macaco*, *minhoca*, *formiga*, *micróbio*, para qualificar o homem [...]. Outras vezes, o homem se encontra reduzido à partícula mais minúscula da matéria: é um átomo e sua existência é uma *realidade molecular*. Em "De distúrbio em distúrbio", onde o homem aparece como um "companheiro de quantidade ínfima" e um "homem com salto" — um ser tão pequeno que precisa de salto alto —, os diminutivos *homenzinho* e *homenzote* ressaltam sua pequenez.[37]

---

36 James Higgins, *Visión del hombre y de la vida en las últimas obras poéticas de César Vallejo*, ed. cit., p. 99.

37 *Ibidem*, p. 212.

16.

"Considerando a frio, imparcialmente"

Como já assinalaram diversos autores, este poema mimetiza a linguagem dos documentos jurídicos, e em particular das razões e justificativas que servem de introdução a leis, decretos e outros textos legais e costumam incluir vários parágrafos iniciados com a palavra "considerando".

Sobre este poema, diz Loló Reyero:

> Os considerandos, parte expositiva do argumento, reúnem "provas" sem conexão lógica implícita nem relação textual explícita: mistura de estados anímicos com atividades físicas de asseio pessoal; de traços animais com características de sentimentos, emoções humanas; de espaços "reais" habitados pelo homem com espaços "anímicos" que nele habitam; de oficialidade documental e humanidade emotiva etc. Todos esses elementos semânticos, intercalados numa forma aparentemente judicial, já anunciam um final, uma "sentença" a ser deduzida dos dados expostos, que não poderá ser formulada como tal e que reverterá todos os considerandos codificados, fundamentados, para apoiar, indefectivelmente, a "subjetividade" ali entremeada [...].

> A organização do texto lembra, igualmente, a de um típico silogismo: premissas seguidas de uma conclusão. Contudo, embora a forma não seja subvertida, a lógica que serve de base a ela é: a conclusão oferecida não é extraída das premissas aduzidas, mas as inverte, anulando-as: "Que me importa!" implica, assim como a ação momentânea, instintiva do poeta ("faço-lhe um sinal, / ele vem, / e lhe dou um abraço"), deixar de lado o lógico ou deduzível para advogar pelo homem, sem sistemas nem premissas de nenhuma ordem. A razão é des-considerada em prol da emoção.[38]

---

[38] Loló Reyero, "Considerando 'Considerando en frío, imparcialmente...'". *Inti —Revista de Literatura Hispánica*, vol. 1, nº 36, 1992, pp. 83-4.

17.

"E SE DEPOIS DE TANTAS PALAVRAS"

O estribilho deste poema remete a uma anotação encontrada nos cadernos de Vallejo e datada de 1936-1937:

Si no ha de ser bonita la vida,
que se lo coman todo.[39]

Sobre este poema, diz Jean Franco:

"Tantas palavras" alude a um discurso que não pode ser o Logos, já que apresenta os vocábulos como mera acumulação resultante de "tanta história" que não trouxe nenhuma mudança qualitativa, por consistir numa simples série de fatos [...]. "Nem uma palavra", que encerra o poema, é uma das muitas expressões coloquiais que nele aparecem (as outras são "sem mais nem menos", "na verdade" e "é claro") e que põem em primeiro plano a capacidade das palavras de preencher o silêncio com uma aparência de significado. Essas palavras se apresentam como uma força destrutiva, ao indicar a ausência de um Logos que faça da civilização algo mais que "tantas palavras" e "tanta história".[40]

Como já notaram diversos autores, a expressão *"pájaro parado"*, aqui traduzida como "pássaro de pé", é possivelmente uma alusão a um pênis ereto. Sobre os diversos sentidos da palavra *parado*, ver nota ao poema "Parado numa pedra".

---

39   César Vallejo, *Contra el secreto profesional*, ed. cit. p. 98.
40   Jean Franco, *César Vallejo: la dialéctica de la poesía y el silencio*, ed. cit., pp. 303-4.

Por último, sin ese buen aroma sucesivo,
sin él,
sin su cuociente melancólico,
cierra mi ventaja suave,
mis condiciones cierran sus cejitas.

¡Ay, cómo la sensación arruga tánto!
¡ay, cómo una idea fija me ha entrado en una uña!

Albino, áspero, abierto, con ~~p~~ temblorosa lectura,
mi deleite cae viernes,
mas mi triste tristumbre se compone de cólera y tristeza
y, a su borde arenoso e indoloro,
la sensación me arruga ~~días y noches~~ me arrincona.

Ladrones de oro, víctimas de plata:
¡el oro que robara yo a mis víctimas,
          ¡rico de mí olvidándolo;
la plata que robara a mis ladrones,
          ¡pobre de mí olvidándolo!

Execrable sistema, clima ~~oscuro~~ en nombre del cielo, del bronquio, la quebrada,
la cantidad enorme de dinero ~~que~~ cuesta el ser pobre...

18. "Finalmente, sem esse bom aroma ininterrupto"

"*Tristumbre*" é um neologismo criado com a junção da palavra "*triste*" com o sufixo "*umbre*". Optamos por traduzi-lo como "tristidão" pela analogia com outras palavras que usam o mesmo sufixo, como "*muchedumbre*" ("multidão") ou "*mansedumbre*" ("mansidão").

Num de seus cadernos, Vallejo menciona versos deste poema durante uma visita ao cemitério, no domingo 7 de novembro de 1937, com Georgette: "Chegamos ao cemitério recitando meu verso: 'ser poeta até o ponto de deixar de sê-lo', e o outro 'a quantidade enorme de dinheiro que a gente precisa para ser pobre'".[41]

---

41 César Vallejo, *Contra el secreto profesional*, ed. cit. p. 100.

19.   "Parado numa pedra"

A palavra *"parado"* possui diversos sentidos em espanhol; além da acepção mais comum de "imóvel, sem movimento, paralisado", é usada como sinônimo de "desempregado, desocupado" e, nos países latino-americanos, também tem o sentido de "em pé, de pé" ou ainda de "ereto", em referência ao pênis.

Diversos autores sugerem que este poema pode ter sido inspirado pelas multidões de desempregados geradas pela crise de 1929. Diz Jean Franco:

> "Parado numa pedra" é o epítome da alienação. Evoca a condição daqueles "quinze milhões de trabalhadores parados e suas famílias", daquele "exército de pobres, sem precedente na história" que Vallejo descreveu em *Rusia en 1931*. Como muitas pessoas do seu tempo, Vallejo acreditava que a sociedade capitalista estava à beira do colapso e deplorava que a cidade — que deveria ser um "lar social", a realização concreta dos ideais de cooperação, justiça e felicidade universal — tivesse se transformado numa "jaula de grosseiros individualismos". Em suas anotações de 1929-1930, fala em termos semelhantes do "caos e anarquia cega" da sociedade moderna.
>
> Em "Parado numa pedra", Vallejo usa a palavra "parado" não apenas no sentido figurado de "desempregado", como também para qualificar literalmente a quem está imóvel, como se a própria humanidade tivesse sido detida pela crise econômica. O "parado" é um tipo específico de homem, produto da sociedade capitalista.[42]

---

42   Jean Franco, *César Vallejo: la dialéctica de la poesía y el silencio*, ed. cit., p. 264.

20. "Quando os mineiros saíram da mina"

Como já mencionado, este poema provavelmente remonta à fase de maior envolvimento de Vallejo com o comunismo, no começo da década de 1930 (assim como "Saudação angélica", "Gleba" e "Telúrica e magnética").

Sobre este poema, diz Jean Franco:

> Os mineiros emergem da mina como destruidores e construtores da nova ordem, mas também como produtores do pensamento novo, uma razão dialética que é elaborada não apenas em seu trabalho, mas através de sua ação coletiva (suas respostas corais). No livro de Vallejo *Rusia ante el segundo plan quinquenal*, há uma passagem que descreve tal pensamento revolucionário como "uma vasta e saudável reação criativa contra o intelectualismo e o vício do pensamento abstrato como um fim em si mesmo"; e ele acrescenta: "A consciência revolucionária vive e se alimenta do fogo da paixão e da razão". E no seu primeiro livro sobre a Rússia, quando fala da função do trabalho nos filmes de Eisenstein, ele declara que o trabalho é "o grande recriador do mundo; a força das forças, a ação das ações. Não é a massa o mais importante, mas o movimento da massa, a ação da massa; também não é a matéria a matriz da vida, e sim o movimento da matéria". No poema de Vallejo, os mineiros "escalando suas ruínas vindouras" desempenham a função perfeitamente dialética de fechar o poço da mina como "sintoma profundo" — em outras palavras, são eles que reduzem a distância entre pensamento e ação, entre o subjetivo e o objetivo, e entre o passado e o futuro, já que seu futuro surge das ruínas do passado. O poema define os mineiros em termos do tipo de trabalho que realizam; assim, a destruição da velha ordem deve ser feita por meio dos "pós tão corrosivos" e dos "óxidos" com os quais eles trabalham e produzem. As bocas (o órgão da comunicação) estão diretamente relacionadas aos instrumentos de trabalho, "cunhas", "bigornas", "ferramentas", de forma que a própria boca é uma espécie de ferramenta no processo geral. E pensamento e ação são literalmente extraídos da terra por meio do trabalho, se tornam visíveis na "ordem dos seus túmulos, / seus raciocínios plásticos", que são representadas em conflito dialético, apinhados "ao pé de ígneos percalços".[43]

O neologismo "*trístidos*" é formado pela palavra "*triste*" acrescida do sufixo "*ido*", usado por Vallejo para criar outros neologismos em poemas deste livro, como por exemplo "*póbridas*" ("A vida, esta vida") e "*calcárida*" ("A roda do faminto").

---

43   *Ibidem*, pp. 251-2.

Sobre a expressão "*metaloide pálido*", ver nota ao poema "E então? O metaloide pálido te cura?".

O termo "*viscacha*" (do quéchua *wisk'acha*) designa os pequenos roedores sul-americanos dos gêneros *Lagostomus* e *Lagidium*.

Com relação ao verso "Cresçam a grama, o líquen e a rã em seus advérbios!", ver nota ao poema "Saudação angélica", provavelmente escrito na mesma época.

21.   "MAS ANTES QUE SE ACABE"

Como nota Américo Ferrari, este é um dos vários poemas deste livro que começam abruptamente com uma conjunção ou expressão adverbial conectiva. Outros exemplos são os poemas "E não me digam nada", "Finalmente, sem esse bom aroma ininterrupto" e "Em suma, nada tenho para expressar minha vida, a não ser minha morte". Sobre a subversão desse elemento de conexão, diz Ferrari:

> Em vez de cumprir sua função normal de enlace lógico que garante a ordem progressiva do discurso, esse elemento funciona, de certo modo, no vazio: isto é, ou vincula a primeira frase do poema não a outras frases e sim ao silêncio que precede a escrita, ou relaciona de maneira irrisória dois conteúdos mentais, intuições ou conceitos, que na ordem lógica não têm estritamente nada a ver um com o outro [...]. Introduzido por esses falsos enlaces, o discurso poético se desenvolve numa série de oposições e contrastes, de interrogações e exclamações em que a ilação lógica se perde irremediavelmente, e que não fazem senão acentuar a impressão de estranheza que nos deixam essas palavras aparentemente destinadas a expressar as transições.[44]

Ferrari chama a atenção, ainda, para o fato de que os *Poemas humanos* não estão divididos em seções (como em *Los heraldos negros*) nem são numerados (como em *Trilce*); além disso, a maioria dos poemas não tem título. Isso permite que o livro seja lido como "um único e extenso monólogo cujas diferentes etapas são soldadas entre si pela recorrência constante dos mesmos conteúdos emocionais encarnados no sujeito poético".[45] Esse efeito de continuidade parece ser reforçado pelas conjunções e expressões adverbiais conectivas no início de alguns poemas, como é o caso aqui.

"*Falanjas*" é um neologismo provavelmente derivado da palavra "*falanges*", que também foi usado por Vallejo em "Languidamente su licor", que integra o conjunto dos "Poemas em prosa" ("*las falanjas filiales del niño*").

"*Sombrero a la pedrada*" é uma expressão peruana que designa um chapéu colocado na diagonal.

---

44   Américo Ferrari, *El universo poético de César Vallejo* (Caracas: Monte Ávila, 1972), pp. 298-9.

45   *Ibidem*, p. 294.

22.   TELÚRICA E MAGNÉTICA

Como já mencionado, as origens deste poema provavelmente remontam à fase de maior envolvimento de Vallejo com o comunismo, no começo da década de 1930 (assim como "Saudação angélica", "Gleba" e "Quando os mineiros saíram da mina"). A primeira versão tinha 22 versos datilografados e seu título original era "Meditación agrícola". Posteriormente, Vallejo acrescentou à mão quarenta novos versos, modificou vários dos versos anteriores e trocou o título. É o poema deste livro em que o Peru é evocado de maneira mais vívida e direta, com mais "cor local"; e não qualquer Peru, mas o da região natal de Vallejo, as serras do norte do país, como sugere Américo Ferrari.[46] Diz Jean Franco:

> A primeira versão consistiu em 22 versos, onde o adjetivo pessoal "meu" figurava apenas duas vezes. Todas as referências específicas ao Peru foram acrescentadas numa etapa posterior da composição. Podemos, portanto, aventurar a hipótese de que Vallejo concebeu primeiro uma "meditação agrícola" (esse era o título original) que demonstrava a relação entre a natureza e o mundo conceitual, e que as revisões do texto aumentaram tanto os elementos pessoais quanto os peruanos.[47]

Ainda segundo Franco, este poema, que expressaria a nostalgia do poeta por suas origens, tem influência da literatura soviética da época e pode ser considerado um exemplo de "realismo socialista".[48] Contudo, outros autores, como Nicola Miller, veem no poema uma sátira ao discurso ufanista dos escritores e intelectuais indigenistas do Peru:

> "Telúrica e magnética" é o único poema em *Poemas humanos* a incluir uma invocação quase bíblica de termos peruanos, talvez zombando da tentação nacionalista de transformar o patriotismo numa religião. É o único em que Vallejo usa xingamentos coloquiais, o que sugere que ele não está falando totalmente a sério. É também o único em que todos os versos têm pontos de exclamação. Essas exclamações, em si mesmas, já são uma advertência para que o leitor não interprete o poema de forma literal. "Telúrica e magnética" não é muito convin-

---

46   Américo Ferrari, "La presencia del Perú", ed. cit., p. 36.
47   Jean Franco, *César Vallejo: la dialéctica de la poesía y el silencio*, ed. cit., p. 256.
48   *Ibidem*, p. 258.

cente como poesia patriótica. Mas é bem mais plausível como uma sátira do estilo (pomposo), do simbolismo (provinciano) e do sentimento (chauvinista) do movimento indigenista.[49]

A intenção satírica do poema é igualmente apontada por Saúl Yurkiévich, que também chama atenção para os numerosos pontos de exclamação:

> Em *Poemas humanos* abunda a inflação exclamativa. Os pontos de exclamação, ao magnificar a mensagem, incrementam a veemência e ao mesmo tempo infundem ironia. Têm algo de bombástico, de teatral. Sinais histriônicos, que com frequência dão ênfase ridicularizando. É o que acontece em "Telúrica e magnética", poema enumerativo que consiste numa série de construções nominais, todas exclamativas [...]. "Telúrica e magnética", duas proparoxítonas suspeitamente bombásticas e um tanto kitsch, aplicadas à serra peruana, antecipam o tom do poema, que aborda, pelo viés burlesco, o batido tema do nativismo.[50]

Além de várias referências mais óbvias ("cordilheira", "vicunha", "condores", "folhas de coca", "quena"), há no poema uma série de outros termos e elementos relativos à paisagem peruana:

"*Molle*" (aqui traduzido como "aroeira"): espécie *Schinus molle*, árvore lenhosa da família Anacardiaceae, originária dos Andes e presente em toda a América do Sul.

"*Cuy*": *Cavia porcellus*, pequeno roedor conhecido no Brasil como preá ou porquinho-da-índia, usado como alimento nos países andinos.

"*Rocoto*": palavra de origem quéchua, é um termo muito usado para "pimenta" na Bolívia, no Chile e no Peru.

"*Auquénidas*": subtribo dos camelídeos sul-americanos, que inclui dois gêneros, *Lama* e *Vicugna*, e quatro espécies, sendo duas selvagens (o guanaco e a vicunha) e duas domésticas (a alpaca e a lhama).

"*Temples*": segundo Américo Ferrari, termo usado no norte do Peru para designar os "vales cálidos", regiões subtropicais de baixa altitude localizadas de ambos os lados dos Andes peruanos.[51]

A expressão "teórico e prático", segundo Stephen M. Hart, "é uma alusão ao livro de Stálin, *Le Léninisme théorique et pratique*, que Vallejo leu no final da década de 1920 ou no começo da década de 1930".[52] Baseado nesse e em outros elementos, Hart sustenta que, neste poema de Vallejo, fica especialmente evidente que "sua conversão ao marxismo também lhe trouxe uma nova perspectiva vital sobre sua cultura

---

49   Nicola Miller, "Vallejo: The Poetics of Dissent". *Bulletin of Hispanic Studies*, vol. 73, nº 3, 1996, p. 316.

50   Saúl Yurkiévich, "Aptitud humorística en *Poemas humanos*". *Hispamérica*, ano 19, nº 56/57, 1990, p. 6.

51   Américo Ferrari, "La presencia del Perú", ed. cit., p. 31.

52   Stephen M. Hart, "Vallejo's 'Other': Versions of Otherness in the Work of César Vallejo". *The Modern Language Review*, vol. 93, nº 3, 1998, p. 722.

ameríndia". A mesma expressão aparece numa anotação nos cadernos de Vallejo datada de 1932 ("Faz um frio teórico e prático")[53] e também em "Himno a los voluntarios de la República", primeiro poema do livro *España, aparta de mí este cáliz* (*"caos teórico y práctico"*).

Segundo Martínez García, os versos "Lenhos cristãos pela graça/ do tronco feliz e do ramo competente!" têm inequívocas conotações religiosas, seja pela referência aos "lenhos cristãos" (a cruz de Jesus), seja pelas menções a "tronco" e "ramo" que abundam no Velho e no Novo Testamento como metáforas da vinda do Messias (por exemplo, em Isaías 11:1: "Um ramo sairá do tronco de Jessé, um rebento brotará de suas raízes", na versão da *Bíblia de Jerusalém*).[54]

A expressão de origem latina *"in fraganti"* ou *"infraganti"* ("em flagrante") é usada no original de forma incomum, com a repetição da preposição "em" (*"en infraganti"*). Optamos por não traduzir a repetição, entendendo, como Américo Ferrari, que há boas chances de ter sido um lapso do poeta.[55]

---

53   César Vallejo, *Contra el secreto profesional*, ed. cit. p. 85.

54   Francisco Martínez García, "Referencias bíblico-religiosas en la poesía de César Vallejo y su función desde una perspectiva crítica", ed. cit., p. 691.

55   *César Vallejo — Obra poética*. Edição crítica, coordenação Américo Ferrari. 2ª ed. (Madri/Paris/México/Buenos Aires/São Paulo/Rio de Janeiro/Lima: ALLCA XX, 1996), p. 361.

Telúrica y magnética

Meditación agrícola

¡Mecánica sincera y permansísima la del cerro colorado!
¡Suelo teórico y práctico!
¡Surcos inteligentes; ejemplo: el monolito y su cortejo!
¡Papales, cebadales, alfalfares, cosa buena!
¡Cultivos que integra una asombrosa jerarquía de útiles
y que integran con viento los mujidos,
las aguas con su sorda antigüedad!

¡Cuaternarios maíces, de opuestos natalicios,
los oigo por los pies cómo se alejan,
los huelo retornar cuando la tierra
tropieza con la técnica del cielo!
¡Molécula exabrupto! ¡Átomo terso!

¡Oh campos humanos!
¡Oh climas encontrados dentro del oro, listos!
¡Oh campo intelectual de cordillera,
con religión, con campo, con patitos!
¡Paquidermos en prosa cuando pasan
y en verso cuando páranse!
¡Roedores que miran con sentimiento judicial en torno!
¡Oh patrióticos asnos de mi vida!
¡Oh luz que dista apenas un espejo de la sombra,
que es vida con el punto y, con la línea, polvo
y que por eso acato, subiendo por la idea a mi osamenta!

Piensan los viejos asnos

Ahora vestiríame
de músico por verle,
chocaría con su alma, sobándole el destino con mi mano,
le dejaría tranquilo, ya que es una alma a pausas,
en fin, le dejaría
posiblemente muerto sobre su cuerpo muerto.

PROPIEDAD DE
CÉSAR VALLEJO

Podría hoy dilatarse en este frío,
podría toser; le vi bostezar, duplicándose en mi oído
su aciago movimiento muscular.

Me refiero a un hombre, a su placa positiva
y ¿por qué nó? a su boldo ejecutante,
aquel horrible filamento lujoso;
a su bastón con puño de plata con perrito,
y a los niños
que él dijo eran sus fúnebres cuñados.

Por eso vestiríame hoy de músico,
chocaría con su alma que quedóse ~~contemplando~~ *mirando* a mi materia...
¡Mas ya nunca veréle afeitándose al pie de su mañana;
ya nunca, ya jamás, ya para qué!
~~¡Le llamaré del margen de su nombre de río encajonado!~~

¡Hey que ver! ¡Qué cosa cosa,
qué jamás de ~~los~~ jamases su jamás!

23.

Alguns elementos deste poema, como os versos "Hoje eu me vestiria/ de músico para vê-lo", sugerem que ele alude à morte do músico Alfonso de Silva, grande amigo de Vallejo (ver nota ao poema "Alfonso: você está me olhando, eu sei").

A expressão "placa positiva" parece ter conotações médicas, embora não se possa ter certeza da acepção em que é usada. A palavra *"placa"* tanto pode ser interpretada como "mancha mais ou menos espessa na pele, como resultado de doença, escoriação etc.", como no sentido mais arcaico de "radiografia", que, por ser "positiva", parece indicar uma referência à tuberculose.[56] Contudo, a expressão também pode se referir aos sintomas externos correspondentes ao segundo grau da sífilis, e "positiva" faria alusão à reação Wasserman, teste usado no diagnóstico da doença.[57]

No último verso, a expressão "nunca de núncaras" foi tomada emprestada do poema "Amar-amaro", de Carlos Drummond de Andrade.

---

56   César Vallejo, *Desde Europa: crónicas y artículos (1923-1938)*. Compilação, prólogo e notas de Jorge Pucinelli (Lima: Ediciones Fuente de Cultura Peruana, 1987), p. 98.

57   Xavier Abril, *César Vallejo o la teoría poética* (Madri: Taurus, 1962), p. 148.

La rueda del hambriento

Por entre mis propios dientes salgo humeando,
dando voces, pujando,
bajándome los pantalones...
Váca mi estómago, váca mi yeyuno,
la miseria me saca por entre mis propios dientes,
cogido con un palito por el puño de la camisa.

Una piedra en que sentarme
¿no habrá ahora para mí?
Aun aquella piedra en que tropieza la mujer que ha dado a luz,
la madre del cordero, la causa, la raiz,
¿ésa no habrá ahora para mí?   *PROPIEDAD DE*
¡Siquiera aquella otra,   **CÉSAR VALLEJO**
que ha pasado agachándose por mi alma!
Siquiera
la calcárida o la mala (humilde océano)
o la que ya no sirve ni para ser tirada contra el hombre,
¡ésa dádmela ahora para mí!

Siquiera la que hallaren atravesada *y sola* en un insulto,
¡ésa dádmela ahora para mí!
Siquiera la torcida y coronada, en que resuena
solamente una vez el andar de las rectas conciencias,
o, al menos, esa otra, que arrojada en digna curva,
va a caer por sí misma,
en profesión de entraña verdadera,
¡ésa dádmela ahora para mí!

Un pedazo de pan, ¿tampoco habrá ahora para mí?
Ya no más he de ser lo que siempre he de ser,
pero dadme
una piedra en que sentarme, *pero dadme,*
por favor, un pedazo de pan en que sentarme, *pero dadme*
por favor, *en español*
algo, en fin, de beber, de comer, de vivir, de reposarse,
y después me iré...
Hallo una extraña forma, está muy rota
y sucia mi camisa y ya no tengo nada, *esto es horrendo.*

24.

As alusões à experiência da pobreza, sem dúvida relacionadas às muitas privações pelas quais o poeta passou em seus anos em Paris, estão presentes neste e em vários outros poemas deste livro, em particular "Os desvalidos" e "Alfonso: você está me olhando, eu sei" ("Eu ainda/compro 'du vin, du lait, comptant les sous'").

A frase "*la madre del cordero*" ("a mãe do cordeiro"), além de aludir à Virgem Maria (mãe de Jesus, "cordeiro de Deus"), também é uma expressão idiomática em espanhol que designa "o ponto central, a essência, a causa ou elemento principal de um assunto ou problema".

O neologismo "*calcárida*" é provavelmente uma junção de "*calcárea*" e "*árida*".

25.

OS DESVALIDOS

Sobre este poema, diz Stephen M. Hart:

> Este poema se conta entre os mais famosos do poeta peruano. Em "Os desvalidos" Vallejo dirige a palavra aos setores mais pobres e necessitados da sociedade, expressando-lhes uma profunda simpatia. Como notou James Higgins, este poema "evoca a miséria sofrida pelo proletariado como consequência da crise do capitalismo". Essa miséria é evocada em termos apocalípticos. Em seu caderno de anotações, Vallejo descreveu a desgraça assim: "Para as almas de absoluto, a morte é uma desgraça intemporal, uma desgraça vista daqui, de lá, do mundo, do céu, do instante e do futuro e do passado. Para os seres materialistas, isso não é mais do que uma desgraça vista deste mundo: como ser pobre, cair, expor-se ao ridículo etc.". Este poema, com efeito, constitui uma reflexão sobre o conceito da desgraça no mundo contemporâneo; surge desse mesmo conflito enunciado, no ensaio, entre a interpretação absolutista, por um lado, e materialista, por outro. Mas se enfoca exclusivamente numa figura solitária: o desvalido que se levanta para ir ao trabalho. Por essas razões, "Os desvalidos" não é um poema fatalista.[58]

Com relação ao título do poema: embora haja equivalência entre os termos "*desgraciado*" em espanhol e "desgraçado" em português, entendemos que há diferença significativa nas acepções predominantes em ambos os idiomas. Enquanto em espanhol "*desgraciado*" é amplamente empregado como sinônimo de "infeliz, desafortunado", em português a palavra "desgraçado" parece ser mais usada no sentido de "que provoca desprezo, infame, vil". Por essa razão, optamos pelo termo "os desvalidos", que evoca a acepção que é a mais corrente em espanhol e também a utilizada por Vallejo neste poema.

Sobre os versos "pois é horrível/ quando a desgraça cai no nosso teto/ e nosso dente cai profundamente", Américo Ferrari menciona uma superstição muito comum no norte do Peru, segundo a qual a queda de um dente é presságio de desgraça.[59]

---

58   César Vallejo, *Autógrafos olvidados* (Londres/Lima: Tamesis/Pontificia Universidad Católica del Perú, 2003), p. 92.

59   Américo Ferrari, "La presencia del Perú", ed. cit., p. 31.

26.

PARIS, OUTUBRO 1936

As imagens de partida e despedida que aparecem neste poema são recorrentes em Vallejo e estão presentes em outros poemas deste livro, como "Despedida recordando um adeus" e "Violão e palmas" ("Até a nossa partida, adeus adeus!"). Essas imagens tanto podem estar ligadas à ideia de partir para retornar a algum lugar (ver nota ao poema "Até a minha volta, desta pedra") quanto à ideia da morte como a "partida" definitiva.

27. "Calor, vou fatigado com meu ouro"

Datado de 4 de setembro de 1937, este é o primeiro dos *Poemas humanos* escrito no ciclo final da produção poética de Vallejo, que começara no dia anterior, com o poema "Invierno en la batalla de Teruel" (que integra o livro *España, aparta de mí este cáliz*), e que terminaria em 8 de dezembro com "Sermão sobre a morte", último poema deste livro.

Neste, como em vários dos *Poemas humanos*, Vallejo parece aludir à sua própria morte. O verso "Paris, e 4, e 5" possivelmente se refere à idade do poeta quando escreveu o poema (45 anos). As "folhas do Luxemburgo" são provavelmente uma referência às folhas caídas das árvores do Jardin du Luxembourg, em Paris. A esse respeito, diz Higgins: "As folhas caídas das árvores dos jardins de Luxemburgo e espalhadas em meio à poeira lembram ao poeta os meses que foram arrancados de sua vida".[60]

"*Septembre attiédi*" são as palavras finais do soneto "A une femme", de Paul Verlaine, de seu primeiro livro, *Poèmes saturniens* (1866).

Já a frase "*C'est Paris, reine du monde!*" remete a outro verso de Verlaine, no poema "*Nocturne parisien*", do mesmo livro: "*Ou dans tes bras fardés, Paris, reine du monde!*". É provável que a frase seja também uma citação da canção "*Ça c'est Paris*", composta pelo espanhol José Padilla Sánchez com letra em francês de Lucien Boyer e Jacques-Charles. Gravada pela atriz e cantora Mistinguett (pseudônimo de Jeanne Florentine Bourgeois), tornou-se um de seus maiores sucessos e uma das canções mais emblemáticas de Paris.

---

60   James Higgins, *Visión del hombre y de la vida en las últimas obras poéticas de César Vallejo*, ed. cit., p. 86.

28. "Um pilar sustentando consolos"

Segundo Nadine Ly, a expressão "terceiras núpcias" refere-se "à terceira e última fase do viver, ou seja, a morte", e nesse sentido seria equivalente à "tripla evolução" mencionada no poema "Acaba de passar o que virá".[61] Há outros elementos na mesma estrofe que indicam que Vallejo pode estar novamente aludindo à própria morte: além da referência a "este esqueleto", a expressão *estar en capilla* (usada no verso *"este dedo en capilla"*, aqui traduzido como "este dedo funesto") aplica-se à situação de um réu desde o momento em que recebe a sentença de morte até a execução.

Note-se que o neologismo "coraçãomente" tanto pode ser um advérbio de modo quanto um substantivo que une as palavras "coração" e "mente".

O poema possivelmente contém alusões ao "Pilar de Absalão" mencionado no Velho Testamento (2 Samuel 18:18): "Ora, Absalão, quando ainda vivia, tinha feito levantar para si a coluna que está no vale do rei; pois dizia: Nenhum filho tenho para conservar a memória do meu nome. E deu o seu próprio nome àquela coluna, a qual até o dia de hoje se chama o Pilar de Absalão" (na versão da *Bíblia de João Ferreira de Almeida atualizada*).

Data do original: 6 de setembro de 1937.

---

61 Nadine Ly, "La poética de César Vallejo: 'Arsenal del trabajo'". *Cuadernos Hispanoamericanos. Homenaje a César Vallejo*, vol. 2, nº 456-457, 1988, p. 907.

29.

"Ao meditar sobre a vida, ao meditar"

Sobre o verso "ontem domingo em que perdi meu sábado", veja-se a seguinte estrofe do poema LX de *Trilce*:

> *Y se apolilla mi paciencia,*
> *y me vuelvo a exclamar: ¡Cuándo vendrá*
> *el domingo bocón y mudo del sepulcro;*
> *cuándo vendrá a cargar este sábado*
> *de harapos, esta horrible sutura*
> *del placer que nos engendra sin querer,*
> *y el placer que nos DestieRRa!*

Sobre o verso final: para Américo Ferrari, o "audaz marido da morte" é o tempo, que recebe de Vallejo o mesmo qualificativo ("audaz") nestes versos do poema "Imagen española de la muerte", do livro *España, aparta de mí este cáliz*:

> *Llamadla! No es un ser, muerte violenta,*
> *sino, apenas, lacónico suceso;*
> *más bien su modo tira, cuando ataca,*
> *tira a tumulto simple, sin órbitas ni cánticos de dicha;*
> *más bien tira su tiempo audaz, a céntimo impreciso*
> *y sus sordos quilates, a déspotas aplausos.*[62]

Data do original: 7 de setembro de 1937.

---

62 Américo Ferrari, *El universo poético de César Vallejo*, ed. cit., pp. 75-6.

30.

POEMA PARA SER LIDO E CANTADO

A respeito da primeira estrofe, veja-se a frase de Pascal citada por Vallejo em seu texto "Individuo y Sociedad": "Você não me procuraria se já não tivesse me encontrado".[63]

O verso *"al lado mismo de su tasa de agua"* pode ser entendido de pelo menos duas maneiras diferentes: ou a palavra *"tasa"* é lida de forma literal como "taxa, tarifa, imposto", ou se trata de uma grafia diferente para *"taza"*, "xícara, vasilha", o que parece fazer mais sentido no contexto do poema. Optamos por essa segunda interpretação, levando em conta que há vários casos de palavras com grafia variável neste livro.

Data do original: 7 de setembro de 1937.

---

[63] César Vallejo, *Contra el secreto profesional*, ed. cit., p. 29.

31. "O SOTAQUE ESTÁ PRESO EM MEU SAPATO"

Jorge Guzmán, escritor e professor de literatura na Universidade do Chile, escreveu a respeito deste poema um breve e elucidativo artigo em que apresenta uma proposta de interpretação, que orientou a presente tradução.[64] Sem negar o alcance universal do poema de Vallejo, Guzmán aponta, em resumo, que o sentido metafísico do texto está ancorado numa experiência bastante concreta e facilmente identificável: o estranhamento e a solidão vividos por Vallejo em seus anos na França. Partindo da afirmação de Juan Larrea — amigo e contemporâneo de Vallejo em Paris — de que o poeta sentia vergonha de sua pronúncia do francês, Guzmán propõe a imagem do eu lírico como um réu levado a julgamento e, nesse sentido, a referência ao sotaque preso no sapato lembraria uma bola de ferro que, presa ao pé de um condenado, impede que ele se movimente livremente.

Ainda segundo Guzmán, a enigmática frase *"entrar a mi martillo"* seria um jogo fonético que aludiria à palavra *"martirio"*. Tentamos reproduzir o mesmo efeito usando a palavra "calcário" para aludir a "calvário".

Data do original: 12 de setembro de 1937.

---

64   Jorge Guzmán, "César Vallejo: 'El acento me pende del zapato'". *Inti — Revista de Literatura Hispánica*, vol. 1, nº 36, 1992.

32.

"A PONTA DO HOMEM"

Segundo Juan Larrea, a palavra "*punta*", tal como usada neste poema, é uma "referência inequívoca [...] ao membro viril".[65]

O neologismo "*dondoneo*" pode estar relacionado a "*doneo*" ("galanteio") ou a "*contoneo*" ("ginga, molejo"), ou a ambos os termos. Aproveitando as semelhanças fonéticas entre os dois idiomas, optamos por criar o neologismo "dondoneio".

Na tradução da palavra "*patilla*", baseamo-nos na seguinte interpretação de Federico Bravo: "diminutivo de '*pata*' [pata de animal], que aparece com a mesma acepção de 'falo' em expressões tipicamente peruanas como '*pata de cabra*' ou '*patacabra*'".[66] Para transmitir a conotação fálica e ao mesmo tempo manter certa ambiguidade, optamos pelo termo "pistola", que remete tanto às referências militares anteriores ("soldado" e "pólvora") quanto a um dos muitos sinônimos populares usados no Brasil para "pênis".

Sobre a palavra "*jebe*", ver nota ao poema "Chapéu, casaco, luvas".

Data do original: 14 de setembro de 1937.

---

65   Juan Larrea, "Vocabulario de las obras poéticas de Vallejo". In *César Vallejo — Poesía completa* (Barcelona: Barral, 1978), p. 807.

66   Federico Bravo, "Pautas para el estudio de *Poemas humanos*". In Federico Bravo, *Figures de l'étymologie dans l'œuvre poétique de César Vallejo* (Bordeaux: Presses Universitaires de Bordeaux, 2017), p. 210.

¡Oh botella sin vino!¡oh vino que enviudó de esta botella!
Tarde cuando la aurora de la tarde
flameó ~~flameó~~ funestamente en cinco espíritus.
Viudez sin pan ni mugre, rematando en horrendos metaloides
y en células orales acabando.

¡Oh siempre, nunca dar con el jamás de tanto siempre!
¡oh mis buenos amigos,cruel falacia,
parcial, penetrativa en nuestro tronco,
volátil, jugarino desconsuelo!

¡Sublime(*baja* perfección del cerdo, ~~palpa~~
palpa ~~toca~~ mi general melancolía!
¡Zuela sonante en sueños,
zuela
zafia, inferior, vendida, lícita, ladrona,
baja y *palpa* ~~toca~~ lo que eran mis ideas!

Tú y él y ellos y todos,   PROPIEDAD DE
sin embargo,   CÉSAR VALLEJO
entraron a la vez en mi camisa,
en los hombros madera, entre los fémures,palillos;
tú particularmente,
habiéndome influido; ~~~~
él,fútil, colorado, con~~xx~~ dinero
y ellos, zánganos ~~de~~ de ala de otro peso.

¡Oh botella sin vino!¡oh vino que enviudó de esta botella!

16 Set 1937

33. "Ó GARRAFA SEM VINHO! Ó VINHO [...]"

Segundo a intepretação proposta por Stephen M. Hart, este poema seria uma espécie de ajuste de contas de Vallejo com as vanguardas e, mais especificamente, com o surrealismo. A partir da análise dos manuscritos autógrafos publicados em 2003, Hart compara a técnica usada por Vallejo para escrever este e alguns outros poemas deste livro com o "cadáver esquisito", técnica verbal e visual usada pelos surrealistas em Paris na década de 1920. A técnica consistia em escrever ou desenhar numa folha de papel, dobrá-la e passá-la a outra pessoa, que continuaria o texto ou o desenho, a dobraria e a passaria adiante, até terminar a folha. O primeiro exemplo conhecido resultou na frase "o cadáver esquisito beberá o vinho novo", que acabou dando nome à técnica. Diz Hart:

> Antes de escrever o poema, Vallejo incluía na margem direita da página uma lista de termos que, metodicamente, utilizava para escrever o poema. A ordem das palavras na lista correspondia, por exemplo, à ordem de aparição destas mesmas palavras no poema. Depois de integrá-las no poema, Vallejo as riscava da lista, para certificar-se de sua inclusão. Curiosamente, essas palavras não tinham nada a ver nem com o argumento nem com o contexto nem com a ideia primária do poema; pareciam arbitrárias, aleatórias. Dada a aparente arbitrariedade das palavras na lista, a composição dos poemas de Vallejo demonstrava uma semelhança surpreendente com a fórmula usada pelos surrealistas, ou seja, o famoso "cadáver esquisito" mencionado acima. [...] A primeira coisa a ressaltar é que a lista de palavras escolhidas e escritas no lado direito da página em que Vallejo escreveu o poema é claramente visível no fac-símile do poema. As palavras incluídas na lista de fato parecem bastante estranhas para um poema dedicado a uma garrafa sem vinho. Incluem, por exemplo, palavras como "*teje*", "*olvido*", "*zuela*", "*cerdo*", "*zafia*", "*fútil*", "*metaloide*" e "*palillos*". Parecem se encaixar bem com a fórmula do cadáver esquisito, por sua evidente arbitrariedade.
>
> Mas há uma característica do poema que indica que Vallejo sabia exatamente o que estava fazendo, e é o detalhe do vinho no poema. Não é casual que o primeiro poema criado pelos surrealistas e oferecido como protótipo do cadáver esquisito fosse um poema igualmente dedicado ao vinho. [...] Vallejo havia acompanhado de perto os debates e os altos e baixos dos surrealistas nos anos vinte e não é possível, em minha opinião, supor que Vallejo tivesse escolhido o tema do vinho por mera coincidência.[67]

---

67 Stephen M. Hart, "El cadáver exquisito de César Vallejo". *Archivo Vallejo*, vol. 1, nº 1, 2018, pp. 338-9.

Embora as características vanguardistas que Vallejo apresenta em *Trilce* façam com que ele seja às vezes considerado uma espécie de "protossurrealista" (o primeiro manifesto surrealista seria publicado apenas em 1924, dois anos depois da edição do livro), o poeta tinha uma relação no mínimo ambivalente com os surrealistas. O período em que Vallejo viveu em Paris coincidiu com o nascimento, apogeu e declínio do movimento; é difícil imaginar que ele não tenha sido impactado de alguma maneira por isso, e diversos autores já apontaram elementos que poderiam indicar alguma influência ou diálogo com o surrealismo. Contudo, há também vários registros de suas críticas artísticas e políticas ao movimento, o mais conhecido dos quais é o artigo "Autopsia del superrealismo", publicado em 1930. Nele, diz Vallejo:

> Na verdade, o surrealismo, como escola literária, não representava nenhum aporte construtivo. Era mais uma receita para fazer poemas sob medida, como são e serão as escolas literárias de todos os tempos. Mais ainda: não era nem sequer uma receita original. Toda a pomposa teoria e o abracadabrante método do surrealismo foram condensados e vêm de alguns pensamentos esboçados sobre o assunto por Apollinaire. Baseados nessas ideias do autor de *Caligramas*, os manifestos surrealistas se limitavam a edificar inteligentes jogos de salão relativos à escrita automática, à moral, à religião, à política.[68]

Mais adiante, criticando as dificuldades do surrealismo de "afrontar os problemas vivos da sociedade", Vallejo descreve como os surrealistas tentaram aproximar-se primeiro do anarquismo e depois do marxismo, e ataca duramente o movimento e seu expoente mais conhecido, André Breton:

> Infelizmente, Breton e seus amigos, contrariando e desmentindo suas estridentes declarações de fé marxista, continuaram sendo, subconscientemente e sem poder evitar, uns intelectuais anarquistas incuráveis. [...] A adesão ao comunismo não teve reflexo algum sobre o sentido e as formas essenciais de suas obras [...]. Neste momento, o surrealismo — como movimento marxista — é um cadáver.[69]

Embora essas palavras deem a impressão de que a postura de Vallejo com relação ao surrealismo era de rejeição absoluta, Hart argumenta em favor de uma posição mais ambígua, baseando-se nos indícios de utilização de técnicas semelhantes às dos surrealistas na elaboração deste e de outros poemas do presente livro. Para Hart, este poema sugere que, embora Vallejo termine negando o surrealismo como mo-

---

68   César Vallejo, *Arte y Revolución*, ed. cit., p. 73.
69   *Ibidem*, pp. 75-6.

vimento, não deixa de reconhecer, de alguma forma, a influência dos surrealistas sobre sua formação artística:

> Este poema, em minha opinião, pode ser lido como um "poème à clé" e sugiro que André Breton é a pessoa a quem se alude sob o anônimo "você" na frase "Você e ele e eles e todos, / no entanto, / entraram juntos na minha camisa, / [...] você especialmente, / tendo me influenciado". Embora Vallejo diga que Breton o influenciou, termina rechaçando sua influência. E, por isso, conclui com a mesma ideia da "morte" e da inutilidade do vinho na última estrofe: "Ó garrafa sem vinho! Ó vinho que enviuvou desta garrafa!".
>
> Depois das quatro estrofes, o refrão agora assume um tom sutilmente irônico. Na garrafa do surrealismo — o poeta se dá conta disso depois de investigar sua fórmula — não havia de fato vinho "novo", mas simplesmente vinho "morto". [...]
>
> Nesse sentido, podemos interpretar "Ó garrafa sem vinho! Ó vinho" como uma *arte poética* de Vallejo, um poema no qual expressa sua nova teoria da poesia. Vallejo aceita e indica no poema que o surrealismo foi importante para ele na primeira etapa de sua busca poética. E uma análise de *Trilce* e dos artigos que publicou em revistas como *Mundial* e *Variedades* demonstra isso; a vanguarda — incluindo o surrealismo — foi uma parte fundamental da formação de Vallejo. Mas, no fim das contas, Vallejo rejeitou esse "vinho morto" do surrealismo.[70]

Para reforçar o argumento de que o poema contém uma alusão velada a André Breton, Hart menciona a referência negativa ao mesmo Breton em "Um homem passa com um pão no ombro", escrito seis semanas mais tarde.

O neologismo *"jugarino"* é adjetivo derivado de *"jugar"* (brincar ou jogar), que optamos por traduzir como "brincarisco".

A palavra *"zuela"* tanto pode ser corruptela de *"suela"*, "sola", como sinônimo de *"azuela"*, "enxó". Optamos por traduzir como "sola" para manter a aliteração *"zuela/sonante/sueños"*.

Data do original: 16 de setembro de 1937.

[70] Stephen M. Hart, "El cadáver exquisito de César Vallejo", ed. cit., pp. 343-4.

34. "VAI CORRENDO, ANDANDO, FUGINDO"

Sobre este poema, diz James Higgins:

> [Em alguns poemas] Vallejo tem uma visão do mal que nos faz pensar nos romances de Kafka: a vida é uma espécie de pesadelo, cheio de terror, no qual o homem é perseguido por um mal que não compreende. [...] "Vai correndo, andando, fugindo" indica que a condição do homem é a fuga. A estrutura do poema cria a sensação de uma fuga frenética: baseia-se em versos entrecortados, no enjambement e na repetição do verbo "fugir" com os verbos vizinhos "ir", "correr" e "andar" [...]. Nestes versos Vallejo muda a função gramatical das palavras, empregando uma preposição (para) e um advérbio (então) como substantivos. A função de "para" é indicar o destino de algo e, portanto, representa o futuro que espera o homem; é reiterada por "então", que também se refere ao futuro. Essas expressões são qualificadas por adjetivos que são sinônimos e que reiteram que o futuro do homem seguirá o mesmo padrão de miséria e de sofrimento que o presente. Porque o homem traz seu futuro em suas mãos: não pode escapar do mal porque é algo que traz consigo, algo inerente a ele e à vida.[71]

Note-se o uso do gerúndio, neste e em muitos outros poemas deste livro, inclusive em seus títulos ou primeiros versos (por exemplo, "Um pilar sustentando consolos", "Fiquei esquentando a tinta em que me afogo", "Um homem está olhando uma mulher", "Considerando a frio, imparcialmente", "Alfonso: você está me olhando, eu sei" e "Despedida recordando um adeus"). A presença recorrente desse tempo verbal, assim como das palavras "hoje" e "agora", contribui para que a poesia de Vallejo esteja "irremediavelmente arraigada no momento presente", como diz James Higgins (ver nota ao poema "Hoje eu gosto da vida muito menos").

Sobre o verso "Nem árvore, se endossa ferro de ouro!", veja-se o verso "[Faltasse] ferro ao ouro", do poema "Viesse o mau, com um trono no ombro".

Data do original: 18 de setembro de 1937.

---

71   James Higgins, *Visión del hombre y de la vida en las últimas obras poéticas de César Vallejo*, ed. cit., pp. 62-3.

35. "Por fim, uma montanha"

Comentando o manuscrito deste poema, diz Stephen M. Hart:

> O poema trata de um tema muito comum na obra de Vallejo — a saber, a morte — e todo o argumento poético sobre o triste fim da vida humana parece ser inspirado por uma montanha que se vislumbra ao longe. Os diversos motivos se relacionam de forma muito efetiva na quarta estrofe, onde lemos o seguinte verso: "e minha morte, meu fundo, meu monte" [...]. Parece lógico deduzir que o "monte" é a tumba ou — para ser mais preciso — o "túmulo" mencionado na primeira versão da última estrofe do poema. Como sugeriu Américo Ferrari: "Não se trata aqui da clássica 'humanização da paisagem' e sim de uma utilização simbólica de elementos da paisagem natural que se desdobra numa realidade exclusivamente humana. Este monte ou colina é literalmente arrancado do mundo natural para dar forma às obsessões permanentes do poeta: a consciência da morte, a angústia da existência humana".[72]

Sobre o verso "ouro de prata e prata só de prata", veja-se o verso "Ladrões de ouro, vítimas de prata" do poema "Finalmente, sem esse bom aroma ininterrupto".

Data do original: 19 de setembro de 1937.

---

72 César Vallejo, *Autógrafos olvidados*, ed. cit., p. 100.

36.

"Quer e não quer a sua cor meu peito"

Sobre este poema, diz Stephen M. Hart:

O verso inicial do poema mostra o poeta dividido entre dois sentimentos, experimentando simultaneamente o desejo e o não-desejo. Vallejo retrata esse desejo como algo experimentado por seu corpo ("meu peito"), fazendo, assim, com que ele pareça mais forte que uma emoção comum. A palavra "cor" pode ser interpretada não apenas como uma alusão a "sangue", mas também como uma sinédoque sutil para "comunismo", tendo como elo intermediário entre os dois termos a palavra "vermelho", que é a cor arquetípica do comunismo. O fato de que o poeta menciona tristeza e felicidade no mesmo fôlego ("procuro ser feliz, choro em minha mão") sugere que está às voltas com emoções diferentes que competem para dominar sua mente. Essas emoções, como a próxima estrofe sugere, são derivadas, ou estão ligadas, à noção cristã do bem e do mal ("O mal quer seu vermelho"). Aqui, o "vermelho", desejado tanto pelo bem como pelo mal, pode ser interpretado, num nível, como um símbolo de sangue (ver acima); Vallejo, portanto, sugere que a existência do bem e do mal dentro do eu é tão natural quanto a circulação de sangue dentro do corpo. O "machado erguido" pode ser interpretado como a perversidade da morte e o "trote da asa a pé voando" como a função mais elevada do intelecto, que Vallejo frequentemente associava ao voo de um pássaro e (de forma mais mundana) ao caminhar ereto de um primata. Nessa estrofe Vallejo usa um truque poético, apresentando a noção abstrata do conflito entre o bem e o mal como se fosse parte de um processo corporal. A circulação de sangue no peito é fundida com a consciência humana do bem e do mal; a ética é assim "naturalizada". Curiosamente, o homem (que é, ao mesmo tempo, Vallejo e a humanidade inteira) é oprimido por essa dicotomia ("e não quer e sensivelmente/ [...] o bímano, o tão rude, o tão filósofo"). Note-se como a dicotomia entre o bem e o mal foi agora apresentada como um contraste entre a brutalidade do animal e a divindade do pensador-filósofo. A palavra mais sugestiva aqui é "bímano", pois Vallejo está deliberadamente chamando a atenção para a simetria birradial do corpo humano; a duplicidade do homem ocorre não só em sua mente, mas faz parte da própria estutura de seu corpo [...].

Como podemos ver, o poema de Vallejo trata da indecisão e, mais especificamente, da dor causada pela incapacidade de decidir. Num certo sentido, a impressão que fica do poema é que ele enfatiza mais o efeito dessa indecisão do que sua causa. Até onde podemos decifrar no texto, parece que a causa é a angústia provocada pela necessidade de fazer uma escolha moral entre o bem e o mal, assim como uma escolha política entre a Direita e a Esquerda.[73]

Sobre a expressão *"lloro con palo"* (aqui traduzida como "choro com bengala"), adotamos a interpretação de Higgins de que o poeta está se comparando a um cego que anda pela vida tateando com sua bengala (ver a frase "caminhar às cegas", no verso final).[74]

A palavra *"perrazo"*, aumentativo de *"perro"* ("cachorro"), parece estar relacionada à acepção "muito ruim, torpe, aviltante", como na expressão *"vida perra"*.

O neologismo *"cejón"*, aqui traduzido como "hirsuto", parece ser derivado de *"ceja"* ("sobrancelha") e poderia ser traduzido de forma literal como "sobrancelhudo".

Data do original: 22 de setembro de 1937.

---

73   Stephen M. Hart, "Vallejo in between: Postcolonial Identity in *Poemas humanos*", ed. cit., pp. 21-3.

74   James Higgins, *Visión del hombre y de la vida en las últimas obras poéticas de César Vallejo*, ed. cit., p. 113.

37.

"Isto"

Sobre este poema, diz Américo Ferrari:

> [O poema] expressa o assombro e a angústia diante desse "deslize" fora do tempo que é a morte; o poeta treme em seu corpo, identificado com uma "casca", e vê a própria morte, vê os "acordeões ossudos e palpáveis" que são "construídos" nos últimos suspiros, enquanto espera "ao pé do frio incêndio" em que se acaba; o fluxo e refluxo da vida-morte, "enquanto a água vai e a onda volta". E depois dessa imersão na morte, o homem se redescobre vivo, temporal, falando sozinho; constata, ao tocar-se, a existência em seu corpo, mas antes de tudo a dor de seu corpo, em tudo o que dói em seu organismo.[75]

A palavra *"vaina"* ("vagem" ou "bainha"), aqui traduzida como "casca", é também um dos vários sinônimos usados na linguagem popular peruana para "pênis".

Data do original: 23 de setembro de 1937.

---

75   Américo Ferrari, "La existencia y la muerte", ed. cit., p. 333.

38. "Fiquei esquentando a tinta em que me afogo"

Assim como outros poemas deste livro que envolvem antíteses e pares contrastantes (vida e morte, frio e calor, corpo e alma etc.), este poema está estruturado quase totalmente sobre a oposição entre dia e noite. Segundo Stephen M. Hart, a "caverna alternativa" a que se refere o poeta é "o processo criativo poético, o qual é ativado pelo jogo de termos opostos".[76]

Sobre o verso "chego a mim mesmo num avião de dois lugares", diz Higgins:

> Por mais que o poeta se esforce para superar a divisão dentro de si, ele sempre tropeça em sua realidade de uma personalidade em conflito consigo mesma [...]. O avião, símbolo das aspirações e anseios do poeta, retorna ao ponto de partida como um bumerangue. É significativo que esse avião tenha dois lugares: o número dois aparece com muita frequência na poesia de Vallejo como símbolo da dualidade.[77]

Data do original: 24 de setembro de 1937.

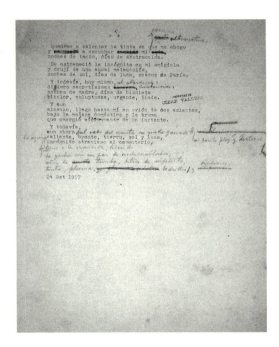

[76] Stephen M. Hart, *Religión, política y ciencia en la obra de César Vallejo*, ed. cit., p. 61.
[77] James Higgins, *Visión del hombre y de la vida en las últimas obras poéticas de César Vallejo*, ed. cit., p. 238.

39. "A PAZ, A VESPA, AS SOLAS, AS VERTENTES"

Sobre este poema, diz Stephen M. Hart:

> Este poema, como bem anota Julio Vélez, "nas cinco estrofes que o compõem, utiliza categorias distintas, para percorrer o caminho que separa a realidade do sonho"; há no poema aquilo que o mesmo crítico denominou de "uma separação de elementos contrários, incapazes de se fundir". Por ser composto de uma lista de palavras ordenadas por sua identidade gramatical (substantivos na primeira estrofe, adjetivos e particípios na segunda, gerúndios na terceira, advérbios e pronomes na quarta, e adjetivos substantivados na última), "A paz, a vespa, as solas, as vertentes" é um poema extremamente difícil; Carlos Henderson chamou-o de "um poema da desconstrução da palavra". Contudo, a série de manuscritos de que agora dispomos permite entender a razão pela qual Vallejo usou essa fórmula (ou seja, a sucessão de formas gramaticais) para escrever o poema. "A paz, a vespa, as solas, as vertentes" segue cronologicamente de perto os três poemas de *Poemas humanos* cuja estrutura é baseada numa lista de palavras ("Ó garrafa sem vinho! Ó vinho", "Por fim, uma montanha" e "Quer e não quer a sua cor meu peito"), que já interpretamos como exemplos de experimentação poética, e é lícito supor que "A paz, a vespa, as solas, as vertentes" seja outro exemplo do mesmo exercício lírico. De fato, podemos sugerir que, neste poema, Vallejo deu um passo ainda mais atrevido: ofereceu aqui ao leitor nada além do esqueleto do poema; não vemos sua "carne", ou seja, seu arcabouço retórico. É o próprio leitor que tem que colocar os vestidos retóricos no esqueleto nu do poema.[78]

Data do original: 25 de setembro de 1937.

---

[78] César Vallejo, *Autógrafos olvidados*, ed. cit., pp. 105-6.

40.   "TRANSIDO, SALOMÔNICO, DECENTE"

Sobre este poema, diz Stephen M. Hart:

> Uma vez que este poema vem imediatamente depois de "A paz, a ves-
> pa, as solas, as vertentes" (foi escrito no dia seguinte), é oportuno
> considerá-lo no mesmo contexto, ou seja, como um poema que fun-
> ciona como um esqueleto verbal para o qual o leitor deve preencher
> os espaços em branco. Este poema, como demonstrou Julio Vélez,
> recorre à mesma técnica de semiótica espacial da fragmentação. De-
> monstra, mais ainda que "A paz, a vespa, as solas, as vertentes", que a
> estratégia retórica do poeta peruano consiste em escrever um exer-
> cício verbal até as últimas consequências, uma vez que recorre a uma
> sucessão de grupos de palavras escolhidas por sua função gramatical
> (adjetivos, preposições, infinitivos, advérbios, o verbo no futuro etc.)
> e cujos nexos conceituais entre si são mínimos.[79]

Sobre o verso "falando em ouro", veja-se o verso "meditando
em ouro" de "Um pouco mais de calma, camarada".

Data do original: 26 de setembro de 1937.

---

79   *Ibidem*, p. 107.

41.   "E ENTÃO? O METALOIDE PÁLIDO TE CURA?"

Metaloide é um elemento químico que possui propriedades intermediárias entre os metais e os não-metais. O poeta e crítico literário peruano Xavier Abril, num curto e polêmico ensaio intitulado "La enfermedad de Vallejo",[80] levantou a hipótese de que Vallejo sofresse de sífilis, doença que possivelmente teria causado sua morte. À luz dessa hipótese (contestada violentamente por Georgette Vallejo), Abril propõe a interpretação de que diversos termos e expressões médicos usados nos poemas deste livro poderiam ser referências veladas à doença ("ciclo microbiano", "placa positiva", "bacilo feliz e doutoral", "metaloide pálido" etc.). Nesse contexto, diz ele, "metaloide" poderia ser uma referência ao mercúrio, elemento químico tradicionalmente usado para tratar a sífilis até o começo do século xx; e "pálido" poderia ser uma referência ao agente patogênico causador da sífilis, a bactéria *Treponema pallidum*, também conhecida como "espiroqueta pálido". Contudo, o próprio autor reconhece que o mercúrio não é um metaloide, e sim um metal. Curiosamente, nem Abril nem os demais estudiosos de Vallejo a cujos trabalhos tivemos acesso mencionam que havia, de fato, um metaloide muito usado contra a sífilis nas primeiras décadas do século xx, antes do advento da penicilina: o arsênio. Dois dos remédios mais comuns para a doença, o Salvarsan e o Neosalvarsan, eram compostos à base de arsênio.

A expressão "metaloide pálido" também é usada no poema "Quando os mineiros saíram da mina". Além disso, a palavra "metaloide" é usada ainda num terceiro poema, "Ó garrafa sem vinho! Ó vinho" ("arrematando em horrendos metaloides").

Data do original: 27 de setembro de 1937.

---

[80]   Xavier Abril, *César Vallejo o la teoría poética*, ed. cit., pp. 145-51.

42.

"DE TANTO CALOR TENHO FRIO"

Sobre este poema, diz Jean Franco:

> Embora os *Poemas humanos* não sejam cristãos em sentido algum, neles há um anseio de Logos, patente em referências a um Messias perdido — "acaba de passar o que virá" —, referências à "garrafa sem vinho", ao "vinho que enviuvou desta garrafa". O vocabulário e a retórica bíblica sobrevivem à morte de Deus. Rezar para a "mãe alma" e o "pai corpo" e transformar os cânticos de São Francisco de Assis ao Irmão Sol e à Irmã Lua num hino à "Irmã Inveja" e à "Esposa Tumba", como Vallejo faz em "De tanto calor tenho frio", é uma maneira de transformar a linguagem religiosa não só em paródia, mas também em signo da ausência.[81]

Sobre a antítese entre frio e calor, veja-se a nota ao poema "Chapéu, casaco, luvas".

Data do original: 29 de setembro de 1937.

---

[81] Jean Franco, *César Vallejo: la dialéctica de la poesía y el silencio*, ed. cit., pp. 292-3.

43. "Confiança na luneta, não no olho"

Este é um dos vários poemas deste livro (a exemplo de "Duplas" e "Um homem passa com um pão no ombro") estruturado a partir de antíteses, tão presentes em toda a obra de Vallejo (ver nota ao poema "Chapéu, casaco, luvas").

Data do original: 5 de outubro de 1937.

44.

Sobre este poema, diz Américo Ferrari:

> Na última parte do poema, introduzida por "Pergunte, Luis...", Vallejo reapresenta, numa ordem diferente, mas de maneira literal e quase exaustiva, as palavras da primeira parte. Ficam fora desse apanhado algumas palavras da primeira estrofe e outras, mais numerosas, da segunda; por outro lado, constatamos a presença de um verso ("um corte oblíquo à linha do camelo") que parece romper o sistema da estrofe composta exclusivamente, com exceção desse verso, de palavras reiteradas. Mas é possível ampliar o campo das reiterações, se aceitamos que estas podem ser não só literais, mas também conceituais ou nocionais. Assim, podemos identificar "lenha" e "madeira" (noção que resultaria, então, reiterada duas vezes), "fóssil" e "diplomas dos mortos", enquanto que "testa" reitera a noção de "pensar" contida em "mel meditado" [...]; esses termos que se referem à esfera do pensar estão relacionados, por sua vez, ao "quando raciocino" do princípio, e, por conseguinte, o retomam implicitamente. Convém lembrar, por outro lado, que a palavra "cometa", na obra de Vallejo, às vezes pode sugerir o espírito, em oposição ao corpo, que é identificado com o animal em geral ou com algum animal em particular. Daí podemos conjecturar que a palavra "camelo" se relaciona aqui com a esfera do corpo, do ser humano considerado como ente material [...].
>
> Encontramo-nos aqui num terreno movediço, numa espécie de cataclismo mental que sacode até os alicerces a estrutura do poema. Abruptamente, somos colocados diante de algumas interrogações que surgem sem que possamos saber com clareza qual o seu objeto, seguidas, sem transição, por uma série de exclamações em que se confrontam termos contraditórios, fragmentos de pensamento que surgem apenas para depois naufragar no silêncio, como em *Trilce*, sem nos mostrar o fio condutor da intuição central [...].
>
> Ao reordenar esses elementos na última estrofe, Vallejo, mesmo sem superar as contradições inerentes à sua visão da realidade, consegue, no entanto, impor uma ordem e uma estrutura a esse caos. Em primeiro lugar, os termos relativos à pergunta e à resposta estão reunidos num só verso, o primeiro, que sintetiza assim o essencial da primeira estrofe. O segundo verso reagrupa os quatro termos que designam relações contraditórias do espaço, cuja enumeração salta por cima do terceiro verso para completar-se no quarto (esta distância, nos parece, corresponde ao espaço ou hiato entre a segunda e a terceira estrofes). O terceiro verso e a segunda metade do quarto agrupam elementos da segunda e da primeira estrofe, e, finalmente, os quatro últimos versos operam condensações ou sínteses decisivas para a compreensão do poema [...].

"[P]ranto de testa", "fibra da minha coroa de carne" são expressões que fundem numa síntese evidente, embora sempre precária, inexplicável e problemática, os termos da dualidade que se confrontavam nos primeiros versos do poema. A coexistência da alma e do corpo, do espírito e do animal num só ser concretamente existente, longe de responder às perguntas que abriam o poema, as prolongam através do tom de perplexidade que continua dominante sob o signo da exclamação: Luis continua fazendo perguntas que Hermeregildo não consegue responder, a não ser mostrando os aspectos contraditórios e incompatíveis da existência.[82]

Segundo André Coyné, o título evoca o poema "¡Oh, terremoto mental!", de Rubén Darío.[83]

Sobre os nomes próprios mencionados no poema, Ferrari diz que "têm um sentido simbólico difuso e indeterminado que aparece em outros poemas de Vallejo" (como os "joões corporais" em "A alma que sofreu de ser seu corpo" ou as "orelhas sánchez" em "Tropeçando entre duas estrelas").[84]

Stephen M. Hart apresenta uma interpretação diferente: "Luis" e "Isabel" seriam figuras políticas, possivelmente Luis II, rei da França, apelidado "o gago" (e por isso Vallejo o chamaria de "o lento"), e Isabel I, rainha de Castela, responsável pela instauração da Inquisição espanhola (e por isso a referência ao fogo). "Hermeregildo" e "Atanacio" seriam possivelmente referências a São Hermenegildo e São Atanásio. Diz Hart:

> Vallejo introduz São Hermenegildo e São Atanásio porque ambos são conhecidos por sua defesa da fé ortodoxa contra o arianismo [...]. O arianismo, que gerou muito debate no século IV e mesmo depois, ao enfatizar a absoluta divindade de Deus e a humanidade de Cristo, tendia a gerar uma cisão entre os reinos material e espiritual que se mostrou inaceitável para o cristianismo ortodoxo.
>
> Uma indagação sobre esta questão filosófica fundamental está no coração do poema de Vallejo. Assim, na primeira estrofe o poeta pergunta se, ao raciocinar, ele deve esquecer "minha trança, minha coroa de carne". Em outras palavras, Vallejo parece estar dizendo: será que faz sentido pensar em mente e corpo como entidades separadas? Da mesma forma, Vallejo pergunta se deve esquecer "o fóssil" (isto é, a inevitabilidade da morte física) ao "varrer o chão" (isto é, ao pensar). O mesmo paralelismo sustenta a metáfora que abre o poema, onde a "lenha" (o corpo) é contrastada com o "fogo" (a alma).[85]

Data do original: 6 de outubro de 1937.

---

82   Américo Ferrari, *El universo poético de César Vallejo*, ed. cit., pp. 313-8.

83   André Coyné, *op. cit.*, p. 72.

84   Américo Ferrari, *El universo poético de César Vallejo*, ed. cit., p. 317.

85   Stephen M. Hart, "César Vallejo's Personal Earthquake". *Romance Notes*, vol. 25, nº 2, 1984, p. 129.

45.

"ESCARNECIDO, ACLIMATADO AO BEM, MÓRBIDO, ARDENTE"

Este poema compara a vida a um jogo de azar (neste caso, um jogo de cartas), metáfora que Vallejo usa em outras ocasiões, como no poema "Los dados eternos", do livro *Los heraldos negros*, ou em "Primavera tuberosa", neste livro ("Perdi-a como trapo dos meus desperdícios, / joguei-a como pomo dos aplausos"). Como em muitos outros poemas deste livro, aqui há várias alusões à morte ("acabam em moscas os destinos", "féretro numeral, dos meus pecados", "os destinos se acabam em bactérias").

Com relação ao primeiro verso, André Coyné chama a atenção para o efeito expressivo da acumulação de adjetivos, neste e em outros poemas do livro (como nos versos "Posso intuí-lo cartesiano, autômato, / moribundo, cordial, enfim, esplêndido" em "Duas crianças que anseiam" e "Assim sendo, cogitabundo, aurífero, braçudo" em "Sermão sobre a morte"). Como aponta Coyné, esse recurso estilístico remonta à tradição do barroco espanhol, exemplificada no soneto "De un caminante enfermo que se enamoró donde fue hospedado", de Luis de Góngora, cujo primeiro verso é *"Descaminado, enfermo, peregrino...."*.[86]

A palavra *"hurente"*, aqui traduzida como "ardente", é provavelmente corruptela de *"urente"*, "ardente, abrasador"; segundo Jean Franco, trata-se de um termo "usado para qualificar sintomas de doenças renais e venéreas".[87] A palavra *"urente"*, sem h, aparece no poema XVII de *Trilce*.

A palavra *"deuda"* ("dívida ou obrigação; pecado, culpa ou ofensa") foi aqui traduzida como "pecado", no mesmo sentido em que aparece na oração do Pai-Nosso ("perdoai as nossas dívidas", na formulação usada tradicionalmente até o Concílio Vaticano II) e no verso *"perdónanos, hermano, nuestras deudas!"* de "Himno a los voluntarios de la República", primeiro poema do livro *España, aparta de mí este cáliz*.

O *costado* ("lado, lateral, flanco") mencionado na expressão *"la noche del costado"*, aqui traduzida como "a noite das costelas", talvez seja uma referência a uma conhecida cena da paixão de Cristo: "Mas um dos soldados traspassou-lhe o lado com a lança e imediatamente saiu sangue e água" (João 19:34, na versão da *Bíblia de Jerusalém*). No manuscrito do poema "Parado numa pedra", havia originalmente estes dois versos, que foram rasurados à mão pelo poeta e excluídos da versão final: *"¡Este es el que sangró por su costado, / que hoy se ahoga en su sangre rehusada!"*.

Data do original: 7 de outubro de 1937.

---

86   André Coyné, *op. cit.*, pp. 60-1.

87   Jean Franco, *César Vallejo: la dialéctica de la poesía y el silencio*, ed. cit., p. 289.

46. "ALFONSO: VOCÊ ESTÁ ME OLHANDO, EU SEI"

Este poema faz referência ao músico peruano Alfonso de Silva, grande amigo de Vallejo. Conheceram-se em julho de 1923, pouco depois da chegada do poeta a Paris, e o apoio de Silva foi fundamental para que Vallejo conseguisse sobreviver em seus primeiros meses na França. Em carta a seu amigo Carlos Raygada, datada de 15 de outubro de 1923, diz Vallejo: "Faz quase três meses que estou em Paris. Vivo diariamente e com toda a fraternidade com Silva, que é a única coisa grandiosa que encontrei na Europa até agora".[88]

O poema foi escrito cerca de seis meses depois da morte de Silva, que havia retornado ao Peru em 1930 e faleceu em 7 de maio de 1937.

A rue de Riboutté, no IX arrondissement de Paris, é onde se localizava o Square Hotel, onde Vallejo se hospedou por quinze dias, em agosto de 1923.

O Hôtel des Écoles, em Montparnasse, é o local onde Vallejo morou durante alguns meses, pouco depois de sua chegada em Paris.

Sobre a última estrofe deste poema, diz Carmen de Mora:

> Em "Alfonso: você está me olhando, eu sei", poema dedicado a seu amigo, o compositor Alfonso de Silva Santisteban, por ocasião de sua morte, há dois versos que evocam a Última Ceia ("bebo seu sangue quanto a Cristo o duro, / como seu osso quanto a Cristo o doce"). A função seria dupla: por um lado, a associação com Cristo e com a Última Ceia está diretamente relacionada com o sofrimento e a morte; por outro, a alusão litúrgica ao sacramento da eucaristia enfatiza o forte vínculo que o mantém unido ao amigo morto. Essas reminiscências não necessariamente devem ser entendidas em sentido religioso, e sim como forma hiperbólica de expressar a dor.[89]

Analisando as mudanças feitas no manuscrito deste poema, diz Stephen M. Hart:

> Com efeito, o manuscrito é muito valioso porque revela como Vallejo se esforça para dar à sua poesia um sentido mais universal. Em geral, a poesia vallejiana se inicia com a descrição de uma situação cotidiana que posteriormente — depois de várias revisões — termina projetando-se contra um pano de fundo cósmico. A técnica que usa para lograr esse efeito lírico consiste, depois de criada a primeira ver-

---

88   César Vallejo, *Epistolario general*, ed. cit., p. 46.

89   Carmen de Mora, "La hipérbole bíblica en la poesía de César Vallejo, ed. cit., p. 171.

são, em eliminar as imagens com um sentido demasiado óbvio para substituí-las por outras que tenham uma conotação mais ambígua ou metafísica. Neste poema em particular, trata-se de um contexto muito cotidiano — oferecer uma taça de vinho, num bar em Paris, a Alfonso de Silva, um amigo recentemente falecido — que depois se transforma numa cerimônia que lembra a Última Ceia.[90]

Data do original: 9 de outubro de 1937.

47. TROPEÇANDO ENTRE DUAS ESTRELAS

Américo Ferrari vê neste poema um caso exemplar de *enumeração*, recurso estilístico usado com frequência por Vallejo:

> A enumeração [...] desenvolve uma série de expressões ou vocábulos heterogêneos que explicam ou determinam analiticamente o conteúdo de uma intuição básica. Assim, em "Tropeçando entre duas estrelas", verdadeiro protótipo do poema enumerativo, Vallejo, partindo da representação emocional da existência dos desgraçados que aparecem no início do poema ("Há pessoas tão desgraçadas") e do movimento de amor humano que suscitam, explicita, poeticamente, numa longa lista, os *casos particulares* contidos implicitamente na expressão "pessoas tão desgraçadas".[91]

Como já foi notado por Martínez García e outros críticos, este poema tem semelhanças formais com as "bem-aventuranças", ensinamentos pregados por Jesus no Sermão da Montanha (Mateus 5:1-12) e no Sermão da Planície (Lucas 6:20-49).[92] Destacam-se, em particular, Mateus 5:6 ("Bem-aventurados os que têm fome e sede de justiça, porque serão saciados", cf. vv. 28-31), Mateus 5:8 ("Bem-aventurados os limpos de coração, porque verão a Deus", cf. v. 41) e Mateus 5:10 ("Bem-aventurados os perseguidos por causa da justiça, porque deles é o Reino dos Céus", cf. v. 39).

Diz ainda Martínez García que a referência a "cair" nos versos finais pode fazer alusão não só à ideia de pecado ("não nos deixei cair em tentação") como também à queda de Jesus sob o peso da cruz, no caminho do calvário.[93]

Sobre este poema, diz Stephen M. Hart:

> Este poema, cujo "modelo retórico e rítmico" são os versículos do Sermão da Montanha, centra-se no conceito da queda cósmica do homem. Vallejo expressa sua profunda compaixão com a humanidade neste poema. Como assinalou Yolanda Osuna: "Em contraste com os valores estabelecidos como dignos de amor (o belo, o limpo, o extraordinário), o poeta, por sua vez, declara seu amor ao cotidiano, ao anônimo, ao homem comum e sua miséria".[94]

---

91   Américo Ferrari, *El universo poético de César Vallejo*, ed. cit., pp. 321-2.

92   Francisco Martínez García, "Referencias bíblico-religiosas en la poesía de César Vallejo y su función desde una perspectiva crítica", ed. cit., p. 657.

93   *Ibidem*, p. 683.

94   César Vallejo, *Autógrafos olvidados*, ed. cit., p. 117.

Segundo Martínez García, a expressão "o dente do olvido" (no original, "*la muela del olvido*"), seria uma alteração da expressão "*la muela del juicio*" (o dente do siso).[95]

Na enigmática expressão "orelhas sánchez", o sobrenome Sánchez, um dos mais comuns em espanhol, é usado em minúsculas e como adjetivo, possivelmente para referir-se ao "homem anônimo, ao próximo em geral".[96]

Na oitava estrofe, o verbo "*fallecer*" foi interpretado em seu sentido arcaico de "sucumbir" ou "desistir".

Data do original: 11 de outubro de 1937.

[95] Francisco Martínez García, *César Vallejo: acercamiento al hombre y al poeta*, ed. cit., p. 268.

[96] Américo Ferrari, *El universo poético de César Vallejo*, ed. cit., p. 345.

48. DESPEDIDA RECORDANDO UM ADEUS

Sobre as imagens de partida e despedida em Vallejo, ver nota ao poema "Paris, outubro 1936".

Stephen M. Hart vê neste poema uma despedida de Vallejo de seus sonhos políticos ("este sonho prático da alma") e dos "tristonhos bispos bolcheviques" nos quais teria perdido a fé.[97] Para Américo Ferrari, Vallejo se despede não apenas do comunismo, mas de todas as ideologias, começando pela católica e seu fundador ("irmãos são pedros") e passando pela filosofia de Heráclito ("o fundador da dialética"), pelo humanismo de Erasmo e pelo pensamento totalizante de Espinosa, até chegar aos bolcheviques.[98]

Segundo Roberto Paoli, este poema inteiro "é relacionável aos 'sonetos do adeus' (sérios ou burlescos), que são um tipo recorrente no teatro do Século de Ouro".[99]

Data do original: 12 de outubro de 1937.

---

97   Stephen M. Hart, *César Vallejo, una biografía literaria*, ed. cit., p. 318.
98   Américo Ferrari, "Los destinos de la obra y los malentendidos del destino (esquema breve para un estudio de la recepción de la poesía de Vallejo)". In *César Vallejo — Obra poética*. Edição crítica, coordenação Américo Ferrari. 2ª ed. (Madri/Paris/México/Buenos Aires/São Paulo/Rio de Janeiro/Lima: ALLCA XX), 1996, pp.549-50.
99   Roberto Paoli, "El lenguaje conceptista de César Vallejo". *Cuadernos Hispanoamericanos. Homenaje a César Vallejo,* vol. 2, nº 456-457, 1988, p. 958.

49. "QUEM SABE, SOU UM OUTRO [...]"

Este é um dos vários poemas deste livro em que aparece um dos motivos literários/estilísticos mais comuns em Vallejo: o desdobramento de si próprio em duas partes, contraditórias e conflitantes. Como sugere Higgins, "Guillermo de Torre já observou que uma característica de *Poemas humanos* é '*la propensión al desdoblamiento, al verse a sí mesmo como un otro*'. Em muitos poemas, vemos Vallejo desdobrar-se para dialogar consigo mesmo".[100] Entre os vários poemas citados por Higgins, estão dois em que Vallejo fala de si mesmo na terceira pessoa ("Pedra negra sobre uma pedra branca" e "Em suma, nada tenho para expressar minha vida, a não ser minha morte"), além de "Um homem passa com um pão no ombro" ("Vou escrever, depois, sobre meu duplo?") e, é claro, "Quem sabe, sou um outro", em que Vallejo "coloca em dúvida sua própria existência e concebe a possibilidade de ser outra pessoa".[101]

Data do original: 21 de outubro de 1937.

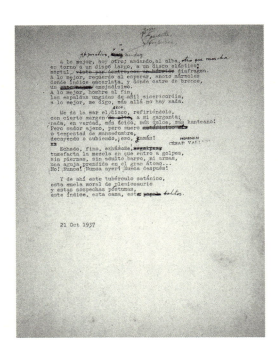

[100] James Higgins, *Visión del hombre y de la vida en las últimas obras poéticas de César Vallejo*, ed. cit., p. 223.
[101] Id., "The Conflict of Personality in César Vallejo's *Poemas humanos*". *Bulletin of Hispanic Studies*, vol. 43, nº 1, 1966, p. 48.

50.   O LIVRO DA NATUREZA

Sobre este poema, diz Alain Sicard:

> Em vez de afirmar o caráter fundador, inaugural da palavra, em vez de declarar a soberania do verbo criador, o eu poético, por meio de sua projeção e autorrepresentação sob os traços de um modesto "aluno", reconhece na natureza "seu rei verde, telúrico, vulcânico, de espadas", o que não significa — leia-se o adjetivo "verde" [no original, *"precoz"*, "precoce"] — exclusão, exterioridade, mas simples primazia e anterioridade.
>
> É preciso lembrar que o tópico do "Livro da natureza" utilizado para simbolizar esta inversão do processo cognitivo pertence a uma tradição oposta à tradição idealista do "livro que todos trazemos dentro de nós", ou seja: da verdade que já está presente de modo inato na mente humana e que pode ser alcançada com o simples exercício do pensamento. O livro da natureza — que também se opõe ao livro bíblico, que só pode ser lido com os olhos da fé — postula a observação e a experimentação como fontes primeiras do saber. Descartes já falava do "grande livro do mundo", e Diderot, no artigo da *Enciclopédia* sobre "filosofia mosaica e cristã", escrevia que "a natureza é o único livro dos filósofos, e as Sagradas Escrituras o único livro dos teólogos".[102]

Segundo Stephen M. Hart, o poema "foi quase certamente escrito durante uma visita à Bretanha com Georgette Phillipart em 1929, já que menciona o rio Marne".[103]

Data do original: 21 de outubro de 1937.

---

102   Alain Sicard, "Hambre de razón y sed de demencia en *Poemas humanos*". In *César Vallejo — Obra poética*. Edição crítica, coordenação Américo Ferrari. 2ª ed. (Madri/Paris/México/Buenos Aires/São Paulo/Rio de Janeiro/Lima: ALLCA XX), 1996, p. 664.

103   Stephen M. Hart, "Vallejo's *King of Swords*: The Portrayal of Nature in *El libro de la naturaleza*". *Hispanic Journal*, vol. 19, nº 2, 1998, p. 265.

51.

MARCHA NUPCIAL

O título original deste poema, rasurado à mão por Vallejo, era "Batallón de dioses". Trata-se de um soneto "deformado", no qual, em vez das duas primeiras estrofes de quatro versos, temos uma estrofe de cinco e outra de três versos.

Data do original: 22 de outubro de 1937.

52. "TENHO UM MEDO TERRÍVEL DE SER UM ANIMAL"

A representação do ser humano como um animal — a "obsessão da animalidade", como diz André Coyné — é recorrente em toda a obra de Vallejo e aparece em vários poemas deste livro, como "Até a minha volta, desta pedra" ("Até a minha volta e até que ande, / o animal que sou, para a sentença") e "Considerando a frio, imparcialmente" ("Considerando também / que o homem é na verdade um animal"); ver nota ao poema "A alma que sofreu de ser seu corpo".[104]

Sobre este poema, diz Stephen M. Hart:

> O tema central deste poema, como a crítica já assinalou, é o conflito entre a religião e a ciência. O poema é formulado como uma pergunta sobre se existe vida após a morte, e parece concluir que não existe, então a vida é um disparate. Por isso o poema se enfoca tanto no corpo do próprio poeta. Como bem anota Gerardo Piña-Rosales, "a atitude pessimista e hostil de Vallejo com seu próprio corpo deve ser entendida no contexto da tradição judaico-cristã, à qual o escritor pertencia. [...] O corpo se transformaria em receptáculo de dor e poço de amarguras". E o materialismo científico que Vallejo estudou minuciosamente no final dos anos vinte e no começo dos anos trinta matizou ainda mais sua atitude ante ao corpo humano.[105]

As "três potências" a que se refere o verso final são possivelmente uma referência às três potências ou faculdades da alma, segundo o catecismo católico (memória, inteligência e vontade).

Data do original: 22 de outubro de 1937.

---

104 André Coyné, *op. cit.*, p. 91.
105 César Vallejo, *Autógrafos olvidados*, ed. cit., p. 124.

53· "A CÓLERA QUE QUEBRA O PAI EM FILHOS"

Como nota Américo Ferrari, este poema possui uma estrutura perfeitamente sistemática e simétrica: em todas as estrofes, o primeiro verso começa com "A cólera que quebra...", o penúltimo com "a cólera do pobre... " e o último obedece à estrutura "tem... contra", enquanto o último elemento de cada primeiro verso é reiterado no início do verso seguinte. Diz Ferrari:

> Nesse movimento, as palavras se encaixam umas nas outras; há uma espécie de abertura progressiva dos conceitos, que explodem e desaparecem para dar vida a outros; mas toda essa progressão nos traz de volta constantemente à obsessão imóvel e central: a cólera do pobre tem o menos contra o mais.[106]

Como assinalado na apresentação, embora poucos poemas deste livro sejam metricamente regulares, em todos eles há "insinuações de regularidade", para usar a expressão de Michelle Clayton. Isso se dá sobretudo pela presença recorrente de versos de seis e dez sílabas métricas, que funcionam como uma espécie de "esqueleto rítmico" de quase todos os poemas.

Neste poema, fica especialmente evidente a importância dos hexassílabos e decassílabos, que são usados por Vallejo de maneira semelhante à *silva*, forma poética do Século de Ouro espanhol. Introduzida por Francisco de Quevedo, a *silva* alterna livremente versos de dez e seis sílabas métricas, sem um esquema fixo; essa flexibilidade tornou-a a mais moderna das formas poéticas da métrica clássica espanhola e uma espécie de predecessora do verso livre. Muito usada por poetas barrocos como Francisco de Rioja e Luis de Góngora, também está presente na obra de autores modernos como Rubén Darío, Antonio Machado e Miguel de Unamuno.

Em algumas edições de "Paco Yunque", o mais conhecido dos contos de Vallejo, este poema é usado como epígrafe, embora não haja qualquer indicação concreta de que esta era a intenção do poeta.

Data do original: 26 de outubro de 1937.

---

[106] Américo Ferrari, *El universo poético de César Vallejo*, ed. cit., p. 307.

54.

Este é o poema deste livro em que Vallejo aborda de forma mais direta as dificuldades, impasses e frustrações da escrita poética. As duas primeiras estrofes são homólogas e uma pode ser vista como versão da outra; quando Vallejo diz que não há *"pirámide escrita, sin cogollo"*, está provavelmente usando a palavra *"cogollo"* ("rebento, broto, inflorescência") em sua acepção secundária de "o melhor, o mais seleto", e assim sugerindo que não é possível construir uma obra digna do nome (a "pirâmide") sem muito esforço. A mesma ideia aparece no verso *"no hay dios ni hijo de dios, sin desarrollo."* Na segunda estrofe, Vallejo utiliza outras metáforas vegetais ao opor o verbo *"laurear"* (literalmente, "colocar uma coroa de louros"), no sentido de "premiar, homenagear", ao verbo *"encebollar"* (literalmente, "colocar cebola em abundância ao se preparar um prato"), aqui provavelmente usado na acepção coloquial peruana de "entristecer-se, sentir tristeza".

Segundo Antonio Armisén, este poema apresenta vínculos com o soneto 70 de Félix Lope de Vega, publicado em 1602 na primeira edição de suas *Rimas*:

> *Quiero escribir, y el llanto no me deja;*
> *pruebo a llorar, y no descanso tanto;*
> *vuelvo a tomar la pluma, y vuelve el llanto:*
> *todo me impide el bien, todo me aqueja.*
>
> *Si el llanto dura, el alma se me queja;*
> *si el escribir, mis ojos; y si en tanto*
> *por muerte o por consuelo me levanto,*
> *de entrambos la esperanza se me aleja.*
>
> *Ve blanco al fin, papel, y a quien penetra*
> *el centro deste pecho que me enciende*
> *le di (si en tanto bien pudieres verte)*
>
> *que haga de mis lágrimas la letra,*
> *pues ya que no lo siente, bien entiende:*
> *que cuanto escribo y lloro, todo es muerte.*

Ainda segundo Armisén, o verso "carne de pranto, fruta de gemido" remete à oração da Salve-Rainha ("a vós suspiramos, gemendo e chorando neste vale de lágrimas"), que Vallejo certamente aprendeu em sua infância. Já a expressão "carne de pranto", por sua vez, evoca outras expressões de uso corrente em espanhol como *"carne de cañón"* (pessoa colocada desnecessariamente em situação de risco ou de morte), "*carne de horca*" (pessoa perseguida pela justiça e condenada à morte) e "*carne de presidio*" (pessoa que, por sua condição social ou por sua personalidade, está destinada a ser presa).[107]

Note-se que Vallejo altera a ortografia da palavra "*tos*" ("tosse") para escrevê-la com "z", o que a aproxima da palavra *voz*.

Data do original: 27 de outubro de 1937.

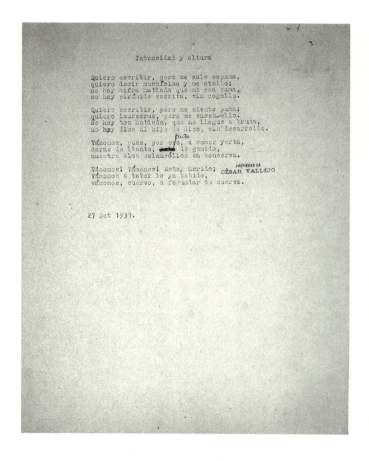

[107] Antonio Armisén, "Intensidad y altura: Lope de Vega, César Vallejo y los problemas de la escritura poética". *Bulletin Hispanique*, vol. 87, nº 3-4, 1985, p. 291.

55.

VIOLÃO

A expressão *"mala poña"*, aqui traduzida como "pura sanha", talvez esteja relacionada com o peruanismo *"apoñarse"*, "turvar-se, entristecer-se", e/ou com expressões comuns em espanhol como *"mala roña"* ("sarna brava") e *"mala saña"* ("raiva, má-fé, má intenção, malevolência").

Data do original: 28 de outubro de 1937.

56.

"OUÇA SUA MASSA, SEU COMETA, ESCUTE-OS; NÃO SOFRA"

Stephen M. Hart vê neste poema uma "visão extraordinária da mútua impregnação do animal e do divino dentro do homem",[108] opinião semelhante à de James Higgins:

> Em "Ouça sua massa, seu cometa, escute-os; não sofra", Vallejo encoraja o homem a levar em consideração a dualidade da sua natureza [...]. O homem deve levar em conta sua natureza animal (massa) e espiritual (cometa), sua personalidade social (simbolizada pela túnica que obriga a personalidade íntima do indivíduo a permanecer adormecida) e sua personalidade íntima (simbolizada pela nudez que assume o controle durante o sono quando a consciência já não está no comando). Ele deve buscar um equilíbrio entre as partes divergentes de sua natureza, sem deixar que nenhuma domine:
>
> > Fera contente, pense;
> > deus desgraçado, arranque sua testa.
> > Depois, conversaremos.[109]

Sobre as imagens "gravíssimo cetáceo" e "fera contente", veja-se as expressões "infame paquiderme" (em "Acaba de passar o que virá") e "lúgubre mamífero" (em "Considerando a frio, imparcialmente") e a nota ao poema "Tenho um medo terrível de ser um animal".

Sobre a expressão "deus desgraçado", em que Vallejo parece se referir ao ser humano, veja-se o verso "fazei que Deus desacostume de ser homem", do poema "Que ande nu, em pelo, o milionário!".

Data do original: 29 de outubro de 1937.

---

108 Stephen M. Hart, *César Vallejo, una biografía literaria*, ed. cit., p. 319.
109 James Higgins, "The Conflict of Personality in César Vallejo's *Poemas humanos*", ed. cit., p. 53.

57. "O QUE HÁ COMIGO, QUE ME AÇOITO COM A LINHA"

Todos os versos deste poema são formados por perguntas, recurso estilístico que Vallejo usava com frequência. Outros poemas deste livro estruturados a partir de perguntas são "Altura e cabelos", "Poema para ser lido e cantado", "Um homem passa com um pão no ombro" e "Sermão sobre a morte".

Martínez García vê neste poema ecos de Santa Teresa D'Ávila nas estrofes "O que houve comigo, que vivo?/ O que houve comigo, que morro?" e "O que há comigo, que nem vivo nem morro?", que parecem evocar seus conhecidos versos *"Vivo sin vivir en mí, / y tan alta vida espero, / que muero porque no muero"*. Tanto Santa Teresa como os versos acima são mencionados em "Himno a los voluntarios de la República", primeiro poema do livro *España, aparta de mí este cáliz* (*"Teresa, mujer, que muere porque no muere"*).[110]

A antítese entre vida e morte está presente em vários outros poemas deste livro, como "E se depois de tantas palavras" ("Ter nascido só para viver de nossa morte!"), "Hoje eu gosto da vida muito menos" ("Eu gosto da vida imensamente, / mas, está claro, / com minha amada morte") e "Duplas" ("Completamente. Além do mais, vida!/ Completamente. Além do mais, morte!"), e ainda no verso-título do poema "Em suma, nada tenho para expressar minha vida, a não ser minha morte".

Data do original: 30 de outubro de 1937.

---

110 Francisco Martínez García, "Referencias bíblico-religiosas en la poesía de César Vallejo y su función desde una perspectiva crítica", ed. cit., p. 690.

58.   ANIVERSÁRIO

A palavra mais usada em espanhol para designar o que em português chamamos de "aniversário" é *"cumpleaños"*; a palavra *"aniversario"*, embora tenha sentido semelhante, é muito menos usada do que seu equivalente em língua portuguesa e, no contexto deste poema, talvez se refira à acepção secundária de "ofício e missa celebrados em intenção de um defunto no dia em que se completa um ano de seu falecimento". Essa percepção é reforçada pelo fato de este poema ter sido escrito no mesmo dia do poema seguinte, "Panteão", às vésperas do dia de finados.

Segundo Stephen M. Hart, as três primeiras estrofes do poema fazem alusão aos catorze anos em que o poeta vivia em Paris, e a quarta estrofe conteria um presságio de que ele não chegaria vivo ao décimo quinto aniversário de sua chegada à França.[111] Já para James Higgins, Vallejo teria escolhido "catorze" por razões de ritmo, uma vez que a palavra oferece uma aliteração com "quanto", imprimindo um ritmo persistente e assim contribuindo para a sensação de fatalidade do poema.[112]

Ainda segundo Hart, "reluzem os seres que pari" parece ser uma alusão à apreciação póstuma dos poemas de Vallejo, que um dia "reluziriam".

Data do original: 31 de outubro de 1937.

---

111   Stephen M. Hart, *César Vallejo, una biografía literaria*, ed. cit. p. 319.
112   James Higgins, "El absurdo en la poesía de César Vallejo", ed. cit., p. 226.

Panteón

He visto ayer sonidos generales,
        mortuoriamente,
        puntualmente alejarse,
cuando oí desprenderse del ocaso
        tristemente,
        exactamente un arco, un arcoíris.

Ví el tiempo/del minuto,
        infinitamente
atado locamente al tiempo grande,
pues porque estaba la hora
        suavemente,
premiosamente henchida de dos horas.

Dejóse comprender, llamar, la tierra
        terrenalmente;
negóse brutalmente así a mi historia,
y si vi, que me escuchen, pues, en bloque,
si toqué esta mecánica, que vean
        lentamente,
despacio, vorazmente, mis tinieblas.

Y si vi en la lesión de la respuesta,
        claramente,
la lesión mentalmente de la incógnita,
si escuché, si pensé en mis ventanillas
nasales, funerales, temporales,
        fraternalmente,
piadosamente echadme a los filósofos.

Mas no más inflexión precipitada
en canto llano, y no más
el hueso colorado, el son del alma
        tristemente
erguida ecuestremente en mi espinazo,
ya que, en suma, la vida es
        implacablemente,
imparcialmente horrible, estoy seguro.

31 Oct 1937

59. PANTEÃO

A palavra *"panteón"*, além de usada nas acepções de "monumento funerário" ou "conjunto de divindades de uma religião ou de um povo", também é empregada no Peru e em outros países latino-americanos como sinônimo de "cemitério". Tendo em conta o poema anterior e a data em que ambos foram escritos (véspera de finados), seria lícito traduzir o título como "cemitério", mas não há registro de que Vallejo tenha usado a palavra nessa acepção, enquanto há numerosos usos, tanto em seus poemas quanto em seus artigos, da palavra *"cementerio"*, razão pela qual optamos por manter "panteão".

Sobre a frequência dos advérbios terminados em "mente", neste e em outros poemas deste livro, diz André Coyné:

> Há uma classe de palavras que parece que se impuseram a Vallejo de forma relativamente sistemática para criar essa atmosfera de angústia definitiva e iminente catástrofe que caracteriza seu último livro — estou falando dos advérbios terminandos em "mente", cujo uso e alcance emocional se apresentam de maneira bastante variada de um poema a outro [...]. Com ainda mais eficiência do que algumas séries de adjetivos, a frequência desses advérbios contribui para aquela lentidão grave e fúnebre que pode ser sentida ao longo de *Poemas humanos*. O próprio Vallejo, além disso, quis ressaltar a relação ao escrever o poema intitulado "Panteão", em que a presença da morte é voluntariamente acentuada por esse toque de finados, múltiplo e insistente, representado pela terminação "mente" dos advérbios (contamos 20 advérbios em "mente" nos 34 versos do poema e, em cada uma das 5 estrofes, dois desses advérbios ocupam um verso inteiro).[113]

Data do original: 31 de outubro de 1937.

---

113 André Coyné, *op. cit.*, pp. 62-3.

60. "Um homem está olhando uma mulher"

Este é um dos poucos poemas deste livro em que o amor e o erotismo estão em primeiro plano, junto com "Doçura por doçura coraçona!" e "Violão e palmas". Sobre este poema, diz Martínez García:

> Em "Um homem está olhando uma mulher", a sexualidade é considerada no nível da inocência de uma criança e faz-se notar um processo sexual que já tem precedentes em *Trilce*: olhar, desejar, agir. O ato sexual é considerado uma batalha venerada: "combate que venero"; o verbo "venerar" está em conexão linguística com "Vênus", "venéreo", e é uma das chaves para classificar o poema inteiro como erótico.[114]

Como já notaram diversos autores, neste poema Vallejo parece operar uma humanização ou dessacralização da Sagrada Família (Jesus, Maria e José, o "florido carpinteiro").

Federico Bravo chama atenção para a semelhança entre este poema e "Una mujer de senos apacibles",[115] que integra o conjunto dos "Poemas em prosa" e que transcrevemos a seguir:

> *Una mujer de senos apacibles, ante los que la lengua de la vaca resucita una glándula violenta. Un hombre de templanza, mandibular de genio, apto para marchar de dos a dos con los goznes de los cofres. Un niño está al lado del hombre, llevando por el revés, el derecho animal de la pareja.*

> *¡Oh la palabra del hombre, libre de adjetivos y de adverbios que la mujer decline en su único caso de mujer, aun entre las mil voces de la Capilla Sixtina! ¡Oh la falda de ella, en el punto maternal donde pone el pequeño las manos y juega a los pliegues, haciendo a veces agrandar las pupilas de la madre, como en las sanciones de los confessionários!*

> *Yo tengo mucho gusto de ver así al Padre, al Hijo y al Espíritu Santo, con todos los emblemas e insignias de sus cargos.*

Sobre o verso "enorme, branca, acérrima costela", veja-se o verso "Costela da minha coisa" no poema "Doçura por doçura coraçona!". Ambos parecem aludir à conhecida passagem bíblica (Gênesis 2:22): "Da costela que tinha tirado do homem, o Senhor Deus formou uma mulher e a apresentou ao homem" (na versão da *Bíblia do Peregrino*).

---

114   Francisco Martínez García, *César Vallejo: acercamiento al hombre y al poeta*, ed. cit., p. 182.

115   Federico Bravo, "Pautas para el estudio de *Poemas humanos*", ed. cit., p. 205.

O "cântico dos cânticos" mencionado na última estrofe é provavelmente uma referência ao livro bíblico de mesmo nome, que celebra abertamente o amor sexual e é um dos cinco "livros poéticos e sapienciais" do Antigo Testamento.

Data do original: 2 de novembro de 1937.

61.

DUAS CRIANÇAS QUE ANSEIAM

"Minhoca aristotélica" é uma das várias expressões usadas por Vallejo nos poemas deste livro para destacar a insignificância do homem (veja-se nota ao poema "De distúrbio em distúrbio"). Aristóteles também é mencionado no verso "a expressão de Aristóteles armada/ com corações imensos de madeira", do poema "E não me digam nada".

Data do original: 2 de novembro de 1937.

62.

OS NOVE MONSTROS

Sobre este poema, diz James Higgins:

> Esta composição, como muitas outras de Vallejo, não tem um início, propriamente falando: a conjunção "i", mais que iniciar o poema, nos introduz no curso de uma meditação obsessiva sobre a dor, que começou muito antes. O advérbio, que ocupa quase todo o primeiro verso e, portanto, ganha destaque, é explorado pelo seu valor sonoro para dar o tom grave e angustiado que caracteriza toda a composição. O substantivo "dor", colocado em evidência no começo do segundo verso, anuncia o tema do poema: a dor, uma dor imensa que infesta todo o universo sem deixar imune um só lugar, uma dor que se propaga constantemente. Todo o poema está construído ao redor desta palavra que reaparece de uma maneira obsessiva, como o tema central de uma composição musical.[116]

Com relação aos "nove monstros" do título do poema, diz André Coyné: "Os monstros não são determinados; só conta a dor que deles resulta; mas a escolha de um adjetivo numeral simbólico (há nove musas, são nove os meses de gestação etc.) — número completo por excelência (9 é o triplo de 3: 3 × 3) — ressalta o bastante a perfeição dessa dor e a totalidade dos males que o provocam".[117] Para Jean Franco, "Os 'nove monstros' que atormentam o homem representam a vingança da natureza contra o animal humano que tentou escapar dela e dominá-la por meio da máquina. Nove é o número da gestação, número mágico que transforma o homem de herói em vítima, de ativo em passivo".[118]

Ainda segundo Jean Franco, a expressão "rês de Rousseau" é "um triplo jogo de palavras em que são combinados os sentidos de 'res' como cabeça de gado e como coisa, e também como a 'res publica' de [Jean-Jacques] Rousseau, fusão da qual resulta o conceito de que o homem é um animal social e 'reificado'".[119]

Na segunda estrofe, note-se o jogo de palavras com "*cajón*", que pode ser tanto "gaveta" como "caixão".

A expressão "*ecce-homo*", além de se referir de forma específica à frase que Pôncio Pilatos teria usado ao apresentar Jesus Cristo à multidão pouco antes de sua crucificação ("eis o homem", João 19:5),

---

116   James Higgins, "Los nueve monstruos". In *Aproximaciones a César Vallejo*. 2 vols. (Nova York: Las Américas, 1971), vol. 2, pp. 306-7.

117   André Coyné, *op. cit.*, p. 105.

118   Jean Franco, *César Vallejo: la dialéctica de la poesía y el silencio*, ed. cit., p. 273.

119   *Ibidem*, p. 271.

também tem o sentido genérico, em espanhol, de "pessoa machucada, maltrapilha, de aspecto lastimável".

Como nota Américo Ferrari, neste poema é possível encontrar um procedimento estilístico característico do Século de Ouro espanhol e que o poeta e crítico literário Dámaso Alonso chamou de "disseminação e recolha": diversos elementos são disseminados ao longo das estrofes e depois recolhidos em sequência no fim do poema. É assim que, na última estrofe, reencontramos os termos "irmãos", "caixão", "minuto", "lagartixa", "inversão", "longe", "senhor Ministro da Saúde", "desgraçadamente" e "homens humanos", todos já apresentados anteriormente. Sobre este procedimento, diz Ferrari:

> Simples artifício retórico em numerosos poetas espanhóis do Século de Ouro, a reunião em conjuntos polissintagmáticos de termos ou expressões disseminados pela composição apresenta, na poesia vallejiana, tão determinada pela força expressiva das palavras, um significado particular e contribui para substituir (coisa importante para a coerência e a organização do poema) o vínculo lógico tão frequentemente ausente ou deformado [...]. A última estrofe de "Os nove monstros" fecha o poema recolhendo nove palavras ou expressões disseminadas pelo texto (duas da primeira estrofe, cinco da segunda e duas da terceira), com uma intenção evidente de resumo ou síntese; mas é notável que justamente a palavra-eixo do poema, a *dor* ou seus equivalentes (martírio, infelicidade, sofrimento, mal), que aparecem dezenove vezes ao longo do poema, não foi recolhida, podendo-se deduzir que a enumeração final está destinada a reafirmar, de modo extremamente enérgico, a identificação subjetiva da dor com os diversos elementos heterogêneos que povoam o poema. *Não aguento mais tanta gaveta, tanto minuto, tanta lagartixa e tanta inversão, tanto longe... = Não aguento mais tanta dor.*[120]

De todos os poemas cujos originais datilografados Vallejo corrigiu e revisou à mão, este é o que foi mais ampliado, com 42 novos versos acrescidos aos 28 originais.

Data do original: 3 de novembro de 1937.

---

[120] Américo Ferrari, *El universo poético de César Vallejo*, ed. cit., pp. 309-12.

63. "Um homem passa com um pão no ombro"

Sobre este poema, diz Alberto Escobar:

> A arquitetura geral do poema foi estruturada com base numa sequên-
> cia de treze pares de versos, nos quais o primeiro se refere a uma si-
> tuação externa, quase visual, representada pela imaginação do poeta
> por meio da voz narrativa no texto; e o segundo propõe, em forma
> de interrogação, a resposta que traz a crítica do eu lírico. A série as-
> sim ordenada agrupa uma constelação que põe à prova um conjunto
> de valores convencionais, ao qual contrapõe um quadro antagônico,
> resultante dos sucessivos questionamentos [...]. É importante notar
> que todos os versos pares, ou seja, os que respondem com uma per-
> gunta, se referem a *escrever, falar, ler, aludir, inovar, chorar, ingressar na*
> *academia*. Em síntese, a comportamentos de tipo intelectual ou vin-
> culados a eles, em contraste com os verbos dos versos ímpares, que
> apresentam um enunciado, que aludem a ações, a fatos materiais que
> não implicam abstração cognitiva, e ocorrem como acontecimentos
> dados e objetivos. De modo que o paralelo entre as duas séries não
> oscila só entre positivo e negativo, entre postulado e questionamento;
> mas também entre um nível de representação concreta e factual e
> outro, de reação intelectual ou interpretativa [...]. Quanto mais rele-
> mos "Um homem passa com um pão no ombro", mais nos inclinamos
> a entender que o texto apresenta essencialmente um questionamento
> de caráter ético, mais que de natureza estética.[121]

Esse questionamento ético, que Escobar formula em termos fi-
losóficos gerais, está ligado, segundo Britton, a um contexto histórico
bem específico:

> Assim como "Os nove monstros" é uma expressão quase de desespero
> com o modo como o sofrimento permeia a sociedade, "Um homem
> passa com um pão no ombro" dá voz aos sentimentos de Vallejo de
> insuficiência pessoal. Como pode o poeta se preocupar com abstra-
> ções literárias e filosóficas, pergunta o poema, diante das realidades
> cotidianas da vida? Vallejo havia revelado em seus artigos, entre 1928
> e 1930, uma tendência para considerar boa parte da literatura con-
> temporânea como uma distração cultural para a burguesia, criada
> para adular as preocupações estéticas e morais dessa classe e desviar
> sua atenção das desgraças sociais e econômicas das massas. Essa é em
> grande medida a linha ortodoxa do Partido Comunista naquela época,

---

121   Alberto Escobar, *Cómo leer a Vallejo* (Lima: P. L. Villanueva Editor, 1973), pp. 295-6.

e Vallejo não hesita — apesar de suas intenções declaradas em contrário — em incluir os surrealistas em suas críticas.[122]

Analisando as mudanças feitas no manuscrito do poema, diz Stephen M. Hart:

> Originalmente o verso dizia: ¿Voy por eso a escribir a Paul Valéry? [...]. Depois o verbo *escribir* se transformou em *leer*, o advérbio *por eso* se transformou em *después* e, mudança mais importante, Paul Valéry foi substituído por André Breton [...]. "Um homem passa com um pão no ombro" foi escrito em 1937, e vale destacar que, naquela época, Breton era uma figura mais importante que Valéry; a fama deste último havia diminuído ao longo dos anos 1930. É por esta razão que Vallejo escolhe Breton: a alusão ao nome do fundador do surrealismo é completamente irônica. O poema em si é um exemplo do que Vallejo chamou, em suas anotações, de *verdadismo*, porque descreve situações relevantes e atuais retiradas da realidade cotidiana, e em seguida contrasta essas mesmas situações com o desejo — muitas vezes fútil — do homem que tenta compreender a finalidade delas, ao usar fórmulas teológicas, lógicas, políticas etc.[123]

Sobre a relação de Vallejo com Breton e com o surrealismo, ver nota ao poema "Ó garrafa sem vinho! Ó vinho".

Data do original: 5 de novembro de 1937.

---

122 R. K. Britton, "The Political Dimension of César Vallejo's *Poemas humanos*". *The Modern Language Review*, vol. 70, nº 3, 1975, p. 544.

123 César Vallejo, *Autógrafos olvidados*, ed. cit., pp. 130-1.

64.

"Eu sinto, às vezes, uma ânsia ubérrima, política"

O adjetivo desusado e incomum "ubérrima" (abundante, fértil), que também aparece em "Tenho um medo terrível de ser um animal", remete ao primeiro verso de "Salutación del optimista", um dos mais conhecidos poemas de Rubén Darío, escrito en 1905: "*Ínclitas razas ubérrimas, sangre de Hispania fecunda*".

Segundo Hart, "água" e "vinho" são usados neste e em outros poemas deste livro como metáforas do corpo e da alma, respectivamente (veja-se, por exemplo, o verso "Adeus, vinho que está na água como vinho!" do poema "Despedida recordando um adeus").[124]

Os versos "querer amar, por gosto ou à força, / a quem me odeia" remetem aos versos "*tu gana / dantesca, españolísima, de amar, aunque sea a traición, tu enemigo!*", do poema "Himno a los voluntarios de la República" do livro *España, aparta de mí este cáliz*.

Data do original: 6 de novembro de 1937.

---

124 Stephen M. Hart, "César Vallejo's Personal Earthquake". *Romance Notes*, vol. 25, nº 2, 1984, p. 130.

Hoy le ha entrado una astilla.
Hoy le ha entrado una astilla cerca, dándole
cerca, fuerte, en su modo
de ser y en su centavo ya famoso.
Le ha dolido la suerte mucho,
todo;
le ha dolido ~~asiéndola~~ *la puerta*,
le ha dolido ~~la~~ faja, dándole
sed, aflixión
y, sed del vaso pero no del vino.
Hoy le salió a la pobre vecina del aire,
a escondidas, ~~humillo~~ de su dogma;
hoy la ha entrado una astilla.

PROPIEDAD DE
CÉSAR VALLEJO

    La inmensidad ~~arrastra~~ *humeada persíguela*
a distancia superficial, a un vasto eslabonazo.
Hoy le salió a la pobre vecina del viento,
en la mejilla, norte, y en la mejilla, oriente;
hoy le ha entrado una astilla.

    ¡Quién comprará, ~~luego~~, en los días perecederos, ásperos,
un pedacito de café con leche, *a*
y quién, sin ella, bajará ~~por~~ su rastro hasta dar luz?
¿Quién será, luego, sábado, a las siete?
¡Tristes son las astillas que le entran
a uno,
exactamente ahí precisamente!
Hoy le entró a la pobre vecina de viaje,
una llama apagada en el oráculo;
hoy le ha entrado una astilla.

    Le ha dolido el dolor, el dolor joven,
el dolor niño, el dolorazo, dándole
en las manos
y dándole sed, aflixión
y sed del vaso, pero no del vino.
¡La pobre pobrecita!

6 Nov 1937

65.

"Hoje entrou-lhe

Sobre a palavra "hoje", usada oito vezes neste poema, ver nota ao poema "Hoje eu gosto da vida muito menos".

A palavra "*vecina*" foi aqui interpretada não em sua acepção mais próxima ao português ("vizinha"), e sim no sentido, muito comum em espanhol, de "moradora, habitante".

A palavra "*eslabonazo*" remete a "*eslabón*", peça feita de ferro com alto teor de carbono ou de liga com aço, que produzia faíscas ao se chocar com a pederneira das antigas armas de fogo. "*Eslabonazo*", cuja tradução literal seria algo como "golpe (ou pancada) de *eslabón*", parece ter sido usada com razoável frequência até a primeira metade do século XX como sinônimo de "disparo, tiro, detonação". Optamos pela palavra "estrépito" porque transmite a mesma sensação de impacto sonoro e nos pareceu a mais apropriada do ponto de vista rítmico.

No original, a palavra "*aflicción*" está grafada "*aflixión*", assim como ocorre no original do poema "Acaba de passar o que virá". Como vários autores já notaram, isso parece ser uma forma de evocar a palavra "*crucifixión*" ("crucificação"), o que é facilitado pelo fato de "*aflicción*" e "*aflixión*" serem pronunciadas da mesma forma em espanhol. Optamos por manter a grafia padrão em português ("aflição") por entendermos que não faria sentido usar "aflixão", que, além de não evocar a palavra "crucificação" para a maioria dos leitores brasileiros, também pode ser pronunciada de duas formas diferentes.

Data do original: 6 de novembro de 1937.

VIOLÃO E PALMAS

Este é um dos poucos poemas deste livro em que o amor e o erotismo estão em primeiro plano, assim como em "Doçura por doçura coraçona!" e "Um homem está olhando uma mulher". Sobre ele, diz James Higgins:

> Um aspecto essencial de *Poemas humanos* é a tentativa de superar o estado de dualidade a que o homem está condenado. Por vezes, Vallejo vê isso como uma questão de transcender a personalidade imposta ao homem por forças externas a ele. Esse é o tema de "Violão e palmas", em que ele fala de amor como uma maneira de atingir a plenitude espiritual. O poeta convida aqui a mulher e suas duas personalidades a vir até ele e suas duas personalidades:
>
> > Agora, entre nós dois, aqui,
> > venha comigo, traga seu corpo pela mão[125]

Sobre os versos "Que me importam os fuzis, / ouça o que eu digo; / ouça o que eu digo, que me importam, / se a bala já circula bem na minha assinatura?", Stephen M. Hart vê uma alusão à Guerra Civil espanhola.[126]

Data do original: 8 de novembro de 1937.

[125] James Higgins, "The Conflict of Personality in César Vallejo's *Poemas humanos*", ed. cit., p. 52.

[126] Stephen M. Hart, *César Vallejo, una biografía literaria*, ed. cit., p. 321.

67. A ALMA QUE SOFREU DE SER SEU CORPO

Sobre este poema, diz James Higgins:

> O título nos oferece um exemplo de justaposição de contrários e de paradoxos, técnicas comuns na poesia de Vallejo. O poeta opõe alma e corpo e nos diz que a alma sofre porque é corpo. A alma sofre porque tem que tomar uma forma corpórea, porque depende do corpo e não pode viver sem ele, porque está presa dentro do corpo. Para Vallejo, um aspecto da tragédia do homem é que este aspira a uma existência integrada, unificada, mas se sente dividido por uma discórdia interior. Há no homem uma dualidade fundamental: as diferentes partes de sua natureza estão em conflito e nunca chegam a fundir-se e harmonizar-se. Em parte este é um conflito entre corpo e alma. O homem aspira por uma existência que satisfaça suas necessidades espirituais mais profundas, mas as limitações de sua natureza física impedem a realização dessa aspiração. Assim, o título nos anuncia o tema, ou pelo menos um dos temas, da composição: o homem vítima de sua natureza física. Acrescentemos, a propósito, que tanto o tema como a técnica do título vinculam Vallejo à tradição clássica espanhola.
>
> Nesta composição, vemos o poeta em diálogo com outra pessoa. Essa outra pessoa é ao mesmo tempo o homem e o próprio poeta — eis aqui um caso de desdobramento típico de Vallejo: o poeta desdobra-se para dialogar consigo mesmo —, mas não o poeta como personagem histórico, e sim como um homem como os outros. O poema apresenta o poeta como um médico que examina um doente. Faz um diagnóstico frio e implacável da doença do paciente e quer obrigá-lo a reconhecer a gravidade de sua condição.[127]

Sobre a "glândula endócrina" mencionada no primeiro verso, R. K. Britton vê uma provável referência à glândula pineal, que René Descartes considerava "a principal sede da alma" e o principal ponto de conexão entre mente e corpo.[128] Já James Higgins lembra que Vallejo chegou a estudar medicina por alguns meses e dá outra interpretação: "Uma glândula endócrina é uma glândula que, por falta de uma passagem de excreção, joga sua secreção diretamente no sangue. A intenção irônica do poeta

---

127   James Higgins, "El alma que sufrió de ser su cuerpo". In *Aproximaciones a César Vallejo*. 2 vols. (Nova York: Las Américas, 1971), vol. 2, p. 314.

128   R. K. Britton, *The Poetic and Real Worlds of César Vallejo: A Struggle between Art and Politics (1892-1938)* (Sussex: Sussex Academic Press, 2015), cap. 10, nota 41.

é óbvia: está satirizando aqueles que têm uma explicação material para tudo".[129]

Sobre a referência a Darwin, veja-se o verso "competidor e amigo, imenso documento de Darwin", no poema "Hoje eu queria tanto ser feliz".

Há outras menções a Darwin e ao darwinismo nas obras de Vallejo. No artigo "El pensamiento revolucionario", publicado em *Mundial* nº 463, de 3 de maio de 1929, Vallejo cita a "psicologia teleológica de Darwin, que destrói as pretensões metafísicas do pensamento humano", e coloca-a ao lado da "lógica marxista" e da "psicologia clínica de Freud" como três sistemas de pensamento revolucionários: "As ideias de Darwin, de Marx e Freud sobre psicologia são uma das bases mais profundas da doutrina revolucionária do comunismo".[130]

As referências a Darwin e ao darwinismo com frequência estão ligadas ao tema da transformação/regressão do homem em animal. No artigo "Recuerdo de la guerra europea", publicado em *Mundial* nº 291, de 8 de janeiro de 1926, diz o poeta:

> Nesse sentido, o que poderá fazer esta humilde criatura, cuja afiliação antropoidal vai demonstrando-se dia a dia, se não como descendente do macaco, ao menos como seu ancestral? A senhorita Winay Darwin disse outro dia: "O homem não descende do macaco, como afirma meu pai, e sim o contrário, o mais provável é que tenda a ser macaco num futuro mais ou menos próximo; o sentido da civilização é esse: fazer do homem um macaco...".[131]

Comentando a influência das ideias de Darwin sobre a obra de Vallejo, e sobre este poema em especial, diz Higgins:

> Para Vallejo, seguindo as teorias de Darwin, o homem não passa de um animal num estado de evolução um pouco mais avançado do que o das outras espécies. Por isso lhe chama macaco e rapazinho de Darwin. O diminutivo é outra expressão pejorativa que indica quão insignificante é o homem. Mas Vallejo também quer sugerir que o homem é jovem no sentido de que, na escala da evolução, é uma criatura surgida há pouco tempo, e sua evolução está longe de ser completa.[132]

A referência ao "ano trinta e oito" constava no manuscrito como "ano trinta e sete" e foi posteriormente alterada à mão pelo poeta.

Data do original: 8 de novembro de 1937.

---

129   James Higgins, "Vallejo en cada poema". *Mundo Nuevo*, nº 22, 1968, p. 22.

130   César Vallejo, *Desde Europa: crónicas y artículos (1923-1938)*, ed. cit., p. 348.

131   *Ibidem*, p. 80.

132   James Higgins, *Visión del hombre y de la vida en las últimas obras poéticas de César Vallejo*, ed. cit., pp. 210-1.

68.

DUPLAS

O título original deste poema, "*Yuntas*", designa juntas de bois, mulas ou outros animais. Na gíria peruana, a palavra significa também "amigo, parceiro", ou "grupo de amigos". O poema é um verdadeiro resumo das antíteses, contrastes e paradoxos tão presentes em toda a obra de Vallejo (ver nota ao poema "Chapéu, casaco, luvas"), e também remete à expressão "*juntas de contrarios*" mencionada no poema x de *Trilce*.

A repetição e a regularidade dos versos, além do fato de que a sílaba tônica da palavra final de cada verso é sempre a primeira, fazem com que esse seja um dos poemas mais musicais de Vallejo. Por essa razão, nos versos 8 e 12 optamos pelas palavras "vácuo" e "palha" que, embora bem diferentes das originais ("*nadie*" e "*humo*"), preservam o sentido geral e possuem acentuação na primeira sílaba, mantendo assim o ritmo do poema.

Data do original: 9 de novembro de 1937.

69.

"Acaba de passar o que virá"

Nadine Ly, numa extensa análise deste poema, afirma que "o que virá" é uma referência a Jesus, na condição de Messias; "o que veio num asno" seria uma alusão à entrada triunfal de Jesus em Jerusalém, tal como narrado no Evangelho segundo S. Mateus (21:5): "Vê o teu rei que está chegando: humilde, cavalgando um asno" (na versão da *Bíblia do Peregrino*).

Segundo Ly, a expressão "minha tripla evolução" seria equivalente às "terceiras núpcias" mencionadas no poema "Um pilar sustentando consolos": uma maneira indireta de se referir "à terceira e última fase do viver, ou seja, a morte".[133]

Ainda segundo Ly, a expressão "infame paquiderme" seria uma referência ao Behemoth, monstro bíblico mencionado no Livro de Jó (40:15-24) como símbolo da terrível potência do Mal.

Sobre a grafia da palavra *"aflixión"*, ver nota ao poema "Hoje entrou-lhe uma farpa".

Entre várias soluções que tomamos emprestadas de Thiago de Mello na tradução deste livro, destaca-se, neste poema, o verso lapidar "pelo que em mim é sonho e nele é morte".

Data do original: 12 de novembro de 1937.

133 Nadine Ly, *op. cit.*, p. 907.

70. "Que ande nu, em pelo, o milionário!"

Sobre este poema, diz André Coyné:

> Da perplexidade interna infligida pela dor, surgem assim continuamen-te, e por uma reação de caráter emocional, acessos proféticos à base de algum dom misterioso da palavra, para encontrar uma saída a um universo que carece dela. Nenhum poema é mais característico a esse respeito que "Que ande nu, em pelo, o milionário!" — no qual, depois do primeiro verso, nascido no fundo da miséria, e evocador da maldi-ção do evangelho contra os ricos, desenvolve-se uma longa litania (cada verso representa a unidade de um desejo), com predomínio de decas-sílabos e hexassílabos —, uma longa litania na qual não se deve buscar um encadeamento lógico premeditado (o verso inicial, por exemplo, reaparece 20 linhas abaixo, ideologicamente alterado: "que se desnude o nu"), mas, simplesmente, a permanência dessa obsessão que, com a esperança, neste caso, de libertar o homem da fatalidade, do sofrimento, multiplica, numa ordem rápida e, não obstante, secretamente organiza-da, os recursos e as fórmulas às quais Vallejo já nos acostumou (desde a insistência num mesmo termo: "que se dê a miséria ao miserável", "que a altura se eleve", até as permutações de termos diferentes: "que a capa vista calças", "que as bocas chorem, gemam os olhares", "que haja lei-te no sangue", desde os desdobramentos retóricos: "Chovei, ensolarai", "sejamos, / estejamos" até as renúncias repentinas: "não me deis ouvidos" etc.). Não aparece razão alguma para que essa litania se interrompa aqui ou ali; o delírio verbal termina bruscamente, como numa espécie de pirueta: "Estão me chamando. Vou voltar".[134]

A palavra "*hondor*", aqui traduzida como "profundura", é um neologismo que já havia sido usado por Gabriela Mistral num dos seus *Sonetos de la muerte* (1914/1915), embora não se possa ter certeza de que Vallejo conhecia esse poema.

Sobre os versos "dai de comer aos noivos, / dai de beber ao diabo em vossas mãos", Martínez García identifica alusão a várias passagens bí-blicas e aos catecismos católicos que incluem entre as "obras de misericór-dia" dar de comer aos que têm fome e dar de beber aos que têm sede.[135]

Data do original: 19 de novembro de 1937.

---

134 André Coyné, *op. cit.*, pp. 108-9.
135 Francisco Martínez García, "Referencias bíblico-religiosas en la poesía de César Val-lejo y su función desde una perspectiva crítica", ed. cit., p. 675.

71.

"Viesse o mau, com um trono no ombro"

Este poema tem a particularidade de ser quase todo escrito no futuro do subjuntivo, tempo verbal pouco usual, o que lhe dá um sabor diferente de todos os outros poemas deste livro.

Sobre este poema, diz Alain Sicard:

> Se recordamos certos poemas de *Trilce*, o absurdo em *Poemas humanos* muda de campo: absurdo, incompreensível seria um mundo sem contradições. Este é precisamente o tema de "Viesse o mau, com um trono no ombro", poema no qual, reabilitando ironicamente o velho futuro do subjuntivo, Vallejo evoca um mundo de reconciliação universal, um mundo onde — hipótese inconcebível — cada coisa, para existir, não precisaria de sua própria negação, um mundo onde "sobrasse neve na noção do fogo", onde faltasse "naufrágio ao rio para escorregar".
>
> Hipótese absurda de uma harmonia desmentida por toda a experiência humana, o que leva o poeta a interrogar, nos últimos versos do poema:
>
>> Se isso ocorresse assim e assim supondo,
>> com que mão despertar?
>> Com que pé morrer?
>> Com que ser pobre?
>
> Ou seja: como compreender a vida sem a morte? Como compreender a pobreza? Como ser pobre, com que, se minha pobreza não fosse implicada socialmente pela riqueza de meus exploradores, se o ser pobre (recordemos aquele outro verso de *Poemas humanos*: "a quantidade enorme de dinheiro que a gente precisa para ser pobre") não fosse o resultado da quantidade enorme de dinheiro acumulado no outro polo da sociedade?[136]

Ainda segundo Sicard, o verso "me ferissem o junco que aprendi" seria uma alusão à frase de Pascal: "O homem não passa de um junco, o mais fraco da natureza, mas é um junco que pensa" (*Pensamentos*, XVIII, 8).

Sobre o verso "e a carne retornasse a seus três títulos", veja-se as inúmeras referências ao número três em outros poemas deste livro, como por exemplo os versos "Este é o outro brinde, dentre três" ("Alfonso: você está me olhando, eu sei"), "copiai vossa letra em três

---

136 Alain Sicard, "Hambre de razón y sed de demencia en *Poemas humanos*", ed. cit., p. 666.

cadernos" ("Que ande nu, em pelo, o milionário!"), "e a pomba corta em três o seu trinado!" ("Telúrica e magnética") e "o órgão sadio, o de três asas" ("E então? O metaloide pálido te cura?"). Segundo James Higgins, "em *Poemas humanos*, o número dois costuma ser símbolo da dualidade, enquanto o três é um símbolo de síntese, de uma nova unidade. Aqui Vallejo insta o leitor a esforçar-se para lograr uma síntese que abarque as partes conflitivas de sua natureza".[137]

Data do original: 19 de novembro de 1937.

---

137   James Higgins, *Visión del hombre y de la vida en las últimas obras poéticas de César Vallejo*, ed. cit., pp. 237-8.

72.   "Ao contrário das aves da montanha"

Stephen M. Hart propõe uma interpretação deste poema como "uma parábola poética que descreve a própria jornada turbulenta de Vallejo pela estrada do socialismo" e "uma alegoria velada do nascimento e evolução do comunismo nos anos vinte e trinta". Diz Hart:

> A referência a "o Sincero com seus netos pérfidos" na primeira estrofe do poema pode ser interpretada como uma referência a Lênin, que vem com seus sucessores que traem os altos ideais da Revolução [...]. A segunda estrofe pode ser lida como uma referência à luta entre Lênin ("o Sincero"), Stálin ("o Pálido"), o ideal político ("o Encarnado"), o povo ("o Grande") e Trótski ("o Ébrio") [...]. Lida como uma parábola do nascimento e evolução do comunismo no século xx, essas três estrofes retratam Lênin como o arauto da luz, ainda que não tivesse conhecimento do que estava trazendo ao mundo, e por isso era "cego" (v. 10). Stálin, conhecido por sua crueldade e caracterizado aqui como "o Pálido", é retratado a princípio como se fosse suficiente para o ideal político ("bastar/ ao Encarnado", vv. 11-12), enquanto o povo "nasce" como resultado de sua humildade ("nasceu o Grande por pura humildade"). Trótski é caracterizado como "o Ébrio", porque era famoso por seu fervor revolucionário, e é descrito fazendo um brinde pelo povo ("Levou o Ébrio um carvalho aos lábios") e também provocando conflitos dentro do Partido Comunista ("entrançaram-se as tranças dos cavalos", v. 20). A referência a "o Pálido" abraçando o ideal político, enquanto que o Ébrio se esconde ("o Pálido abraçou-se ao Encarnado/ e o Ébrio nos saudou, e se escondeu"), alude a Stálin abraçando o povo enquanto Trótski já bateu em retirada [...]. A exclamação de Vallejo: "Que momento mais forte que esse século!" (v. 28) sugere que ele considerou o nascimento do comunismo como o acontecimento-chave do século xx. A afirmação "os obreiros cantaram; fui feliz" (v. 22) indica seu apoio à causa naquela época.[138]

Os versos "pois não há/ mais madeira na cruz da direita, / nem mais ferro no prego da esquerda" são possivelmente uma alusão à crucificação de Cristo.

Sobre os versos "Pois, na verdade, falo/ das coisas que acontecem nesta época, e/ que ocorrem lá na China e lá na Espanha", vale notar que, na data em que o poema foi escrito, ambos os países enfrentavam guerras nas quais Direita e Esquerda se confrontavam. Enquanto

---

138   Stephen M. Hart, *César Vallejo, una biografía literaria*, ed. cit., pp. 323-4.

na Espanha a Guerra Civil opunha os republicanos apoiados pela União Soviética aos franquistas apoiados pela Alemanha nazista e pela Itália fascista, na China tinha lugar a Segunda Guerra Sino-Japonesa, na qual os chineses, apoiados pelos soviéticos, combatiam os invasores japoneses.

Sobre a menção a Walt Whitman, diz Hart:

> A descrição de Walt Whitman, o poeta norte-americano tão admirado pelos poetas soviéticos daquela época (embora pareça paradoxal), chorando "em sua sala de jantar", revela um argumento importantíssimo do poema. Está implícito que os poetas que parecem imersos na causa popular também sofrem desgraças pessoais e domésticas. Resulta óbvio que Vallejo está falando de si mesmo, e não só de seu amado Walt Whitman.[139]

Ainda sobre Walt Whitman, diz Vallejo, em seu artigo "La nueva poesía norteamericana":

> Walt Whitman é, sem dúvida alguma, o mais autêntico precursor da nova poesia universal. Os jovens europeus, os melhores, se apoiam com as duas mãos nas *Folhas de relva*. Fora de Walt Whitman, as novas escolas europeias ficam na poesia de fórmula e à margem da vida. Ficam no verso de escritório, na masturbação. Os jovens europeus mais interessantes se whitmanizam, tomando de Walt Whitman o que o espírito norte-americano tem de universal e humano: seu sentimento vitalista, no indivíduo e na coletividade que começa a tomar uma até agora desconhecida preponderância histórica no mundo.[140]

Data do original: 20 de novembro de 1937.

---

139   Stephen M. Hart, *Religión, política y ciencia en la obra de César Vallejo*, ed. cit., p. 56.

140   César Vallejo, *Desde Europa: crónicas y artículos (1923-1938)*, p. 373.

73.

"O FATO É QUE O LUGAR ONDE COLOCO"

Sobre este poema, diz Jean Franco:

> Neste poema, o eu lírico vai em busca de sua essência debaixo das aparências e encontra somente uma série de fragmentos [...]. Percebe-se que neste poema a linguagem bíblica e apocalíptica desapareceu. O poeta adota um tom convencional, descreve uma rotina e tenta reinvidicar para si alguns objetos: "minha casa", "minha colher", "meu esqueleto", que arbitrariamente se afastam de outros objetos: "a navalha", "um cigarro". Desta maneira, sugere que só lhe pertence o que amou, a colher onde inscreveu sua identidade e que simboliza seu apetite, e seu esqueleto "já sem letras", armação sem palavras que sobreviverá ao indivíduo.[141]

Sobre a expressão "guardar/ um dia para quando não houver,/ e uma noite para quando houver", diz Américo Ferrari que ela "existe, de fato, no norte do Peru, mas é quase desconhecida em Lima". Ferrari serve-se dessa e de outras citações para afirmar que "o Peru que Vallejo evoca de Paris é fundamentalmente sua terra, sua serra".[142]

Ainda segundo Américo Ferrari, o verso "quinze anos; depois, quinze, e, antes, quinze" seria uma referência à idade de Vallejo na época em que escreveu o poema ($15 \times 3 = 45$ anos).[143]

Data do original: 21 de novembro de 1937.

---

141   Jean Franco, "La temática: de *Los heraldos negros* a los 'Poemas póstumos'", ed. cit., p. 599.

142   Américo Ferrari, "La presencia del Perú", ed. cit., p. 36.

143   *César Vallejo — Obra poética*, ed. cit. p. 448.

74. "EM SUMA, NADA TENHO PARA EXPRESSAR MINHA VIDA, A NÃO SER MINHA MORTE"

Por suas características, este poema se assemelha aos "Poemas em prosa" escritos entre 1923 e 1929. Essa impressão de parentesco é reforçada pela informação de Georgette Vallejo de que, após a morte do poeta, os originais deste poema foram encontrados (segundo ela, "por um descuido evidente de Vallejo") entre o conjunto dos "Poemas em prosa".[144]

Este é o único poema deste livro, além de "Pedra negra sobre uma pedra branca", em que o poeta refere-se a si mesmo pelo nome.

Sobre este poema, diz Britton:

> No estranho poema "Em suma, nada tenho para expressar minha vida, a não ser minha morte", um debate violento, hermético e por vezes quase ininteligível explode entre duas *personae* rivais dentro dele [Vallejo]. As duas vozes discutem uma com a outra, a primeira incentivando o poeta a retornar à torre de marfim da estética, à busca da beleza, e esquecer as tribulações dos homens. A segunda voz reage a isso, desafiadora, expressando uma nova e comprometida teoria da poesia e do papel do poeta, que a primeira voz, e os critérios estéticos que ela representa, não podem mais ignorar. O poema termina com a primeira voz maldizendo sua sorte, e afirmando que sua herança artística e seus colegas poetas se afastarão de César Vallejo, se esse for o caminho que ele escolher [...].
>
> O poema é uma tentativa enigmática, mas deliberada, de expor a natureza do conflito entre o novo papel que o poeta sente que deve desempenhar e os valores artísticos que ele comungava antes. É possível que o poema date de 1929-1930, quando Vallejo publicou artigos condenando a torre de marfim do artista e o que ele chamava de "*literatura a puerta cerrada*" [literatura a portas fechadas], uma condenação que seria levada ainda mais longe nas declarações panfletárias de *Rusia en 1931*. Alternativamente, também é possível que o poema reflita o doloroso conflito interno entre a "*inquietud política y social*" e a "*inquietud introspectiva y personal*" do poeta após 1932.[145]

Segundo Higgins, o poema parece expressar os pensamentos do poeta depois do ato sexual ("do ato venerável e do outro gemido").[146]

Data do original: 25 de novembro de 1937.

---

144   Georgette Vallejo, "Apuntes biográficos sobre *Poemas en prosa* y *Poemas humanos*", ed. cit., p. 490.

145   R. K. Britton, "The Political Dimension of César Vallejo's *Poemas humanos*", ed. cit., p. 543.

146   James Higgins, *Visión del hombre y de la vida en las últimas obras poéticas de César Vallejo*, ed. cit., p. 93.

75. "UM POUCO MAIS DE CALMA, CAMARADA"

Alguns elementos deste poema, começando pela expressão "camarada" em seu título, sugerem a intenção de transmitir uma mensagem política, mas há várias interpretações possíveis sobre que mensagem seria essa, e a quem seria dirigida. Para R. K. Britton, o destinatário seria Stálin:

> O poema expressa todas as apreensões de Vallejo (que provavelmente eram compartilhadas por milhares de outros comunistas na Europa naquela época) quanto aos caminhos que a Revolução estava tomando sob a liderança de Stálin, que se mostrava cada vez mais repressiva. Os expurgos e prisões em massa na Rússia estavam colocando os membros do partido e simpatizantes em outros países numa posição impossível ao tentar justificar o rumo dos acontecimentos. À medida que o poema avança, fica claro que, embora seja dirigido a um camarada sem nome, não se trata de forma alguma de alguém desconhecido; pois Vallejo está falando com o próprio Stálin, usando a óbvia referência à tradução do nome adotado por Josef Vissarionovitch — "aço" — na frase reiterada *"eres de acero"*. O processo pelo qual Stálin molda a Revolução está saindo de controle, e Vallejo faz um apelo para que ele pare e reflita sobre as consequências de levar essas ações até seus extremos lógicos e devastadores [...]. Se, portanto, "Saudação angélica" é uma espécie de panegírico político um tanto superficial, "Um pouco mais de calma, camarada" é uma declaração pensada, uma confissão pessoal que Vallejo sabia — não obstante sua sinceridade ao fazê-la — que seria herética aos olhos do Partido. E, no entanto, apesar de todas as suas dúvidas, Vallejo se coloca a serviço da causa comunista. Não há forma de saber se sua fé teria resistido ao teste da traição soviética aos republicanos espanhóis e do pacto Hitler-Stálin de 1938; ninguém pode dizer.[147]

Para Stephen M. Hart, contudo, o destinatário seria outro. Lembrando que Vallejo nunca deixou de ter uma admiração profunda por Trótski, e que o poema termina com uma declaração de apoio ("eu, mesmo gritando, estou às ordens"), diz Hart:

> É difícil ter certeza, mas há uma série de elementos no poema que incluem a alusão a fracasso, a embriaguez, a expansão, e também a referência, no segundo verso do poema, a "setentrional" (norte/mexicano), que parecem indicar que Trótski era o destinatário secreto do poema.

---

147   R. K. Britton, "The Political Dimension of César Vallejo's *Poemas humanos*", ed. cit., pp. 545-6.

[...] A razão pela qual [Vallejo] não menciona Trótski — deixando apenas algumas pistas para o leitor — é a natureza extremamente polêmica das ideias e ações do líder comunista naquela época.[148]

Sobre o verso "meditando em ouro", veja-se o verso "falando em ouro", do poema "Transido, salomônico, decente". Segundo Martínez García, seria uma alteração da expressão coloquial *"pensándolo en serio"* (pensando seriamente).[149]

Segundo Américo Ferrari, o verso "os catorze/ versículos do pão" pode ter relação com o "pão crucificado" mencionado em "Os nove monstros", e ambos podem estar aludindo à última ceia, que no Evangelho segundo S. Marcos é narrada em 14 versículos (Marcos 14:12-25); e/ ou à crucificação e morte de Jesus, também narrada em 14 versículos no Evangelho segundo S. João (19:17-30).[150]

Data do original: 28 de novembro de 1937.

---

148   Stephen M. Hart, *César Vallejo, una biografía literaria*, ed. cit., p. 327.

149   Francisco Martínez García, *César Vallejo: acercamiento al hombre y al poeta*, ed. cit., p. 272.

150   *César Vallejo — Obra poética*, ed. cit. p. 448.

76.

SERMÃO SOBRE A MORTE

Datado de 8 de dezembro de 1937, este é o último dos poemas do ciclo final da produção poética de Vallejo. O poema contém várias referências religiosas, como o próprio título e as expressões "púlpito cristão" e "cordeiro de mim". A ideia de "morrer a cada instante" está presente em 1 Coríntios 15:31: "Eu vos declaro, irmãos, pela glória que de vós tenho em Cristo Jesus nosso Senhor, que morro todos os dias" (na versão da *Bíblia de João Ferreira de Almeida atualizada*).

Sobre este poema, diz Jean Franco:

> Um dos mais belos *Poemas humanos* é "Sermão sobre a morte", que faz da própria linguagem parte de um diálogo com o vazio. O poema é escrito sob a forma de sermão. O poeta usa recursos retóricos tradicionais, como a anáfora, a antanáclase (repetir uma palavra enquanto se passa de um de seus significados a outro) ou a auxese (dispor as palavras por ordem ascendente de força). Esses recursos estruturam o poema como um debate (ou um sermão) no qual a pessoa que está falando procura convencer quem a escuta de sua própria existência [...]. O poeta e a morte são aqui forças em disputa, organizadas para o combate em exércitos opostos. Todas as armas da morte são silenciosas: o colchete, o parágrafo, a chave, a diérese. Em outras palavras, a morte usa as pausas e descontinuidades da fala e da escrita. Por outro lado, a linha defensiva do poeta é cultural e material: a mesa "assíria" onde escreve, o púlpito cristão do qual fala, o móvel vândalo e "este esdrúxulo retiro" (sua poesia).[151]

---

151   Jean Franco, *César Vallejo: la dialéctica de la poesía y el silencio*, ed. cit., p. 316.

Apêndice

Textos de César Vallejo sobre estética, literatura e arte

308

POESIA NOVA

Poesia nova é o nome que se dá hoje em dia aos versos cujo léxico é formado pelas palavras "cinema, motor, cavalos de força, avião, rádio, jazz-band, telégrafo sem fios" e, em geral, por todos os termos das ciências e indústrias contemporâneas, não importa se o léxico corresponde ou não a uma sensibilidade autenticamente nova. O importante são as palavras.

Mas não se pode esquecer que isso não é poesia nova nem antiga, nem nada. Os materiais artísticos oferecidos pela vida moderna precisam ser assimilados pelo espírito e convertidos em sensibilidade. O telégrafo sem fios, por exemplo, está destinado, mais do que a fazer-nos dizer "telégrafo sem fios", a despertar novos temperamentos nervosos, profundas perspicácias sentimentais, amplificando evidências e compreensões e adensando o amor: a inquietação então cresce e se exaspera e o sopro da vida se aviva. Essa é a cultura verdadeira trazida pelo progresso; esse é seu único sentido estético, e não o de enchermos a boca com palavras novinhas em folha. Muitas vezes os novos termos podem estar ausentes. Muitas vezes um poema não diz "cinema" mas possui, não obstante, a emoção cinemática, de maneira obscura e tácita, mas efetiva e humana. Tal é a verdadeira poesia nova.

Em outras ocasiões o poeta apenas consegue combinar habilmente os novos materiais artísticos e obtém, assim, uma imagem ou um "rapport" mais ou menos belo e perfeito. Nesse caso, já não se trata de uma poesia nova à base de palavras novas, como no caso anterior, e sim de uma poesia nova à base de metáforas novas. Mas também nesse caso há erro. Na poesia verdadeiramente nova podem estar ausentes imagens ou "rapports" novos — função esta de engenho, e não de gênio — mas o criador goza ou padece ali uma vida em que as novas relações e ritmos das coisas se tornaram sangue, célula, algo, enfim, que foi incorporado vitalmente à sensibilidade.

A poesia nova à base de palavras ou de metáforas novas se distingue por seu pedantismo de novidade e, em consequência, por sua complicação e barroquismo. A poesia nova à base de sensibilidade nova é, ao contrário, simples e humana e, à primeira vista, poderia ser tomada por antiga, ou não chama a atenção sobre se é ou não moderna.

É muito importante tomar nota dessas diferenças.

In "Poesía nueva", Favorables París Poema, nº 1, Paris, julho de 1926.

Um poema é uma entidade vital

Um poema é uma entidade vital muito mais orgânica que um ser orgânico na natureza. Se cortarmos um membro de um animal, ele continuará vivendo; se cortarmos um galho ou uma parte do caule de um vegetal, ele continuará vivendo. Se cortarmos um verso, uma palavra, uma letra, um signo ortográfico de um poema, ele morre.

In "Se prohibe hablar al piloto", Favorables París Poema, nº 2, Paris, outubro de 1926.

A arte é o trabalho mais livre

Um poeta pensa que, por ser poeta, não pode fazer outra coisa além de versos para ganhar o pão. Dia e noite escreve versos. Não quer e nem se esforça para abrir outros campos de trabalho. Fazer sapatos, um poeta? Que piada! Que indignidade! Dirigir um carro? Que ofensa! Que vergonha! Mãos que escrevem poemas mais ou menos perecíveis ou imortais ficariam desonradas ou estragadas se depois de deixar a pena de lado passassem a serrar madeira. O poeta, o romancista, o dramaturgo, deste modo, acabaram parcializando-se, subtraindo-se à esplêndida pluralidade de trajetórias da vida e amputando-se, assim, outras tantas múltiplas vias de sabedoria e riqueza emocionais. Profissionalizaram-se. Estão mutilados. Estão perdidos...

Que o poeta conheça e sinta diretamente, em sua própria pele, como se corta lenha, como se salta um barranco, como se abre uma vala de irrigação, como se carrega um fardo, como se varre o chão, como se arrebanha um bando de porcos gordos, como se sobe uma montanha, como se quebra o gelo, como se cozinha um guisado de águia no vinho, como se amarra um touro bravo, como se opera um dínamo, como se sua na África, como se cava nas minas, como dói um golpe de vento sobre o mar ou sobre um aeroplano, como é, enfim, a vida infinita, salubre, forte, criadora. Fazendo isso, o escritor, quando não puder ganhar o pão de cada dia com um verso, poderá ganhar de outra maneira: como cozinheiro, como contador, como acrobata, como porteiro, sem deixar, não obstante, de cantar seu verso. Por que não seria assim? Todo trabalho é digno ou dignificável, e será mais ainda à luz do conceito superior e vidente do artista...

Para salvar da miséria os escritores, basta desconfinar o escritor de sua concha profissional e que lance suas tentativas e possibilidades humanas em todas as direções. Assim, não morrerá de fome e, por outro lado, a arte ganhará em riqueza vital, em inspiração cósmica, em agilidade, em graça e em desinteresse circunstancial. Se há uma atividade que não deve tornar-se profissão, é a arte. Porque é o trabalho mais livre, incondicionável e cujas leis, limites e fins não são de uma ordem imediata, como os das demais atividades.

Como se vê, essa teoria pressupõe que o escritor deve ser dotado de forças para fazer tudo isso. Como um Rimbaud. Enquanto os outros homens só podem ser advogados e só advogados, ou tenentes--coronéis e só tenentes-coronéis, e se limitam e se profissionalizam nesta ou naquela atividade, o artista, por sua vez, precisa fazer tábula rasa das divisões do trabalho, praticando todas.

In "La gran piedad de los escritores de Francia", Mundial, nº 337, Lima, novembro de 1926.

ARTE E REVOLUÇÃO

1. Um artista pode ser revolucionário em política e não sê-lo, por mais que o queira, política e conscientemente, na arte.
2. Vice-versa, um artista pode ser, consciente ou subconscientemente, revolucionário na arte, mas não na política.
3. Há casos, muito excepcionais, em que um artista é revolucionário na arte e na política. É o caso do artista pleno.
4. A atividade política é sempre a resultante de uma vontade consciente, deliberada e pensada, enquanto a obra de arte escapa, quanto mais autêntica e elevada for, aos mecanismos conscientes, pensados, preconcebidos da vontade.

In Arte y Revolución (Lima: Mosca Azul, 1973), pp. 34-5.

REGRA GRAMATICAL

A gramática, como norma coletiva em poesia, carece de razão de ser. Cada poeta forja sua gramática pessoal e intransferível, sua sintaxe, sua ortografia, sua analogia, sua prosódia, sua semântica. Basta não sair das comarcas básicas do idioma. O poeta pode até mudar, de certo modo, a estrutura literal e fonética de uma mesma palavra, de acordo com o caso. E isso, em vez de restringir o alcance socialista e universal da poesia, como se poderia pensar, estende-o até o infinito. É sabido que, quanto mais pessoal (repito, não estou dizendo individual) for a sensibilidade do artista, mais universal e coletiva será sua obra.

In Arte y Revolución (Lima: Mosca Azul, 1973), p. 64.

ELÉTRONS DA OBRA DE ARTE

Todos sabemos que a poesia é intraduzível. A poesia é tom, oração verbal da vida. É uma obra construída com palavras. Traduzida a outras palavras, sinônimas mas nunca idênticas, já não é a mesma. Uma tradução é um novo poema, que só vagamente se parece com o original.

*

O que importa principalmente num poema é o tom com que se diz uma coisa e, secundariamente, aquilo que se diz. Aquilo que se diz é, de fato, passível de ser traduzido para outro idioma, mas o tom com que isso é dito, não. O tom permanece preso às palavras do idioma original em que foi concebido e criado.

*

Os melhores poetas são, por consequência, menos propícios à tradução. Assim pensava também Maiakóvski. O que se traduz de Walt Whitman são qualidades e acentos filosóficos e muito pouco de suas qualidades estritamente poéticas. Dele, só se traduzem as grandes ideias, mas não se traduzem os grandes movimentos animais, os grandes números da alma, as obscuras nebulosas da vida, que residem num jogo da linguagem, numa "tournure", enfim, nos imponderáveis do verbo.

*

Podem-se traduzir apenas os versos feitos de ideias. São traduzíveis somente os poetas que trabalham com ideias, em vez de trabalhar com palavras, e que põem num poema a letra ou texto da vida, em vez de buscar o tom ou ritmo cardíaco da vida. [Juan] Gris me contava que muitos pintores modernos também incorrem nesse erro, pois trabalham com objetos, em vez de trabalhar com cores. Esquecem que a força de um poema ou de uma tela vem da maneira como estão dispostos e organizados artisticamente os materiais mais simples e elementares da obra. E o material mais simples e elementar do poema é, em última análise, a palavra, como a cor é para a pintura. O poema deve, pois, ser concebido e trabalhado com simples palavras soltas, reunidas e ordenadas artisticamente, de acordo com os movimentos emotivos do poeta.

In *Arte y Revolución* (Lima: Mosca Azul, 1973), pp. 69-70.

Fragmentos dos Cadernos de anotações

1929-1930

Uma nova poética: transportar ao poema a estética de Picasso. Ou seja: atender apenas às belezas estritamente poéticas, sem lógica, nem coerência, nem razão. Como acontece quando Picasso pinta um homem e, por razões de harmonia de linhas ou de cores, em vez de fazer um nariz, põe em seu lugar uma caixa ou uma escada ou um copo ou uma laranja.

*

Os olhos acostumados ao cinema e os olhos acostumados à distância.

*

Amo as plantas pela raiz e não pela flor.

*

A natureza cria a eternidade da substância.
A arte cria a eternidade da forma.

1932
Quando leio, parece que me olho num espelho.

1934
Ouvindo Beethoven, uma mulher e um homem choram ante a grandeza dessa música. E eu lhes digo: são vocês mesmos que têm em seu coração essa grandeza.

*

Uma estética nova: poemas curtos, multiformes, sobre momentos evocativos ou antecipações, como "L'Opérateur" no cinema de Vertov.

1936/1937
Quiçá o tom indo-americano no estilo e na alma?

*

A incompreensão da Espanha sobre os escritores sul-americanos que, por medo, não ousavam ser indo-americanos, e eram quase totalmente espanhóis. (Rubén Darío e outros).
Lorca é andaluz. Por que não tenho o direito de ser peruano? Para me dizerem que não me entendem na Espanha? E eu, um austríaco ou um inglês, compreendemos as expressões castiças de Lorca & cia.

*

Cuidado com a substância humana da poesia!

*

É melhor dizer "eu"? Ou melhor dizer "O homem" como sujeito da emoção — lírica e épica? É claro que é mais profundo e poético dizer "eu" — tomado naturalmente como símbolo de "todos".

In *Contra el secreto profesional* (Lima: Mosca Azul, 1973), pp. 74-100.

Bibliografia

OBRAS DE CÉSAR VALLEJO

Poemas humanos. Notas de Luis Alberto Sánchez, Jean Cassou e Raúl Porras Barrenechea (Paris: Les Presses Modernes, 1939).

Rusia en 1931 — reflexiones al pie del Kremlin (segunda parte). (Lima: Editora Perú Nuevo, 1959).

Artículos olvidados. Prólogo de Luis Alberto Sánchez (Lima: Asociación Peruana por la Libertad de la Cultura, 1960).

Obra poética completa — edición con fac-símiles. Edição de Georgette Vallejo e prólogo de Américo Ferrari (Lima: Francisco Moncloa, 1968).

Contra el secreto profesional (Lima: Mosca Azul, 1973).

Arte y Revolución (Lima: Mosca Azul, 1973).

Obra poética completa (Lima: Mosca Azul, 1974).

Poesía completa. Edição e comentários de Juan Larrea (Barcelona: Barral, 1978).

Epistolario general (València: Editorial Pre-Textos, 1982).

Desde Europa: crónicas y artículos (1923-1938). Compilação, prólogo e notas de Jorge Pucinelli (Lima: Ediciones Fuente de Cultura Peruana, 1987).

Obra poética. Edição crítica, coordenação Américo Ferrari. 2ª ed. (Madri/Paris/México/Buenos Aires/São Paulo/Rio de Janeiro/Lima: ALLCA XX, 1996).

Autógrafos olvidados. Edição fac-similar de 52 manuscritos. Estudo preliminar de Juan Fló e notas de Stephen M. Hart (Londres/Lima: Tamesis/Pontificia Universidad Católica del Perú, 2003).

Poesía completa. Introdução, edição e notas de Antonio Merino (Madri: Ediciones Akal, 2005).

TRADUÇÕES DE POEMAS DE CÉSAR VALLEJO PARA O PORTUGUÊS

Poesia completa. Tradução, prólogo e notas de Thiago de Mello (Rio de Janeiro: Philobiblion/Rioarte, 1984).

A dedo. Edição bilíngue. Seleção, tradução e prólogo de Amálio Pinheiro (São Paulo: Arte Pau-Brasil, 1988).

Antologia poética de César Vallejo. Seleção, tradução, prólogo e notas de José Bento (Lisboa: Relógio D'Água, 1992).

TRADUÇÕES DE POEMAS DE CÉSAR VALLEJO PARA OUTROS IDIOMAS

César Vallejo — The Complete Posthumous Poetry. Tradução de Clayton Eshleman e José Rubia Barcia (Berkeley/Los Angeles: University of California Press, 1978).

César Vallejo — Poésie complete. Tradução de Gérard de Cortanze (Paris: Flammarion, 1983).

Malanga Chasing Vallejo. Tradução de Gerard Malanga (Nova York: Three Rooms Press, 1984).

Neruda and Vallejo: Selected Poems. Traduções de Robert Bly, John Knoepfle e James Wright (Boston: Beacon Press, 1993).

Fortuna crítica sobre César Vallejo

ABRIL, Xavier. *César Vallejo o la teoría poética* (Madri: Taurus, 1962).

ARMISÉN, Antonio. "Intensidad y altura: Lope de Vega, César Vallejo y los problemas de la escritura poética". *Bulletin Hispanique*, vol. 87, n° 3-4, 1985, pp. 277-303.

BALLÓN-AGUIRRE, Enrique. "Manuscritos Poéticos de César Vallejo". *Texto! Textes et cultures*, vol. XXIII, n° 2, 2018, pp. 1-640.

BRAVO, Federico. "Pautas para el estudio de *Poemas humanos*". In Federico Bravo, *Figures de l'étymologie dans l'œuvre poétique de César Vallejo* (Bordeaux: Presses Universitaires de Bordeaux, 2017), pp. 195-231.

BRITTON, R. K. "The Political Dimension of César Vallejo's *Poemas humanos*". *The Modern Language Review*, vol. 70, n° 3, 1975, pp. 539-49.

_____. *The Poetic and Real Worlds of César Vallejo: A Struggle between Art and Politics (1892-1938)* (Sussex: Sussex Academic Press, 2015).

CLAYTON, Michelle. *Poetry in Pieces: César Vallejo and Lyric Modernity* (Berkeley/Los Angeles: University of California Press, 2011).

COYNÉ, André. "Comunión y muerte en *Poemas humanos*". *Letras*, vol. 22, n° 56-57, 1956, pp. 19-160.

ESCOBAR, Alberto. *Cómo leer a Vallejo* (Lima: P. L. Villanueva Editor, 1973).

ESPEJO ASTURRIZAGA, Juan. *César Vallejo, itinerario del hombre* (Lima: Editorial Juan Mejía Baca, 1965).

FERRARI, Américo. "La existencia y la muerte". In *Aproximaciones a César Vallejo*, organização Angel Flores, vol. 1 (Nova York: Las Américas, 1971), pp. 317-34.

_____. *El universo poético de César Vallejo* (Caracas: Monte Ávila, 1972).

_____. "La presencia del Perú". *Inti — Revista de Literatura Hispánica*, vol. 1, n° 36, 1992, pp. 29-37.

_____. "Los destinos de la obra y los malentendidos del destino (esquema breve para un estudio de la recepción de la poesía de Vallejo)". In *César Vallejo — Obra poética*, Edição crítica, coordenação Américo Ferrari. 2ª ed. (Madri/Paris/México/Buenos Aires/São Paulo/Rio de Janeiro/Lima: ALLCA XX, 1996), pp. 539-54.

FRANCO, Jean. *César Vallejo: la dialéctica de la poesía y el silencio* (Buenos Aires: Sudamericana, 1984).

_____. "La temática: de *Los heraldos negros* a los 'Poemas póstumos'". In *César Vallejo — Obra poética*. Edição crítica, coordenação Américo Ferrari. 2ª ed. (Madri/Paris/México/Buenos Aires/São Paulo/Rio de Janeiro/Lima: ALLCA XX, 1996), pp. 575-605.

GUZMÁN, Jorge. "César Vallejo: 'El acento me pende del zapato'". *Inti — Revista de Literatura Hispánica*, vol. 1, n° 36, 1992, pp. 45-50.

HART, Stephen M. "César Vallejo's Personal Earthquake". *Romance Notes*, vol. 25, n° 2, 1984, pp. 127-31.

_____. "The World Upside-down in the Work of César Vallejo". *Bulletin of Hispanic Studies*, vol. 62, n° 2, 1985, pp. 163-77.

_____. *Religión, política y ciencia en la obra de César Vallejo* (Londres: Tamesis Books, 1987).

_____. "Vallejo's 'Other': Versions of Otherness in the Work of César Vallejo". *The Modern Language Review*, vol. 93, n° 3, 1998, pp. 710-23.

_____. "Vallejo's *King of Swords*: the Portrayal of Nature in *El libro de la naturaleza*". *Hispanic Journal*, vol. 19, n° 2, 1998, pp. 263-70.

_____. "The Chronology of Cesar Vallejo's *Poemas humanos*: New Light on the Old Problem". *The Modern Language Review*, vol. 97, n° 3, 2002, pp. 602-19.

_____. "César Vallejo y sus espejismos". *Romance Quarterly*, vol. 49, n° 2, 2002, pp. 111-118.

_____. "Vallejo in between: Postcolonial Identity in *Poemas humanos*". *Romance Studies*, vol. 19, n° 1, 2013, pp. 17-27.

_____. *César Vallejo, una biografía literaria* (Lima: Editorial Cátedra Vallejo, 2014).

_____. "El cadáver exquisito de César Vallejo". *Archivo Vallejo*, vol. 1, n° 1, 2018, pp. 325-48.

HIGGINS, James. "The Conflict of Personality in César Vallejo's *Poemas humanos*". *Bulletin of Hispanic Studies*, vol. 43, n° 1, 1966, pp. 47-55.

_____. "Vallejo en cada poema". *Mundo Nuevo*, n° 22, 1968, pp. 21-5.

_____. *Visión del hombre y de la vida en las últimas obras poéticas de César Vallejo* (México, DF: Siglo XXI, 1970).

316

_____. "El absurdo en la poesía de César Vallejo". *Revista Iberoamericana*, vol. 36, nº 71, 1970, pp. 217-42.

_____. "Los nueve monstruos". In *Aproximaciones a César Vallejo*, organização Ángel Flores, vol. 2 (Nova York: Las Américas, 1971), pp. 305-12.

_____. "El alma que sufrió de ser su cuerpo". In *Aproximaciones a César Vallejo*, organização Ángel Flores, vol. 2 (Nova York: Las Américas, 1971), pp. 313-21.

LARREA, Juan. "Vocabulario de las obras poéticas de Vallejo". In *César Vallejo — Poesía completa*, coordenação Juan Larrea (Barcelona: Barral, 1978), pp. 781-811.

LY, Nadine. "La poética de César Vallejo: 'Arsenal del trabajo'". *Cuadernos Hispanoamericanos. Homenaje a César Vallejo*, vol. 2, nº 456-457, 1988, pp. 903-36.

MARIÁTEGUI, José Carlos. "El proceso de la literatura". In *Siete ensayos de interpretación de la realidad peruana* (Caracas: Biblioteca Ayacucho, 2007), pp. 191-296.

MARTÍNEZ GARCÍA, Francisco. *César Vallejo: acercamiento al hombre y al poeta* (León: Colegio Universitario de León, 1976).

_____. "Referencias bíblico-religiosas en la poesía de César Vallejo y su función desde una perspectiva crítica". *Cuadernos Hispanoamericanos. Homenaje a César Vallejo*, vol. 2, nº 456-457, 1988, pp. 641-716.

MILLER, Nicola. "Vallejo: The Poetics of Dissent". *Bulletin of Hispanic Studies*, vol. 73, nº 3, 1996, pp. 299-321.

MORA, Carmen de. "La hipérbole bíblica en la poesía de César Vallejo". *Revista de Crítica Literaria Latinoamericana*, ano 42, nº 84, 2016, pp. 157-77.

MORAN, Dominic. "The Author's Favorite, But Is it Any Good? Some Thoughts on 'El palco estrecho'". In Stephen M. Hart (ed.), *Politics, Poetics, Affect: Re-visioning César Vallejo* (Cambridge: Cambridge Scholars Press, 2013), pp. 67-87.

ORREGO, Antenor. "Una visión premonitoria de César Vallejo". *Metáfora*, vol. 3, nº 16, 1957, pp. 3-4.

PAOLI, Roberto. "El lenguaje conceptista de César Vallejo". *Cuadernos Hispanoamericanos. Homenaje a César Vallejo*, vol. 2, nº 456-457, 1988, pp. 945-59.

REYERO, Loló. "Considerando 'Considerando en frío, imparcialmente...'". *Inti — Revista de Literatura Hispánica*, vol. 1, nº 36, 1992, pp. 81-8.

ROVIRA, José Carlos. "Acerca del ritmo y la consciencia del verso en César Vallejo". *Cuadernos Hispanoamericanos. Homenaje a César Vallejo*, vol. 2, nº 456-457, 1988, pp. 991-1002.

SAYLOR-JAVAHERIAN, Cheryll. "Satiric Irony in César Vallejo's *Poemas humanos*: An Interpretative Reading of 'Gleba'." *Hispanófila*, nº 113, 1993, pp. 55-67.

SICARD, Alain. "Hambre de razón y sed de demencia en *Poemas humanos*." In *César Vallejo — Obra poética. Edição crítica*, coordenação Américo Ferrari. 2ª ed. (Madri/Paris/México/Buenos Aires/São Paulo/Rio de Janeiro/Lima: ALLCA XX, 1996), pp. 661-71.

VALLEJO, Georgette. "Apuntes biográficos sobre *Poemas en prosa* y *Poemas humanos*". In César Vallejo, *Obra poética completa — edición con fac-símiles*. Edição de Georgette Vallejo e prólogo de Américo Ferrari (Lima: Francisco Moncloa, 1968), pp. 487-96.

_____. "Apuntes biográficos sobre César Vallejo". In César Vallejo, *Obra poética completa* (Lima: Mosca Azul, 1974), pp. 350-457.

YURKIÉVICH, Saúl. "Aptitud humorística en *Poemas humanos*". *Hispamérica*, ano 19, nº 56/57, 1990, pp. 3-10.

ZILIO, Giovani Meo. "Vallejo en italiano. Note di tecnica della traduzione e di critica semantica". *Rassegna Iberistica*, nº 2, 1978, pp. 3-37.

DICIONÁRIOS DE PERUANISMOS

ALVAREZ VITA, Juan. *Diccionario de Peruanismos* (Lima: Universidad Alas Peruanas, 2009).

CALVO PÉREZ, Julio. *DiPerú. Diccionario de Peruanismos* (Lima: Academia Peruana de la Lengua/Minera Buenaventura, 2016).

SOBRE A COLEÇÃO

Fábula: do verbo latino *fari*, "falar", como a sugerir que a fabulação é extensão natural da fala e, assim, tão elementar e diversa e escapadiça quanto esta; donde também falatório, rumor, diz-que-diz, mas também enredo, trama completa do que se tem para contar (*acta est fabula*, diziam mais uma vez os latinos, para pôr fim a uma encenação teatral); "narração inventada e composta de sucessos que nem são verdadeiros, nem verossímeis, mas com curiosa novidade admiráveis", define o padre Bluteau em seu *Vocabulário português e latino*; história para a infância, fora da medida da verdade, mas também história de deuses, heróis, gigantes, grei desmedida por definição; história sobre animais, para boi dormir, mas mesmo então todo cuidado é pouco, pois há sempre um lobo escondido (*lupus in fabula*) e, na verdade, "é de ti que trata a fábula", como adverte Horácio; patranha, prodígio, patrimônio; conto de intenção moral, mentira deslavada ou quem sabe apenas "mentirada gentil do que me falta", suspira Mário de Andrade em "Louvação da tarde"; início, como quer Valéry ao dizer, em diapasão bíblico, que "no início era a fábula"; ou destino, como quer Cortázar ao insinuar, no *Jogo da amarelinha*, que "tudo é escritura, quer dizer, fábula"; fábula dos poetas, das crianças, dos antigos, mas também dos filósofos, como sabe o Descartes do *Discurso do método* ("uma fábula") ou o Descartes do retrato que lhe pinta J. B. Weenix em 1647, segurando um calhamaço onde se entrelê um espantoso *Mundus est fabula*; ficção, não-ficção e assim infinitamente; prosa, poesia, pensamento.

projeto editorial **Samuel Titan Jr.** | projeto gráfico **Raúl Loureiro**

SOBRE O AUTOR

César Abraham Vallejo Mendoza nasceu em Santiago de Chuco, na província de La Libertad, nos Andes peruanos, em 16 de março de 1892. Seus avôs materno e paterno eram padres espanhóis e suas avós eram indígenas. O mais novo de doze irmãos, Vallejo cresceu num ambiente familiar austero, conservador e rigidamente religioso.

Formado em Letras pela Universidad de La Libertad, em Trujillo (capital da província), foi professor de escola primária e colaborador de diversos jornais e revistas peruanos. Por volta de 1915, começou a publicar poemas na imprensa local, alguns dos quais seriam retrabalhados e incluídos em seu primeiro livro, *Los heraldos negros*, publicado em 1919, pouco depois de Vallejo se mudar para Lima.

Em 1920, o poeta se envolveu num sangrento conflito político em sua cidade natal que o levaria à prisão, onde o mantiveram por quatro meses. Durante esse período, começou a escrever os poemas que mais tarde formariam *Trilce* (1922), um dos marcos fundadores da poesia de vanguarda em espanhol.

Em 1923, Vallejo se mudou para Paris, cidade em que moraria pelo resto da vida, com exceção de uma estadia de um ano em Madri. Na Europa, o poeta escreveu contos, peças de teatro, relatos de viagem e o romance *El tungsteno*, além de artigos jornalísticos, que foram seu principal ganha-pão entre 1925 e 1931. Contudo, viveu quase sempre em situação precária, sem renda fixa e com problemas de saúde.

No final de década de 1920, Vallejo aproximou-se do marxismo e se envolveu com a militância comunista, o que teria influência decisiva sobre sua obra literária a partir de 1928, quando fez a primeira de suas três viagens à URSS. No mesmo ano, começou a viver com Georgette Philippart, que seria sua companheira até sua morte.

Autor de vários volumes de prosa, Vallejo é hoje considerado um dos mais importantes e inventivos poetas latino-americanos de todos os tempos, apesar de só ter publicado dois livros de poesia em vida. *Poemas humanos* e *España, aparta de mí este cáliz* foram publicados postumamente. César Vallejo morreu em Paris, no dia 15 de abril de 1938, aos 46 anos.

Sobre os tradutores

Fabrício Corsaletti nasceu em Santo Anastácio, interior de São Paulo, em 1978 e vive desde 1997 na capital paulista, onde se graduou em Letras pela USP. Publicou quase vinte livros, entre eles *Esquimó* (poemas, 2010), *King Kong e cervejas* (contos, 2008), *Golpe de ar* (novela, 2009), *Perambule* (crônicas, 2018) e *Poemas com macarrão* (poesia infantil, 2018). Para a coleção Fábula, traduziu com Samuel Titan Jr., *20 poemas para ler no bonde*, de Oliverio Girondo.

Gustavo Pacheco nasceu no Rio de Janeiro em 1972 e vive atualmente em Quito, Equador. Traduziu para o português obras de Roberto Arlt, Julio Ramón Ribeyro e Patricio Pron. É codiretor da revista *Granta em língua portuguesa*. Seu primeiro livro de contos, *Alguns humanos* (2018), ganhou o prêmio Clarice Lispector da Fundação Biblioteca Nacional.

SOBRE ESTE LIVRO

Poemas humanos, São Paulo, Editora 34, 2021 TRADUÇÃO © Fabrício Corsaletti, Gustavo Pacheco, 2021 APRESENTAÇÃO E NOTAS Gustavo Pacheco PREPARAÇÃO Andressa Veronesi REVISÃO Gênese Andrade, Lia Fugita PROJETO GRÁFICO Raúl Loureiro ESTA EDIÇÃO © Editora 34 Ltda., São Paulo; 1ª edição, 2021. A reprodução de qualquer folha deste livro é ilegal e configura apropriação indevida dos direitos intelectuais e patrimoniais do autor. A grafia foi atualizada segundo o Acordo Ortográfico da Língua Portuguesa de 1990, que entrou em vigor no Brasil em 2009.

Os tradutores agradecem a ajuda inestimável de Alberto Martins, Alice Lanari, Jerónimo Pizarro, Jesús Martínez Mogrovejo e Mariana Rocha.

CIP – Brasil. Catalogação-na-Fonte
(Sindicato Nacional dos Editores de Livros, RJ, Brasil)

Vallejo, César, 1892-1938
Poemas humanos / César Vallejo;
edição bilíngue; tradução de Fabrício Corsaletti
e Gustavo Pacheco; apresentação e notas de
Gustavo Pacheco — São Paulo: Editora 34, 2021
(1ª Edição).
328 p.   (Coleção Fábula)

ISBN 978-65-5525-089-3

1. Poesia peruana. 1. Corsaletti, Fabrício.
II. Pacheco, Gustavo. III. Título. IV. Série.

CDD – 861PE

TIPOLOGIA Perpetua | PAPEL Pólen Soft 80 g/m² |
IMPRESSÃO Edições Loyola, em novembro de 2021 | TIRAGEM 3 000

EDITORA 34
Editora 34 Ltda. Rua Hungria, 592
Jardim Europa CEP 01455-000
São Paulo — SP Brasil
TEL/FAX (11) 3811-6777
www.editora34.com.br